INTRODUÇÃO AO HTML 5

ALTA BOOKS
EDITORA
RIO DE JANEIRO, 2011

BRUCE LAWSON
REMY SHARP

Introdução ao HTML 5 Copyright © 2011 da Starlin Alta Editora e Consultoria Ltda.
ISBN: 978-85-7608-593-5

Produção Editorial
Editora Alta Books

Gerência Editorial
Anderson da Silva Vieira

Supervisão de Produção
Angel Cabeza
Augusto Coutinho
Leonardo Portella

Equipe Editorial
Andréa Bellotti
Andreza Farias
Cristiane Santos
Deborah Marques
Gianna Campolina
Isis Batista
Juliana de Paulo
Lara Gouvêa
Lícia Oliveira
Lorrane Martins
Heloisa Pereira
Otávio Brum
Rafael Surgek
Sergio Cabral
Sergio Luiz de Souza
Thiago Scharbel
Taiana Ferreira
Vinicius Damasceno

Tradução
Rafael Bonelli

Revisão Gramatical
Aped
Lorrane Martins

Revisão Técnica
Josivan Pereira de Souza
SCJP 1.4, SJCP 6 e SCWCD 1.4, Mestrando em Computação Aplicada na UTFPR e Professor da Faculdade FACET de Curitiba

Diagramação
Márcia Mattos

Fechamento
André bellotti

Marketing e Promoção
Ida Sartório
marketing@altabooks.com.br

1ª Edição
Impresso no Brasil

Dados Internacionais de Catalogação na Publicação (CIP)

L425i Lawson, Bruce.
Introdução ao HTML 5 / Bruce Lawson, Remy Sharp. – Rio de Janeiro, RJ : Alta Books, 2011.
236 p. : il.

Inclui índice.
ISBN 978-85-7608-593-5

1. HTML (Linguagem de marcação de documento). 2. Informática. 3. Programação para a internet. 4. Sites da Web - Desenvolvimento. I. Sharp, Remy. II. Título.

CDU 004.738.52HTML
CDD 005.133

Índice para catálogo sistemático:
1. Utilitários da internet : HTML 004.738.52HTML
(Bibliotecária responsável: Sabrina Leal Araujo – CRB 10/1507)

ALTA BOOKS
E D I T O R A

Rua Viúva Cláudio, 291 – Bairro Industrial do Jacaré
CEP: 20970-031 – Rio de Janeiro – Tels.: 21 3278-8069/8419 Fax: 21 3277-1253
www.altabooks.com.br – e-mail: altabooks@altabooks.com.br
www.facebook.com/altabooks – www.twitter.com/alta_books

AGRADECIMENTOS

Mega obrigado ao coautor que virou amigo Remy Sharp, e ao amigo que virou um impiedoso editor técnico Patrick Lauke: *il miglior fabbro*.

Obrigado ao Opera Developer Relations Team, particularmente ao editor do dev.opera.com, Chris Mills, por me permitir reutilizar alguns materiais que escrevi para ele, Daniel Davis por sua descrição do <ruby>, Shwetank Dixit por verificar alguns rascunhos e David Storey por ser tão conhecedor de Padrões Web e compartilhar generosamente este conhecimento. Um grande clamor para a ex-membro da equipe Henny Swan, pelo seu apoio e bolo de limão. Em outro lugar do Opera, a equipe de especificação de James Graham, Lachlan Hunt, Philip Jägenstedt, Anne van Kesteren e Simon Pieters verificou capítulos e respondeu 45.763 perguntas do rascunho com bom humor. Nada neste livro reflete a opinião da Opera Software ASA.

Ian Hickson, que também respondeu muitas perguntas, e meus companheiros do HTML5 doctors (**www.html5doctor.com**) forneceram muitos vislumbres e apoio.

Obrigado a Gez Lemon e ao poderoso Steve Faulkner pelo conselho sobre WAI-ARIA. Obrigado a Denis Boudreau, Adrian Higginbotham, Pratik Patel, Gregory J. Rosmaita e Léonie Watson pelos conselhos de leitura em tela.

Terence Eden capturou as telas do BlackBerry no Capítulo 3, Ross Bruniges me deixou utilizar uma imagem de seu site **http://www.thecssdiv.co.uk/** no Capítulo 1 e Jake Smith forneceu um feedback valioso dos primeiros rascunhos de meus capítulos.

Obrigado a Stuart Langridge pelas bebidas, apoio imoral e por sugerir o título provisório “HTML5 Utopia”. O Sr. vituperador criativo da Last Week forneceu loadsalaffs. Obrigado, seja lá quem você for.

Obrigado a John Allsopp, Tantek Çelik, John Foliot, Jeremy Keith, Matt May e Eric Meyer pelas conversas sobre o futuro da marcação (em inglês, future of markup).

Por último, porém mais importante, obrigado aos milhares de estudantes, conferencistas e seguidores do Twitter por suas perguntas e comentários.

Este livro é em memória de minha avó, Marjorie Whitehead (8 de março de 1917 – 28 de abril de 2010), e dedicado a Nongyaw, Marina e James, sem os quais a vida seria monocromática.

– Bruce Lawson

Über obrigado a Bruce, que me convidou para ser coautor deste livro, sem o qual eu teria passado o início de 2010 reclamando do clima ao invés de estar escrevendo. Sobre isto, também quero agradecer Chris Mills por até mesmo me recomendar ao Bruce.

Para Robert Nyman, meu editor técnico: quando eu precisava de alguém para desafiar meu JavaScript, eu sabia que sempre haveria um sueco por perto. Obrigado por garantir que meu código estivesse tão bom quanto possível.

Obrigado às cafeterias locais de Brighton, Cofee@33 e Cafe Delice, por me permitir passar muitas horas escrevendo este livro e bebendo seu café.

Para minha comunidade digital local em Brighton e aos novos amigos que conseguiram me manter tanto são quanto insano durante os últimos anos de trabalho solitário. Obrigado a Danny Hope, Josh Russel e Anna Debenham por serem meus companheiros.

Obrigado a Jeremy Keith por me permitir reclamar e resmungar sobre o HTML5, rebater ideias e me encorajar a publicar meus pensamentos. Obrigado, igualmente, a Jessica por nos permitir conversar sobre tecnologia com cervejas!

Aos HTML5 Doctors, e a Rich Clark em particular, por convidar-me a contribuir – e também à equipe por publicar um material tão bom.

A todo o canal #jquery-ot pela ajuda quando eu precisava depurar, ou externar minha frustração sobre um problema, e ser o local onde eu poderia ir ao invés de ter que me dirigir aos meus gatos para ter ajuda sobre JavaScript.

Ao canal #whatwg por seu auxílio quando eu interpretava equivocadamente a especificação e precisava ser colocado de volta no caminho certo.

A todos os organizadores de conferências que me convidaram a palestrar, aos conferencistas que vieram me ouvir vaguear, aos meus seguidores no Twitter que me ajudaram a responder meus questionamentos e a seguir em frente para completar este livro com Bruce: obrigado. Eu tentei meu melhor com este livro, e caso haja alguma coisa incorreta ou ultrapassada: compre a 2ª edição ;-)

Finalmente, à minha esposa: obrigado por todo o seu apoio, por ser minha melhor amiga, e por ser uma fera quando eu precisei de você. Você sempre balançou meu mundo.

Este livro é dedicado ao meu bebê que ainda não nasceu: eu escrevi este livro enquanto você estava sendo preparado na barriga de sua mamãe.

- Remy Sharp

SUMÁRIO

INTRODUÇÃO

Bem-vindo ao show de Remy e Bruce. Somos dois desenvolvedores que têm brincado com o HTML5 desde o Natal de 2008 – experimentando, participando da lista de discussão, e geralmente tentando ajudar a moldar a linguagem bem como aprendê-la.

Por sermos desenvolvedores, estamos interessados em construir coisas. Por isto este livro se concentra nos problemas que o HTML5 pode resolver, em vez de uma investigação acadêmica da linguagem. Vale perceber, também, que embora Bruce trabalhe para a Opera Software, que iniciou a prova de conceito que eventualmente levou ao HTML5, ele não é parte da equipe de especificação de lá; o interesse dele é o de um autor utilizando a linguagem.

Para quem é este livro?

Não pressupomos nenhum conhecimento de HTML5, mas esperamos que você seja um autor (X)HTML experiente, familiarizado aos conceitos de marcação semântica. Não importa se você está mais acostumado com doctypes HTML ou XHTML, mas você deve ser feliz em codificar em qualquer estilo restrito de marcação (em inglês, strict markup).

Embora você não precise ser um ninja do JavaScript, você deve compreender o papel cada vez mais importante que ele desempenha no desenvolvimento web moderno, e termos como DOM e API não devem fazer você largar este livro aterrorizado e sair correndo.

Ainda aí? Bom.

O que este livro não é

Este livro não é um livro de referência. Não passamos por cada elemento ou API de maneira linear, discutindo cada um deles completamente e seguindo em frente. A especificação faz este trabalho com detalhamento atordoante, desesperador, porém absolutamente essencial.

O que a especificação não tenta fazer é ensinar como utilizar cada elemento ou API ou como eles funcionam no contexto uns com os outros. Construiremos exemplos, discutindo novos tópicos enquanto seguimos, e retornaremos a eles mais tarde quando houver novas coisas a perceber.

Você também perceberá, a partir do título e pelo fato de você estar confortavelmente segurando este livro sem a necessidade de uma empilhadeira, que este livro não é exaustivo. Explicar uma especificação que precisa de 900 páginas para ser impressa (para comparação, a primeira especificação HTML tinha três páginas) em um livro médio exigiria uma tecnologia similar à Tardis – o que seria legal – ou fontes microscópicas – o que não seria.

O que queremos dizer com *HTML5*?

Pode soar como uma pergunta boba, mas há uma tendência crescente entre os puristas dos padrões de generalizar todas as novas e excitantes tecnologias em uma caixa com o rótulo HTML5. Então, por exemplo, vimos o SVG (Scalable Vector Graphics) ser tratado como "uma das tecnologias da família HTML5", mesmo sendo ela uma especificação *gráfica* da W3C que tem 6 anos de idade.

A confusão fica ainda maior a partir do fato de que a especificação oficial W3C é algo como uma ameba: partes se separam e se tornam especificações próprias, como o Web Sockets ou o Web Storage (embora sejam do mesmo Working Group, com os mesmos editores).

Então o que queremos dizer neste livro é "HTML5 e as especificações relacionadas que vieram da WHATWG" (mais sobre este excitante acrônimo em breve). Também traremos um "adicional" à festa – Geolocação – que não tem nada a ver com nossa definição de HTML5, mas incluímos simplesmente pelo motivo de que ele é legal, estamos empolgados com ele, e ele é parte da Nova Onda de Tecnologias Empolgantes para Fazer Aplicações Web.

Quem? O que? Quando? Por que? Uma breve história do HTML5

As seções históricas de livros sobre informática geralmente nos chateia. Você não precisa saber sobre a ARPANET ou a história do HTTP para entender como escrever uma nova linguagem.

De todo modo, é útil compreender como o HTML5 surgiu, pois irá ajudá-lo a compreender por que alguns aspectos do HTML5 são como são, e quem sabe pré-justificar (ou pelo menos suavizar) alguns daqueles momentos "Que diabos? Por que projetaram isto *assim*?".

Como o HTML5 quase nunca foi

Em 1998, a W3C decidiu que não continuaria a evoluir o HTML. O futuro, eles acreditavam (assim como seus autores) era o XML. Então o HTML foi congelado na versão 4.01 e uma especificação foi lançada com o nome XHTML, que era uma versão XML do HTML exigindo regras XML de sintaxe como atributos com aspas, algumas tags com fechamento enquanto outras eram autocontidas, e similares. Dois sabores foram desenvolvidos (bem, três na verdade, se você se importa como o HTML Frames, mas esperamos que não, pois eles não estão no HTML5). Houve o XHTML Transitional, que foi desenvolvido para ajudar as pessoas a passarem para os padrões dourados do XHTML Strict.

Isto tudo aconteceu rapidamente – encorajou uma geração de desenvolvedores (ou pelo menos os desenvolvedores de padrões profissionais) a pensarem sobre código válido e bem estruturado. Entretanto, começou-se o trabalho em cima de uma especificação chamada XHTML 2.0, que foi uma revolucionária mudança na linguagem, no sentido de que quebrou a retrocompatibilidade em busca de se tornar muito mais lógica e bem projetada.

Um pequeno grupo no Opera, entretanto, não estava convencido de que o XML era o futuro para todos os autores web. Estes indivíduos começaram um trabalho extracurricular em uma especificação prova de conceito que estendeu os formulários HTML sem quebrar a retrocompatibilidade. Aquela especificação eventualmente se tornou o Web Forms 2.0, e subsequentemente foi incorporado na especificação HTML5. Eles rapidamente receberam indivíduos da Mozilla e este grupo, liderado por Ian "Hixie" Hickson, continuou a trabalhar na especificação privadamente com a Apple "comemorando nas margens" em um pequeno grupo que se chamou WHATWG (Web Hypertext Application Technology Working Group, **www.whatwg.org**). Você pode ver esta gênese ainda na nota de direito de cópia da versão WHATWG da especificação "© Copyright 2004-2009 Apple Computer, Inc., Mozilla Foundation, and Opera Software ASA (perceba que você está licenciado a utilizar, reproduzir e criar trabalhos derivados)".

Hickson se mudou da Opera para a Google, onde ele continuou a trabalhar em tempo integral como editor do HTML5 (então chamado de Web Applications 1.0).

Em 2006 a W3C decidiu que talvez tivessem sido otimistas demais na esperança de que o mundo se mudasse para o XML (e, por extensão, para o XHTML 2.0): "É necessário evoluir o HTML por etapas. A tentativa de fazer o mundo mudar para o XML, incluindo aspas em torno de valor de atributos e barras em tags e namespaces vazios, tudo de uma vez, não funciona". Disse Tim Berners-Lee (**http://dig.csail.mit.edu/breadcrumbs/node/166**).

O ressurgido HTML Working Group votou na utilização da especificação Web Applications da WHATWG como base para a nova versão do HTML, e assim começou um curioso processo onde a mesma especificação era desenvolvida simultaneamente pela W3C (copresidida por Sam Ruby, da IBM, e Chris Wilson, da Microsoft, e mais tarde Ruby, Paul Cotton da Microsoft e Maciej Stachowiak da Apple), e a WHATWG sob a editoria continuada de Hickson.

O processo tem sido altamente incomum em muitos aspectos. O primeiro é a extraordinária abertura; qualquer pessoa pode se unir à lista de discussão da WHATWG e contribuir com a especificação. Todo e-mail é lido por Hickson ou o núcleo da equipe WHATWG (que inclui iluminados como o inventor do JavaScript e CTO da Mozilla, Brendan Eich, o arquiteto do Safari e WebKit David Hyatt, e o inventor do CSS e CTO do Opera Håkon Wium Lie).

Em Busca da Especificação

Devido a especificação HTML5 estar sendo desenvolvida tanto pela W3C quanto a WHATWG, há diferentes versões da especificação.

www.w3.org/TR/html5/ é o snapshot oficial da W3C, enquanto **http://dev.w3.org/html5/spec/** é o último rascunho do editor e passível de alteração.

Para a versão WHATWG, vá em http://whatwg.org/html5, mas cuidado: este é intitulado "HTML5 (incluindo adições da geração seguinte ainda em desenvolvimento)" e há ideias altamente experimentais nele, como o elemento `<device>`. Não assuma que por estar neste documento isto esteja implementado em qualquer lugar ou esteja totalmente pronto. Esta especificação tem, entretanto, notas úteis sobre o estado de implementação em diferentes navegadores.

Há uma versão de uma página das especificações WHATWG completa chamada "Web Applications 1.0" que incorpora tudo da WHATWG em **http://www.whatwg.org/specs/web-apps/current-work/complete.html**, mas ela pode matar seu navegador dada a quantidade enorme de scripts.

Confuso? **http://wiki.whatwg.org/wiki/FAQ#What_are_the_various_versions_of_the_spec.3F** lista e descreve estas diferentes versões.

O Geolocation não é uma especificação WHATWG e reside em **http://www.w3.org/TR/geolocation-API/**

Boas ideias eram implementadas e as más, rejeitadas, independentemente de quem fosse a fonte e quem ela representasse, ou até mesmo onde ela fora inicialmente debatida. Boas ideias eram adotadas do Twitter, blogs e IRC.

Em 2009, a W3C parou de trabalhar no XHTML 2.0 e desviou os recursos para o HTML5, ficando claro que o HTML5 havia vencido a batalha de filosofias: pureza de design, mesmo quebrando a retrocompatibilidade, versus pragmatismo e "não quebrar a Web". O fato de os grupos de trabalho HTML5 consistir em representantes de todas as fabricantes de navegadores, também era importante. Se os fabricantes estivessem indispostos a implementar parte da especificação (como a indisposição da Microsoft para implementar `<dialog>`, ou a oposição da Mozilla ao `<bb>`) ela era removida; Hickson disse "A realidade é que os fabricantes de navegadores têm o veto definitivo em tudo na especificação, já que se eles não a implementarem, a especificação não é nada além de um trabalho de ficção" (**http://www.webstandards.org/2009/05/13/interview-with-ian-hickson-editor-of-the-html-5-specification/**). Muitos participantes acharam isto altamente desagradável: os fabricantes de navegadores tomaram de assalto "nossa Web", reclamaram com alguma justificativa.

É justo dizer que a relação de trabalho entre a W3C e a WHATWG não tem sido suave como poderia ser. A W3C opera em um método baseado em consenso, enquanto Hickson continua a operar como sempre na WHATWG – como um ditador benevolente (e muitos resmungarão quanto ao uso da palavra *benevolente* neste contexto). É certo que Hickson tem ideias muito firmes sobre como a linguagem deve ser desenvolvida.

As filosofias por trás do HTML5

Por trás do HTML5 está uma série de princípios declarados de design (**http://www.w3.org/TR/html-design-principles**). Há três objetivos principais para o HTML5:

- Especificar comportamentos atuais de navegadores que sejam interoperáveis;
- Definir a manipulação de erro pela primeira vez;
- Evoluir a linguagem para autoria mais simples de aplicações web.

Não quebrar páginas Web existente

Muitos de nossos métodos atuais para desenvolver sites e aplicações dependem de características não documentadas (ou pelo menos não especificadas) incorporadas nos navegadores com o passar do tempo. Por exemplo, o XMLHttp Request (XHR) faz funcionar inúmeros sites baseados em Ajax. Foi inventado pela Microsoft, e subsequentemente feito engenharia reversa e incorporado em todos os outros navegadores, mas nunca foi especificado como um padrão (Anne van Kesteren, do Opera, finalmente a especificou como parte do WHATWG). Uma parte tão vital de tantos sites deixada inteiramente a cabo da engenharia reversa! Então uma das primeiras tarefas do HTML5 foi documentar o não documentado, para aumentar a interoperabilidade deixando menos espaço para "achismo" por parte dos autores web e implementadores dos navegadores.

Também era necessário definir sem ambiguidades como os navegadores e outros agentes de usuários deveriam manipular marcações inválidas. Isto não era um problema no mundo XML; o XML especifica “manipulação draconiana de erros” na qual os navegadores deviam parar de reproduzir caso encontrasse um erro. Um dos maiores motivos para a rápida onipresença e sucesso da Web (em nossa opinião) era que até mesmo um código ruim tinha uma chance de lutar para ser reproduzido em todos os navegadores. A barreira de entrada na publicação na Web era democraticamente baixa, mas cada navegador era livre para decidir como reproduzir o código ruim. Algo simples como `<b><i>Hello mum!</b></i>` (perceba a não combinação nas tags de fechamento) produzia diferentes DOMs em navegadores diferentes. DOMs diferentes podem fazer com que o mesmo CSS tenha reproduções completamente diferentes, e elas podem tornar a criação de JavaScript entre vários navegadores muito mais difícil do que precisa ser. Uma DOM consistente é tão importante para o projeto do HTML5 que a própria linguagem é definida em termos de DOM.

> **NOTA** Há uma especificação HTML5 que manipula apenas aspectos relevantes aos autores web, gerada automaticamente a partir da fonte principal disponível em **http://dev.w3.org/html5/mark-up**.

No interesse de uma maior interoperabilidade, é vital que a manipulação de erro seja idêntica entre os navegadores, assim de maneira geral exatamente a mesma DOM*, inclusive quando confrontada com HTML quebrado. Para isto acontecer, foi necessário que alguém a especificasse. Como dissemos, a especificação HTML5 tem mais de 900 páginas longas se impressa, mas apenas umas 300 destas são relevantes aos autores web (você e nós); o resto dela é para os implementadores dos navegadores, dizendo a eles *exatamente* como interpretar a tag, até mesmo tag ruim.

* NRT: Usamos o termo DOM no feminino em função "da árvore" DOM e não do Documento.

Aplicações Web

Um número cada vez maior de sites na Web são o que chamamos de aplicações web; isto é, eles imitam aplicações de desktop ao invés dos documentos tradicionais estáticos de links de textos e imagens que compõem a maioria da Web. Como exemplo temos os processadores online de texto, ferramentas de edição de foto, sites de mapeamento e etc. Altamente movidos com JavaScript, estes levaram o HTML 4 à beira do limite de suas capacidades. O HTML5 especifica novas APIs para DOM para arrastar e soltar, eventos enviados pelo servidor, desenho, vídeo e similares. Estas novas interfaces que as páginas HTML expõem ao JavaScript via objetos na DOM tornam mais fácil escrever tais aplicações utilizando padrões altamente especificados ao invés de apenas artimanhas mal documentadas.

Ainda mais importante é a necessidade de um padrão aberto (livre para utilizar e livre para implementar) que possa competir com padrões proprietários como Adobe Flash ou Microsoft Silverlight. Independentemente do que você acha destas tecnologias ou empresas, acreditamos que a Web seja uma plataforma muito vital à sociedade, comércio e comunicações para estar nas mãos de um fabricante. O quão diferente teria progredido a Renascença se a Caxton tivesse mantido patente e monopólio da fabricação de prensas de impressão?

Não quebre a Web

Há exatamente milhões de páginas web já em uso por aí, e é imperativo que elas continuem a ser reproduzidas. Então o HTML5 é (em sua maioria) um derivativo do HTML4 que continua a definir como os navegadores devem lidar com marcações antigas como `<font>`, `<center>` e outras tags presentacionais (de apresentação), pois milhões de páginas web as utilizam. Mas os autores não devem utilizá-las, pois estão obsoletas. Para autores web, as marcações semânticas ainda comandam o dia, embora cada leitor formará sua própria conclusão sobre o HTML5 incluir semânticas suficiente ou elementos demais.

Como bônus, as regras não-ambíguas de interpretação HTML5 devem garantir que as páginas antigas funcionem com interoperabilidade, já que o interpretador HTML5 será utilizado para todos os documentos HTML (nenhum navegador foi lançado ainda com o interpretador HTML5 por padrão, embora no momento desta escrita o Firefox tenha um interpretador HTML5 *experimental* que pode ser ativado a partir do about:config, alterando-se a preferência html5.enable para true).

E quanto ao XML?

O HTML5 não é uma linguagem XML (sequer uma linguagem SGML, caso isto signifique algo importante para você). Ele *deve* ser servido como text/html. Se, entretanto, você precisar utilizar XML, há uma serialização XML chamada XHTML5. Isto permite todas as mesmas características, mas (não surpreendentemente) exige uma sintaxe mais rígida (se você estiver codificando XHTML, é exatamente igual ao que você já escreveu). Ele *deve* ser XML bem-formado e ser servido com um tipo MIME XML, mesmo que o Internet Explorer 8 e seus antecessores não possam processá-lo (eles se oferecem para baixá-lo ao invés de reproduzi-lo). Por causa disto, estamos utilizando sintaxe HTML ao invés de XHTML neste livro.

Suporte HTML5

O HTML5 está se movendo muito rápido agora, e mesmo as especificações tendo ido para o rascunho final em outubro de 2009, os navegadores já estavam implementando o suporte ao HTML5 (particularmente em torno das APIs) antes desta data. Igualmente, o suporte HTML5 irá crescer continuamente na medida em que os navegadores começarem a apresentar as funções.

Este livro foi escrito entre novembro de 2009 e maio de 2010. Já corrigimos capítulos diversas vezes para levar em conta mudanças nas especificações, que estão parecendo (você ousa dizê-lo?) bastante estáveis no momento (iremos nos arrepender de escrever isto, sabemos disto!).

Claro, os locais onde citamos "isto é suportado apenas no navegador X" irão ficar ultrapassados rapidamente – o que é uma coisa boa.

Vamos colocar as mãos na massa

Então esta é nossa lição de história, com um pouco de filosofia envolvida. É por isto que algumas vezes o HTML5 irá discordar voluntariamente com outras especificações – em prol da retrocompatibilidade, ela frequentemente define o que os navegadores realmente fazem, ao invés do que um RFC especifica que eles devam fazer. Por isto que algumas vezes o HTML5 parece uma colcha de retalhos ou um compromisso – e é. E se este é o preço que você tem de pagar para ter uma Web aberta e interoperável, então os autores dizem "*viva* o pragmatismo!".

Colocou seu cinto de segurança?

Vamos lá.

Websites e informações adicionais

Os websites e informações adicionais contidas neste livro encontram-se em inglês e podem ser alteradas ou desativadas a qualquer momento pelos seus manentedores. A editora Alta Books não controla ou se responsabiliza por qualquer conteúdo de websites ou informações de terceiros.

CAPÍTULO 1

Estrutura principal

Bruce Lawson

EMBORA MUITO DO HTML5 seja para criar aplicações interativas, há um bocado de coisas interessantes para macacos de tag e viciados em JavaScript; existem 28 novos elementos com novas semânticas que podem ser utilizados em páginas "estáticas" tradicionais, bem como uma pitada de novos controles de formulário que podem abolir totalmente a validação JavaScript de formulário.

Vamos direto ao código e começar a marcar uma típica página com HTML5. Transformaremos a atual estrutura de tag com <div>s em um sistema mais semântico utilizando novos elementos estruturais HTML5 como <nav>, <header>, <footer>, <aside> e <article>. Veremos como eles funcionam e como os documentos HTML5 têm uma lista não-ambígua e – indiscutivelmente – mais "semântica".

Mas vamos começar do início. Precisamos abrir um editor de código e inserir um DOCTYPE e as informações preliminares.

O <head>

Primeiro, o DOCTYPE:

```
<!doctype html>
```

É isto. Nenhuma URL que até o mais prolífico dos autores web precise recortar e colar. Note que sequer há um número de versão. Isto é tudo. Não é uma instrução para um encantamento: ela é exigida pelos navegadores que precisam da presença de um doctype para ativar o modo de padrões, e esta string é a string mais curta que o faz de maneira confiável.

Então precisamos definir a codificação de caractere do documento. Não fazê-lo pode resultar em um risco de segurança obscuro, porém real (veja em **http://code.google.com/p/doctype/wiki/ArticleUtf7**). Isto deve estar nos primeiros 512 bytes do documento. A não ser que você possa pensar em um esplêndido motivo para não utilizá-lo, recomendamos UTF-8 como a codificação de caractere:

```
<!doctype html>
<meta charset=utf-8>
```

Observe a tag `<meta>` muito cuidadosamente. Aqueles acostumados a escrever XHTML perceberão três estranhezas. A primeira é que a tag `<meta>` está muito mais curta do que costumava ser até então – estávamos acostumado a utilizar `<meta http-equiv="Content-Type" content="text/html; charset=UTF-8">`. Isto ainda é possível, mas a versão mais curta é preferível, já que é mais fácil de digitar e funciona em todo lugar.

Você também perceberá que eu não coloquei aspas no atributo `charset="utf-8"`. Nem utilizei o autoencerramento na tag `<meta charset=utf-8 />`.

O HTML5 não é uma linguagem XML, então você não precisa dessas coisas. Mas você pode usar, se preferir. Todas estas são HTML5 igualmente válidas:

```
<META CHARSET=UTF-8>
<META CHARSET=UTF-8 />
<META CHARSET="UTF-8">
<META CHARSET="UTF-8" />
<meta charset=utf-8>
<meta charset=utf-8 />
<meta charset="utf-8">
<meta charset="utf-8" />
<MeTa CHARset=utF-8>
```

Por que uma sintaxe tão terrivelmente relaxada? A resposta é simples: os navegadores nunca se importaram com a sintaxe XHTML se ela fosse enviada como text/html – apenas o validador XHTML se importava. Assim sendo, favorecer uma forma em detrimento a outra no HTML5 seria totalmente arbitrário, e tornaria inválidas as páginas que não seguissem o formato, apesar delas funcionarem perfeitamente em qualquer navegador. Sendo assim o HTML5 é agnóstico quanto a qual você utiliza.

Escolha um estilo e prenda-se a ele

Só porque você pode utilizar qualquer um dos formatos previamente mencionados, não significa que você deva misturá-los todos, entretanto. Isto se provaria um pesadelo de manutenção, particularmente para uma equipe grande.

Nosso conselho é: escolha o estilo que funcione para você e prenda-se a ele. Não importa qual você escolha; Remy prefere a sintaxe XHTML enquanto Bruce prefere caixa baixa, minimização de atributos (logo, `controls` ao invés de `controls="controls"`) e uso de aspas nos atributos apenas quando necessário, como na adição de duas classes a um elemento, então `<div class=important>`, porém `<div class="important logged-in"`. Você verá ambos os estilos neste livro, já que cada um trabalha da maneira mais confortável para si, e você precisa ser capaz de ler ambos.

Como um audaz novo autor HTML5, você está livre para escolher – mas feita a escolha, atenha-se a ela.

Enquanto falamos de regras de sintaxe terrivelmente relaxadas (da perspectiva do XHTML), vamos trapacear e, depois de adicionar o título do documento, iremos direto ao conteúdo.

```
<!doctype html>
<meta charset=utf-8>
<title>Interesting blog</title>
<p>Today I drank coffee for breakfast. 14 hours later,
¬I went to bed.</p>
```

Se validarmos este empolgante blog, descobrimos que ele valida bem, ainda que não tenha nenhuma tag `<html>`, nenhum `<head>` e nem `<body>` (**Figura 1.1**).

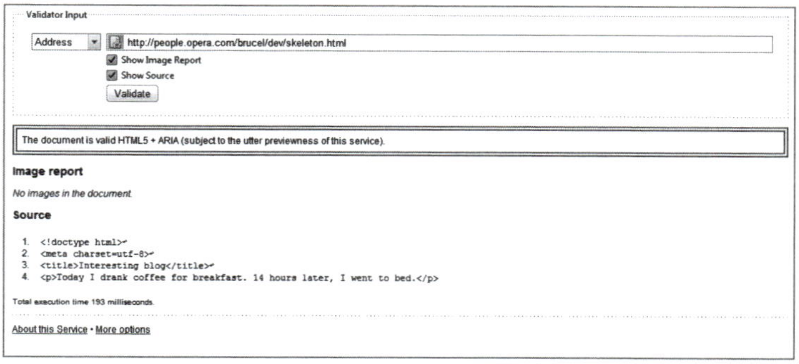

FIGURA 1.1 **Surpreendentemente, sem as tags head, body ou html, o documento é válido.**

Este talvez seja um daqueles momentos “que diabos?” que mencionei na introdução. Estes três elementos são (autores XHTML, estão sentados?) totalmente opcionais, pois os navegadores os assumem de todo modo. Uma olhada sob o capô do navegador com o Opera Dragonfly confirma isto (**Figura 1.2**).

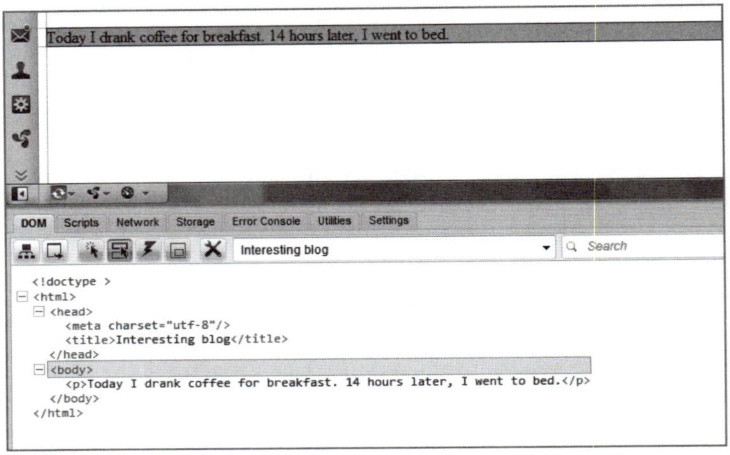

FIGURA 1.2 O depurador do Opera Dragonfly mostra que os navegadores adicionam os elementos ausentes.

A **Figura 1.3** ilustra isto, utilizando as ferramentas de desenvolvimento IE8.

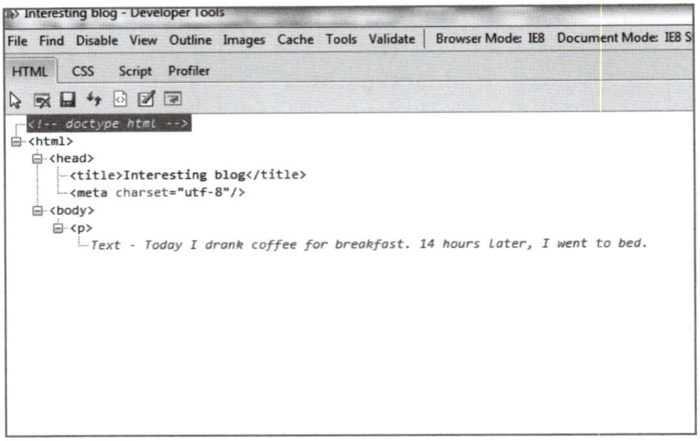

FIGURA 1.3 O Internet Explorer 8, como todos os outros navegadores, adicionam elementos ausentes na DOM (entretanto, o IE parece inverter <title> e <meta>).

Já que os navegadores fazem isto, o HTML5 não exige essas tags. Ainda assim, omitir estes elementos de sua tag poderá confundir totalmente seus colegas de trabalho. Também, ignorar a tag `<html>` fere seus usuários de leitores de tela, já que é lá que você define o idioma primário do documento.

```
<html lang=en>
```

Isto é importante pois a palavra *seis*, por exemplo, é pronunciada de maneira diferente se o idioma for inglês ou francês.

E, como veremos mais tarde, o IE exige o elemento `<body>` antes de aplicar CSS para estilizar novos elementos HTML5.

Assim, em prol da manutenção, adicionaremos estes elementos opcionais para fazer o que provavelmente é a página HTML5 de menor manutenção:

```
<!doctype html>
<html lang=en>
<head>
<title>Interesting blog</title>
<meta charset=utf-8>
</head>
<body>
<p>Today I drank coffee for breakfast. 14 hours later,
¬I went to bed.</p>
</body>
</html>
```

A validação ainda importa?

Uma vez ao termos uma sintaxe tão perdoável, podemos esquecer tags implícitas como `<html>`, `<head>` e `<body>`, e – mais importante – devido ao fato do HTML5 definir uma DOM consistente para qualquer tag ruim, você será perdoado por perguntar a si mesmo se a validação realmente ainda interessa. Fizemo-nos a mesma pergunta.

Nossa opinião é que a validação sempre foi uma ferramenta, um meio para fim – não um objetivo em si.

O objetivo é a marcação semântica: garantindo que os elementos que você escolhe definam o significado de seu conteúdo o mais objetivamente possível, e não descrevam a apresentação. É possível ter uma página perfeitamente válida feita de nada mais que tabelas de apresentação, divs e spans, que não tem uso semântico para ninguém. Do mesmo modo, um único ampersand (&) não codificado pode tornar inválida uma página web semanticamente rica e excelentemente estruturada, mas ainda assim uma página semântica.

Achamos que a validação continua sendo útil também para garantia de qualidade. Quando lideramos equipes de desenvolvimento, tornamos a validação um passo necessário antes de qualquer revisão de código, principalmente antes de ativar o código. É uma ótima maneira de garantir que seu código faça realmente o que você quer. Afinal, os navegadores podem produzir uma DOM consistente a partir da tag ruim, mas pode não ser a DOM que você quer.

Adicionalmente, os interpretadores HTML5 ainda não existem em navegadores finalizados, então garantir páginas válidas é absolutamente o que você deve visar para garantir comportamentos CSS e JavaScript previsíveis.

O validador que utilizamos é o **http://html5.validator.nu**. Esperamos ver desenvolvimentos significativos nos validadores, como opções para reforçar opções de codificação – de modo que possamos optar por ser alertados por não utilizar sintaxes XHTML, por exemplo, mesmo ela não sendo exigida pela especificação.

Utilizando novos elementos estruturais HTML5

Em 2004, o editor da especificação HTML5, Ian Hickson, escavou um bilhão de páginas web através do Google Index, buscando observar de que eram feitas as "verdadeiras" páginas web. Uma das análises que ele subsequentemente publicou (**http://code.google.com/webstats/2005-12/classes.html**) era uma lista dos nomes de classes mais populares nestes documentos HTML.

Mais recentemente, em 2009, o crawler Opera MAMA (veja **http://devfiles.myopera.com/articles/572/idlist-url.htm**) observou novamente os atributos de classe em 2.148.723 URLs escolhidas aleatoriamente e também as ids dadas aos elementos (o que o conjunto de dados do Google não incluía) em 1.806.242 URLs. Veja a **Tabela 1.1** e a **Tabela 1.2**.

TABELA 1.1 Nomes de classes

POPULARIDADE	VALOR	FREQUÊNCIA
1	footer	179,528
2	menu	146,673
3	style1	138,308
4	msonormal	123,374
5	text	122,911
6	content	113,951
7	title	91,957
8	style2	89,851
9	header	89,274
10	copyright	86,979
11	button	81,503
12	main	69,620
13	style3	69,349
14	small	68,995
15	nav	68,634
16	clear	68,571
17	search	59,802
18	style4	56,032
19	logo	48,831
20	body	48,052

TABELA 1.2 Nomes de ID

POPULARIDADE	VALOR	FREQUÊNCIA
1	footer	288,061
2	content	228,661
3	header	223,726
4	logo	121,352
5	container	119,877
6	main	106,327
7	table1	101,677
8	menu	96,161
9	layer1	93,920
10	autonumber1	77,350
11	search	74,887
12	nav	72,057
13	wrapper	66,730
14	top	66,615
15	table2	57,934
16	layer2	56,823
17	sidebar	52,416
18	image1	48,922
19	banner	44,592
20	navigation	43,664

Como podemos ver, uma vez removidas as classes de apresentação óbvias, ficamos com uma boa ideia das estruturas que os autores estão tentando utilizar em suas páginas.

Assim como o HTML 4 reflete a Web inicial dos cientistas e engenheiros (por isso há elementos como <kbd>, <samp> e <var>), o HTML5 reflete a Web como era durante seu desenvolvimento: 28 elementos são novos, muitos deles inspirados nos nomes de classes e id acima, pois é isto que os desenvolvedores constroem atualmente.

Então, enquanto estamos em um clima pragmático ao invés de filosófico, vamos utilizá-las de fato. Aqui está uma amostra da tag da home page do blog como fazemos no HTML 4 utilizando elementos <div> semanticamente neutros:

```
<div id="header">
 <h1>My interesting life</h1>
</div>
<div id="sidebar">
 <h2>Menu</h2>
 <ul>
  <li><a href="last-week.html">Last week</a></li>
  <li><a href="archive.html">Archives</a></li>
 </ul>
</div>
<div class="post">
 <h2>Yesterday</h1>
 <p>Today I drank coffee for breakfast. 14 hours later,
 ¬I went to bed.</p>
</div>
<div class="post">
 <h2>Tuesday</h2>
 <p>Ran out of coffee, so had orange juice for breakfast.
 ¬It was from concentrate.</p>
</div>
<div id="footer">
 <p><small> This is copyright by Bruce Sharp. Contact me to
 ¬negotiate the movie  rights.</small></p>
</div>
```

Aplicando alguns CSS simples a ela, estilizamos:

```
#sidebar {float:left; width:20%;}
.post {float:right; width:79%;}
#footer {clear:both;}
```

Em diagrama, a página se parece com a **Figura 1.4**.

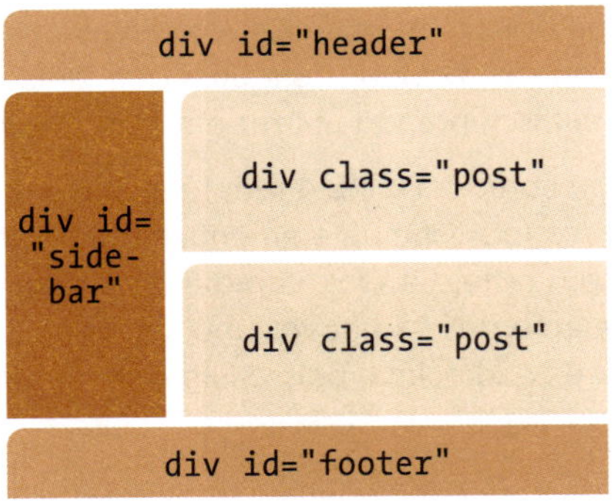

FIGURA 1.4 A estrutura HTML 4 de nosso blog.

Embora não haja nada de errado com esta tag (e ela continuará a funcionar perfeitamente bem no novo mundo HTML5), a maior parte da estrutura é totalmente desconhecida para um navegador, já que o único elemento HTML real que podemos utilizar para estes importantes pontos de referência da página seja o semanticamente neutro `<div>` (definido no HTML 4 como "um mecanismo genérico para adicionar estrutura a documentos").

É possível imaginar um navegador inteligente com uma tecla de atalho que saltaria diretamente para a navegação da página. A pergunta é: como ele saberia para onde saltar? Alguns usuários utilizam `<div class="menu">`, outros utilizam `class="nav"` ou `class="navigation"` ou `class="links"` ou um número de equivalentes em idiomas diferentes do inglês. As tabelas anteriores do Opera MAMA sugerem que menu, nav, sidebar e navigation poderiam todos ser sinônimos.

O HTML5 nos dá novos elementos que denotam sem ambiguidades pontos de referência na página. Assim, reescreveremos nossa página para utilizar alguns destes elementos:

```
<header>
 <h1>My interesting life</h1>
</header>
<nav>
 <h2>Menu</h2>
 <ul>
  <li><a href="last-week.html">Last week</a></li>
  <li><a href="archive.html">Archives</a></li>
 </ul>
</nav>
<article>
 <h2>Yesterday</h2>
 <p>Today I drank coffee for breakfast. 14 hours later,
 ¬I went to bed.</p>
</article>
```

```
<article>
 <h2>Tuesday</h2>
 <p>Ran out of coffee, so had orange juice for breakfast.
 ¬It was from concentrate.</p>
</article>

<footer>
 <p><small>This is copyright by Bruce Sharp. Contact me to
 ¬negotiate the movie  rights.</small></p>
</footer>
```

Em diagrama, a versão HTML5 está mostrada na Figura 1.5.

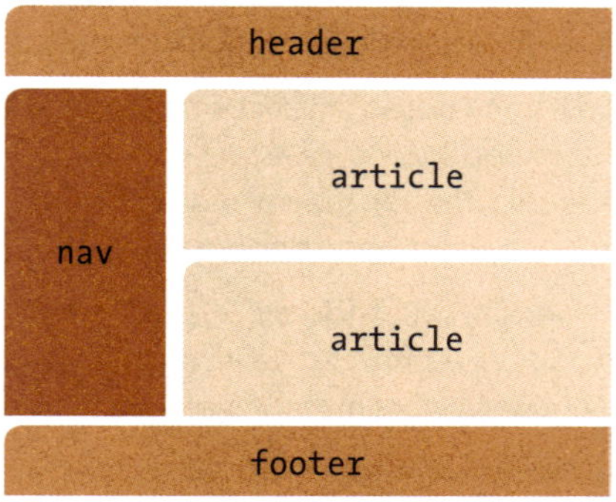

FIGURA 1.5 A estrutura HTML5 de nosso blog.

Por que, oh por que não há o elemento <content>?

É fácil visualizar como nossa hipotética tecla de atalho "saltar para a navegação" funcionaria, mas um requisito mais comum é saltar para a área de conteúdo principal. Alguns designers com pensamento voltado para a acessibilidade adicionam um link "skip links" no topo da página, para permitir que leitores de tela ignorem os itens de navegação. Ainda assim, no HTML5 não há um elemento `<content>` para onde saltar, então como um leitor de tela (ou motores de pesquisa) sabem onde começa o conteúdo principal de uma página?

Na realidade, é simples determinar onde ele está, utilizando o que chamo de *algoritmo Scooby Doo*. Você sempre sabe que a pessoa por trás da máscara de fantasma será o sinistro zelador do parque temático desativado, simplesmente porque ele é a única pessoa no episódio que não é o Fred, Daphne, Velma, Salsicha ou Scooby. De maneira similar, o primeiro pedaço de conteúdo que não seja um `<header>`, `<nav>`, `<aside>` ou `<footer>` é o início do conteúdo principal, independentemente de ele estar contido em um `<article>`, uma `<div>` ou for um descendente direto do elemento `<body>`. Se você quiser um método garantido, você pode utilizar WAI-ARIA e adicionar `role=main` a qualquer elemento que abarque seu conteúdo principal (veja o Capítulo 2 para mais sobre WAI-ARIA).

Embora possa parecer contra-intuitivo você poder marcar as áreas periféricas de uma página com seus próprios elementos, mas não a área principal da página, o conteúdo, porque ele pode simplesmente ser descoberto excluindo-se as outras áreas, é melhor não adicionar outro elemento; adicionar elementos à linguagem não é "gratuito" para os fabricantes de navegadores, pois adiciona mais complexidade aos testes e aumentam os riscos de regressão.

Antes de vermos em detalhes quando utilizar estes novos elementos, e o que eles significam, vamos primeiro estilizar as estruturas básicas da página.

Estilizando HTML5 com CSS

Em todos os navegadores, exceto um, estilizar novos elementos é bastante simples: você pode aplicar CSS a qualquer elemento arbitrário, pois, como diz a especificação, o CSS "é uma linguagem de folha de estilos que permite aos autores e usuários anexar estilo (...) a elementos estruturados (ex.: documentos HTML e aplicativos XML)" e os aplicativos XML podem ter quaisquer elementos que eles queiram.

Embora você possa utilizar os novos elementos HTML5 agora, a maioria dos navegadores – até mesmo os atuais – não necessariamente os entendem. Eles não fazem nada especial com eles e os tratam como elementos desconhecidos em sua tag.

Assim sendo, utilizando o CSS podemos flutuar o `<nav>`, colocar bordas no `<header>` e `<footer>`, e incluir margens e deslocamento ao `<article>` quase tão facilmente quanto fazemos com `<div>`s.

O que pode surpreender os leitores é que, por padrão, o CSS assume que os elementos sejam `display:inline`, então se você simplesmente definir alturas e larguras aos elementos estruturais como fazemos com `<div>`s, isto não funcionará corretamente na parcela atual de navegadores até que explicitamente digamos aos navegadores que eles são `display:block`. Nos navegadores atuais, há uma rudimentar folha de estilo incorporada ao navegador que sobrepõe a estilização inline padrão para aqueles elementos nos quais pensamos nativamente como em nível de bloco (uma destas folhas de estilo pode ser encontrada em **http://www.w3.org/TR/CSS2/sample.html**). Entretanto, estes navegadores ainda não têm regras para definir `<header>`, `<nav>`, `<footer>`, `<article>` como `display:block`, então precisamos especificar isto em nosso CSS. Quando os navegadores incluem tais regras, nossa linha será inofensiva, porém redundante, agindo como um auxiliar útil para navegadores mais antigos, que todos nós sabemos que podem permanecer muito além de seus prazos de validade.

Assim, para estilizar nosso HTML5 para combinar com nosso design HTML 4, simplesmente precisamos dos estilos

```
header, nav, footer, article {display:block;}
nav {float:left; width:20%;}
article {float:right; width:79%;}
footer {clear:both;}
```

E nasce uma bela página HTML5. Exceto em um navegador.

Estilizando HTML5 no Internet Explorer

Nas versões atuais do Internet Explorer, sua página ficará sem aplicação de estilo (na verdade, é pior que isto: qualquer novo elemento fica sem estilo, porém o CSS é aplicado aos elementos HTML4 que o IE suporta).

A maneira de persuadir o IE a aplicar CSS ao HTML5 é utilizar JavaScript. Por quê? Este é um segredo inescrutável, e se contarmos a você teremos de matá-lo. (Na verdade, não sabemos a resposta.) Se você adicionar o seguinte JavaScript no cabeçalho da página

```
<script>
document.createElement('header');
document.createElement('nav');
document.createElement('article');
document.createElement('footer');
</script>
```

O IE aplicará magicamente estilos àqueles elementos, considerando-se que haja um elemento `<body>` na tag. Você só precisa criar cada elemento uma vez, não importa quantas vezes ele apareça em uma página.

> **NOTA** O elemento `<script>` não requer mais que você especifique o tipo de script; assume-se JavaScript por padrão. Isto funciona também em navegadores antigos, então você pode utilizá-lo agora mesmo.

Lembre-se, o HTML5 em si não exige um elemento body, mas esta poção poderosa que mistura o Internet Explorer 8 (e versões anteriores), CSS, HTML5 e JavaScript exige.

Embora esse JavaScript seja desnecessário para outros navegadores, ele não causa problemas a eles. Entretanto, você pode desejar otimizar a velocidade de sua página e apenas baixar (download) e executar este script no IE cercando-o com comentários condicionais (veja **http://dev.opera.com/articles/view/supporting-ie-with-conditional-comments/**).

Sempre que você utilizar um novo elemento HTML5, você precisará se lembrar de adicionar o `document.createElement` para ele no `<head>`. Como alternativa, poderá utilizar o pequeno script de ativação HTML5 do Remy, **http://remysharp.com/2009/01/07/html5-enabling-script/**, que fará isto para todos os novos elementos de uma só vez.

Aviso

Os usuários de todas as versões do Internet Explorer (atualmente o IE8 e seus antecessores) precisarão estar com o JavaScript habilitado para esta técnica funcionar, embora o IE9 funcione como os outros navegadores e não precise do JavaScript.

Perceba também que os módulos de impressão do IE não parecem ser afetados por nosso voodoo JavaScript, então as páginas que estão estilizadas na tela não carregam aqueles estilos para a impressora. O IE Print Protector (**http://www.iecss.com/print-protector/**) é um pedaço de JavaScript que permite imprimir páginas HTML5 no IE (isto também está incluso no script HTML5 do Remy). Um usuário com o JavaScript desativado, seja por escolha ou por política corporativa de segurança, será capaz de acessar seu conteúdo, mas verá uma página parcialmente estilizada ou não-estilizada. Isto pode ou não ser um grande problema para você. Simon Pieters demonstrou que, se o usuário souber como a DOM ficará, será possível estilizar parte do HTML5 sem o JavaScript, mas isto não é particularmente dimensionável ou simples para manter; veja "Estilizando a tag HTML5 no IE sem script" em **http://blog.whatwg.org/styling-ie-noscript**.

Estilizando HTML5 em versões antigas do Firefox e Camino

> **NOTA** Veja o artigo do Remy no HTML5doctor, "Como fazer o HTML5 funcionar no IE e Firefox 2", em **http://html5doctor.com/how-to-get-html5-working-in-ie-and-firefox-2/** para maiores informações.

Tanto o Firefox quanto o Camino utilizam o motor de renderização Gecko, que possuía um bug que não reproduzia HTML5 a não ser que estivesse perfeitamente em XHTML e servido como XML. O Firefox 3+ e o Camino 2 utilizam uma versão mais atualizada do Gecko que corrigiu este bug, e os usuários destes navegadores os atualizam frequentemente, então isto é um problema bem menor que as estranhezas do IE.

Outros problemas com navegadores antigos

Há outros problemas com navegadores antigos quando se estiliza HTML5. Em algumas circunstâncias, definir uma cor de fundo em elementos não gera nenhum resultado a não ser que você explicitamente defina a cor de fundo para ser herdada pelos filhos, mesmo que isto supostamente deva ser o comportamento padrão. Em alguns navegadores baseados em Gecko, estilizar âncoras de nível de bloco (isto é, elementos `<a>` que cercam elementos de nível de bloco, como agora o HTML5 permite – veja o Capítulo 2, "Texto") pode ser problemático, e em todos os navegadores atuais você deve explicitamente definir tais âncoras para serem `display:block` – veja **http://mattwilcox.net/sandbox/html5-block-anchor/test.html**.

Nossa proposta não é compor uma lista completa destes comportamentos; eles são problemas temporários que esperamos que desapareçam rapidamente na medida em que novas versões são lançadas. Se, como um desenvolvedor de adoção antecipada, você se deparar com tais bugs, pode querer arquivar um relato de problema; John Resig tem um bom artigo sobre como fazer isto: "Uma Responsabilidade do Desenvolvedor Web" em **http://ejohn.org/blog/a-web-developers-responsibility/**.

Quando utilizar novos elementos estruturais HTML5

Utilizamos estes elementos para marcar nossa página, e estilizá-los, e, embora o uso deles possa parecer evidente a partir de seus nomes, é hora de estudá-los com um pouco mais detalhe.

<header>

Em nosso exemplo acima, assim como na maioria dos sites, o header (cabeçalho) será o primeiro elemento de uma página, que contém o título do site, logos, links de volta à página inicial e etc. A especificação diz:

"O elemento header representa um grupo de auxiliares de introdução ou de navegação(...) Nota: um elemento header tem a intenção de conter, geralmente, o cabeçalho da seção (um elemento h1–h6 ou um elemento hgroup), mas isto não é obrigatório. O elemento header também pode ser utilizado para embrulhar a tabela de conteúdos de uma seção, um formulário de busca ou quaisquer logos relevantes."

Vamos dissecar isto. A primeira coisa a ser notada é que um elemento header não é obrigatório; em nosso exemplo abaixo, ele é supérfluo, visto que envolve apenas o `<h1>`. Seu valor está em agrupar elementos "de introdução ou de navegação", então aqui está um exemplo mais realista:

```
<header>
<a href="/"><img src=logo.png alt="home"></a>
<h1>My interesting blog</h1>
</header>
```

Muitos sites têm um título e uma chamada ou subtítulo. Para proteger o subtítulo do algoritmo de lista (em inglês, outlining algorithim) (assim tornando a chamada principal e o subtítulo uma única unidade lógica; veja o Capítulo 2 para maiores discussões), a chamada principal e o subtítulo podem ser agrupados no novo elemento `<hgroup>`:

```
<header>
<a href="/"><img src=logo.png alt="home"></a>
<hgroup>
<h1>My interesting blog</h1>
<h2>Tedium, dullness and monotony</h2>
</hgroup>
</header>
```

O header também pode conter navegação. Isto pode ser muito útil para sites com navegação global, especialmente em sites guiados por modelos, onde todo o elemento <header> pode vir de um arquivo modelo. Assim, por exemplo, a navegação global do **www.thai-cookery.co.uk** poderia ser codificada como na **Figura 1.6**.

```
<header>
 <hgroup>
  <h1>Thai cookery school></h1>
  <h2>Learn authentic Thai cookery in your own home</h2>
 </hgroup>
 <nav>
  <ul>
   <li>Home</li>
   <li><a href="courses.html">Cookery courses</a></li>
   <li><a href="contact.html">Contact</a></li>
  </ul>
 </nav>
</header>
```

FIGURA 1.6 cabeçalho www.thaicookery.co.uk.

Claro, não é obrigatório que o <nav> esteja no <header>. O exemplo da Thai Cookery poderia simplesmente ser marcado com a <nav> principal fora do <header>:

```
<header>
<hgroup>
<h1>Thai cookery school></h1>
<h2>Learn authentic Thai cookery in your own home</h2>
</hgroup>
</header>
<nav>
<ul>
<li>Home</li>
<li><a href="courses.html">Cookery courses</a></li>
```

```
<li><a href="contact.html">Contact</a></li>
</ul>
</nav>
```

Isto depende em grande parte se você acreditar que a navegação global pertence ao cabeçalho geral do site e também das considerações pragmáticas sobre a facilidade de estilização. Tome, por exemplo, meu site pessoal, que tem uma navegação global muito longa à esquerda da área de conteúdo, que pode ser muito mais longa que uma postagem. Colocar este <nav> no <header> tornaria muito difícil colocar o conteúdo principal no lugar certo e ter um rodapé, então neste caso, a navegação geral do site está fora do <header>, e é uma irmã mais nova do <body>, como neste exemplo (**Figura 1.7**).

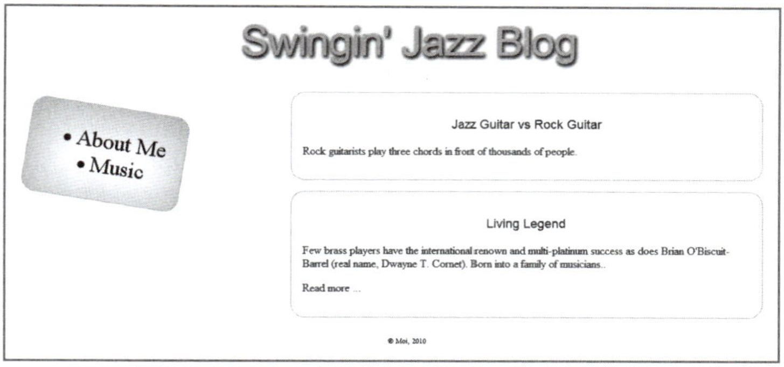

FIGURA 1.7 Típica página com a navegação global do site fora da área principal do cabeçalho.

Perceba que atualmente estamos criando apenas o <header> principal para a página; pode haver múltiplos <header>s – chegaremos neste assunto no Capítulo 2.

<nav>

O elemento <nav> é projetado para marcar a navegação. A navegação é definida como sendo links em torno da página (assim, por exemplo, um sumário no topo de um artigo que aponta para pontos âncora na mesma página) ou dentro de um site. Mas nem todas as coleções de links são <nav>; uma lista de links patrocinados não é <nav>. Nem uma página de resultados de busca, pois ela está no conteúdo principal da página.

Assim como com <header>s e <footer>s (e todos os novos elementos), você não está restringido a um <nav> na página. Você pode muito bem ter o <nav> geral do site em um cabeçalho, um <nav> que seja o sumário para o artigo atual, e um <nav> abaixo que aponta para outros artigos relacionados em seu site.

<nav> ou não <nav>?

A especificação sugere que links "legais" (copyright, contato, liberdade de informação, políticas de privacidade, etc.) que geralmente estão incorporados ao footer (rodapé) não devam ser envolvidos em um `<nav>`: "'É comum para os footers ter uma breve lista de links para várias páginas de um site, como termos de serviço, página inicial e uma página de copyright. O elemento footer, sozinho, é suficiente para tais casos, sem um elemento nav."

Nós discordamos desta sugestão. Muitos sites também incluem um link para informações de acessibilidade que orientam sobre como solicitar informações em formatos alternativos, e as pessoas que exigem tais conteúdos são aquelas que se beneficiariam do fato de agentes de usuários poderem levá-las diretamente aos elementos marcados com `<nav>`.

O conteúdo de um elemento `<nav>` provavelmente será uma lista de links, marcados como uma lista não ordenada (o que se tornou uma tradição desde o seminal "Domando Listas" (em inglês, taming lists) de Mark Newhouse (**http://www.alistapart.com/articles/taminglists/**). Perceba que o elemento `<nav>` é um invólucro; ele não substitui o elemento `<ol>` ou `<ul>`, mas empacota-o. Deste modo, navegadores antigos que não compreendam os elementos simplesmente enxergam os elementos de lista e listam os itens, comportando-se corretamente.

Embora faça sentido usar uma lista (e isto lhe dá mais ganchos para o CSS), não é obrigatório fazê-lo. Isto é perfeitamente válido:

```
<nav>
<p><a href="/">Home</a></p>
<p><a href="/about">About</a></p>
</nav>
```

Você pode incluir cabeçalhos para navegações também:

```
<nav>
<h2>Main navigation</h2>
<ul>
<li><a href="/about">About me</a></li>
<li><a href="/news">News</a></li>
</ul>
</nav>
```

Agrupando <nav> e outros elementos em uma barra lateral

Muitos sites têm uma barra lateral que inclui múltiplos blocos de navegação a outros conteúdos que não são de navegação. Tome, por exemplo, meu site pessoal **www.brucelawson.co.uk** (**Figura 1.8**).

FIGURA 1.8 A barra lateral do meu blog, mistura navegação com informações de colofão e fotos de galãs.

A barra lateral à esquerda do conteúdo principal tem muitas áreas nav (não representadas na imagem) como páginas, categorias, arquivos e a maioria dos comentários recentes. Estes estão marcados como uma série de elementos <nav> (um único elemento <nav> contendo uma lista com sublistas também é possível, porém eu prefiro utilizar elementos <nav> discretos para cada tipos de navegação).

Os elementos <nav> contidos no novo elemento <aside> "podem ser utilizados para efeitos tipográficos, como citações de destaque ou barras laterais, para publicidade, para grupos de elementos nav, e para outros conteúdos considerados diferentes do conteúdo principal da página". **http://dev.w3.org/html5/spec/semantics.html#the-aside-element**.

```
<aside>
<nav>
<h2>Pages</h2>
<ul> .. </ul>
</nav>

...
```

```
<nav>
<h2>Recent comments</h2>
<ul> ... </ul>
</nav>

<section>
<h2>blah blah</h2>
<a href=”...”>Web hosting by LovelyHost</a>
<img src=”...”>
<p>Powered by <a href=”...”>WordPress</a></p>
<p><a href=”...”>Entries (RSS)</a> and <a href=”...”>
¬ Comments (RSS)</a></p>
<section>
</aside>
```

Perceba que a seção “Blah blah” não está marcada como `<nav>`, já que o link para minha hospedagem web, uma foto minha e dois links RSS não são “seções que consistem nos principais blocos de navegação” como define a especificação `<nav>`. Isto está envolvido em um `<section>` para que as chamadas da barra lateral permaneçam no mesmo nível no algoritmo de lista (veja o Capítulo 2 para maiores informações). Outra forma de marcar esta barra lateral seria utilizando apenas um único elemento `<nav>` geral, ao invés de múltiplos elementos `<nav>`. Como qualquer taxiodermista de felinos dirá a você, há mais de uma maneira de se pelar um gato.

<footer>

O elemento `<footer>` está definido na especificação como representando “um rodapé (footer) para conteúdo de seção ancestral ou elemento raiz de seção mais próximo” (“Conteúdo de seção” inclui article, aside, nav, section, e “elemento raiz de seção” são blockquote, body, details, fieldset, figure e td).

Note que, assim como acontece com o elemento header, pode haver mais de um footer em uma página; revisitaremos este assunto no Capítulo 2. Por agora, estamos apenas com um footer na página que é filho do elemento body. Como diz a especificação, “quando o conteúdo de seção ancestral ou elemento raiz de seção mais próximo é o elemento body, então ele se aplica a toda a página”.

A especificação continua: “um footer tipicamente contém informações sobre suas seções, como quem a escreveu, links para documentos relacionados, dados de copyright e similares”.

Nosso footer tem dados de copyright, que estão envolvidos em um elemento `<small>` também. O `<small>` foi redefinido no HTML5; anteriormente era um elemento de apresentação, mas no HTML5 ele representa observações em letras pequenas: "As letras miúdas tipicamente apresentam texto legal, esclarecimentos, restrições legais ou copyright. As letras miúdas algumas vezes também são utilizadas para atribuições, ou para satisfazer requisitos de licenciamento."

O rodapé do seu site provavelmente tem mais que apenas uma única nota de copyright. Você pode ter links para políticas de privacidade, informações de acessibilidade (por que você está escondendo esta informação?), e outros links similares. Estes devem estar envolvidos em `<nav>`, apesar da recomendação da especificação (veja a seção `<nav>` anterior).

Você pode até mesmo ter um "fat footer", que está na moda, como em **www.thecssdiv.co.uk** (**Figura 1.9**).

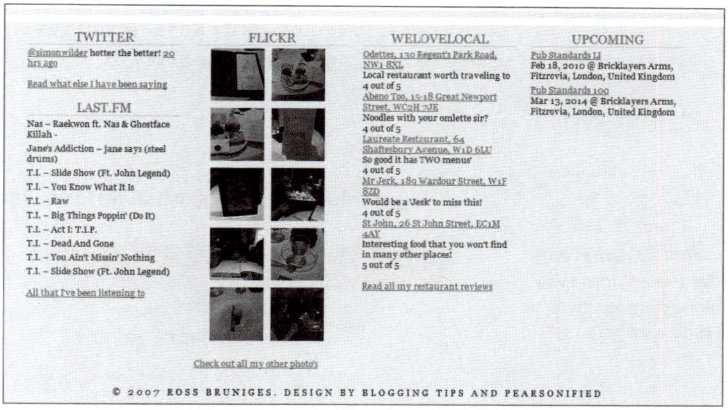

FIGURA 1.9 O "fat footer" da thecssdiv.co.uk.

É legítimo envolver os links para outras páginas no site com um `<aside>` dentro do footer – mas pergunte a si mesmo se o `<aside>` é parte do footer, ou se seria melhor para o `<aside>`, ao invés disto, ser um irmão do `<footer>`. Afinal, os links para outras páginas estão presumivelmente de modo tangencial relacionados com toda a página, ao invés de apenas com o conteúdo do rodapé.

Aqui, eu utilizaria a seguinte tag:

```
<body>
 <div id=mainContent>
  ...
 </div>
<aside>
 <nav>
  <h2>Twitter </h2>
  <ul> ... </ul>
 </nav>
```

```
  <nav>
   <h2>Flickr </h2>
   <ul> ... </ul>
  </nav>
  <nav>
   <h2>WeLoveLocal</h2>
   <ul> ... </ul>
  </nav>
  <nav>
   <h2>Upcoming </h2>
   <ul> ... </ul>
  </nav>
</aside>

<footer>
 <small>&copy;2007 Ross Bruniges. Design by Blogging Tips
and Pearsonified</small>
</footer>

</body>
```

A **Figura 1.10** mostra como evitar um “fat footer”.

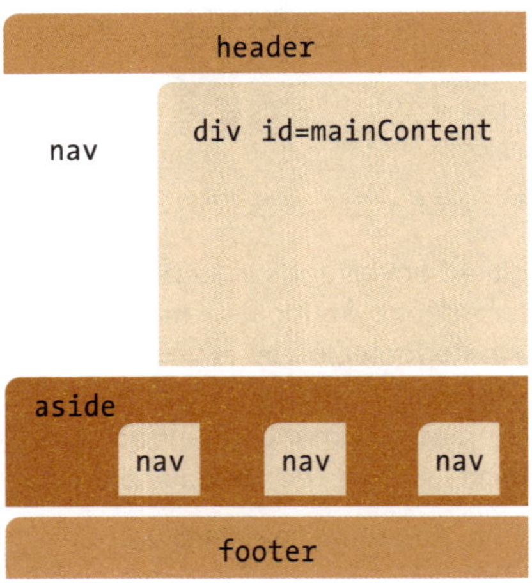

FIGURA 1.10 Evitando um “fat footer” tornando os links externos um aside para toda a página.

<article>

O conteúdo principal da página inicial deste blog contém algumas postagens. Envolvemos cada um em um elemento `<article>`. O `<article>` é especificado assim: “o elemento article representa um componente de uma página que consiste em uma composição independente em um documento, página, aplicativo ou site e que tem a intenção de ser independentemente distributível ou reutilizável. Ex. notícias".

Uma postagem de blog, um tutorial, uma notícia, uma tirinha de quadrinhos ou um vídeo com uma transcrição se adequam perfeitamente a esta descrição. Menos intuitivamente, também se adequam e-mails individuais em um cliente de e-mail, mapas e widgets Web reutilizáveis. Não pense em `<article>` como um artigo de jornal, pense como um artigo de vestuário – um item discreto. Perceba que, assim como com `<nav>`, o título vai dentro do elemento, então

```
<h1>My article</h1>
<article>
 <p>Blah blah</p>
</article>
```

está incorreto; ele deveria ser

```
<article>
 <h1>My article</h1>
 <p>Blah blah</p>
</article>
```

Há muito mais facetas interessante no `<article>`, que (adivinhe) veremos no próximo capítulo.

Resumo

Neste capítulo, demos uma primeira olhada no HTML5 e em seu DOCTYPE. Vimos suas permissíveis regras de sintaxe como caixa alta e baixa opcionais, aspas e minimização de atributos, omissão de elementos implícitos como head/body, omissão de padrões como `type="text/javascript"` e "`text/css`" no `<script>` e tags `<style>`. Estruturamos as principais áreas de uma página web utilizando `<header>`, `<footer>`, `<nav>`, `<aside>`, e `<article>`, fornecendo aos usuários mais semântica do que o insignificante e genérico elemento `<div>` que era nossa única opção no HTML 4, e estilizamos novos elementos com a mágica do CSS. Nada mal para um capítulo, não?

CAPÍTULO 2

Texto

Bruce Lawson

AGORA QUE VOCÊ marcou os pontos-chave da página principal com HTML5 e viu como uma lista de documento pode ser estruturado, esta lição vai mais fundo para mostrar como você pode estruturar ainda mais o conteúdo principal.

Para fazer isto, você marcará um típico blog com HTML5. Escolhemos um blog porque mais de 70% dos profissionais da web têm um blog (**www.aneventapart.com/alasurvey2008**), e todo mundo já viu um. Ele também é um bom arquétipo para sites modernos com headers (cabeçalhos), footers (rodapés), sidebars (barras laterais), áreas múltiplas de navegação e um formulário, seja um blog, um site de notícias ou um site de vendas (com produtos ao invés de notícias).

Estruturando as áreas de conteúdo principais

Dê uma olhada na área de conteúdo principal de um blog (**Figura 2.1**). Pode haver múltiplos artigos, cada um contendo "metadados" e o conteúdo de texto real do artigo.

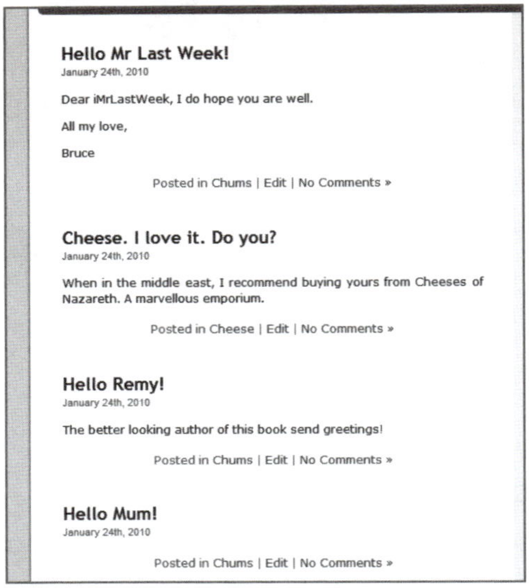

FIGURA 2.1 Uma série de artigos em um blog típico.

Aqui estão algumas marcações típicas (simplificadas do tema padrão do Wordpress).

```
<div class="post">
<h2>Memoirs of a Parisian lion-tamer</h2>
<small>January 24th, 2010</small>
  <div class="entry">
    <p>Claude Bottom's poignant autobiography is this
    ¬ summer's must-read.</p>
  </div>
  <p class="postmetadata">Posted in <a href="/?cat=3">
  ¬ Books category</a> | <a    href="/?p=34#respond">
  ¬ No Comments</a></p>
</div>
```

Não há nada de muito errado com esta tag (embora questionemos o uso em HTML 4 do elemento presentacional `<small>` para a data). Funcionará bem em navegadores "HTML5", mas fora o cabeçalho da postagem do blog, não há nenhuma estrutura real – apenas `<div>`s sem significado e parágrafos. O HTML 4 nos dá estruturas genéricas para marcar o conteúdo. O `<div>`, por exemplo, é apenas uma “caixa” genérica que diz ao navegador “aqui estão algumas coisas, tudo deve ficar junto”, mas isto não significa nada; não há valor semântico além de “isto tudo deve ficar junto”. Quando possível, substituiremos caixas genéricas por novos elementos HTML5, continuando a utilizar `<div>` onde não houver um elemento apropriado, assim como fizemos no HTML 4.

Vamos nos concentrar primeiro em um artigo individual. Como visto no Capítulo 1, você pode substituir o `<div class=”post”>` externo por `<article>`, mas ainda poderá ir além. O os elementos `<header>` e `<footer>` HTML5 podem ser utilizados múltiplas vezes em uma página, em cada uma delas referenciando a seção onde está.

O cabeçalho e o horário da postagem são “material introdutório” e, assim sendo, trabalho para o `<header>`, certo? De maneira similar, os metadados sobre a postagem que atualmente estão em um parágrafo com `class "=postmetadata"` são melhor marcados em HTML5 como um `<footer>`, que “normalmente contém informações sobre sua seção, como quem a escreveu, links para documentos relacionados, dados de direito de cópia (em inglês, copyright) e similares”.

Esquematicamente, a estrutura revisada está mostrada na **Figura 2.2**.

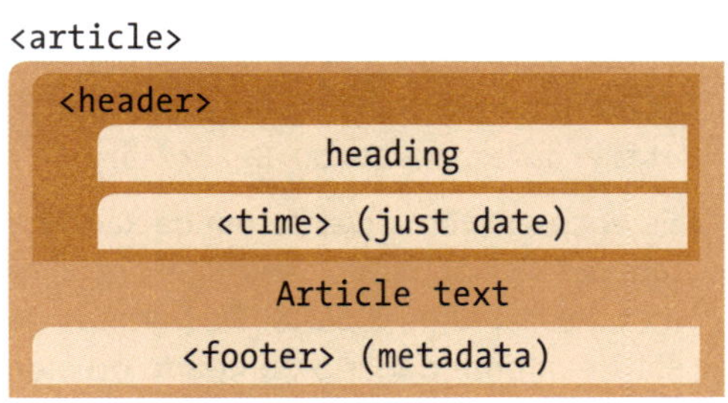

FIGURA 2.2 Um único artigo de blog utilizando novas estruturas HTML5.

```
<article>
  <header>
    <h2>Memoirs of a Parisian lion-tamer</h2>
    <time datetime=2010-01-24>January 24th,
    ¬2010</time>
  </header>
  <p>Claude Bottom’s poignant autobiography is this
  ¬summer’s must-read.</p>
  <footer>
    Posted in <a href=”/?cat=3” >Books category</a>.
    ¬<a href=”/?p=34#respond”>No  Comments</a>
  </footer>
</article>
```

Veremos isso com mais detalhes.

O elemento <time>

`<time>` é um novo elemento para codificar sem ambiguidades datas e hora para os computadores, enquanto ainda os apresenta de uma forma legível para os usuários. As utilizações desse elemento em páginas web não são difíceis de imaginar: um navegador poderia oferecer a adição de eventos futuros a um calendário do usuário; agregadores de conteúdo poderiam produzir linhas do tempo visuais de eventos; um navegador localizado na Tailândia poderia oferecer a conversão para datas do budismo tailandês, que está 543 anos a frente do calendário ocidental.

A especificação diz: "o elemento time representa tanto um horário no formato 24 horas, quanto uma data precisa no calendário gregoriano proléptico, opcionalmente com um horário e diferença de fuso horário".

A parte do elemento `<time>` legível por computadores normalmente está encapsulada no atributo `datetime` do elemento. O conteúdo dentro do elemento é o que se apresenta aos usuários finais.

```
<time datetime=2009-11-13>13 November 2009</time>
<time datetime=2009-11-13>13<sup>th</sup> November last
¬ year</time>
<time datetime=2010-11-13>Bruce's 21st birthday</time>
<time datetime=2010-11-13T020:00Z>8PM on my birthday</time>
<time datetime=20:00>8 PM</time>
```

Se você estiver contente em deixar o formato legível por computadores visível para os usuários finais, não será preciso utilizar um atributo datetime à parte. Os agentes de usuário deverão então simplesmente pegar o conteúdo do elemento e interpretá-lo:

```
<time>20:00</time>
```

Datas e horas legíveis por máquinas (computadores)

Para ser legível por computadores, as datas precisam estar em formato YYYY-MM-DD e também podem incluir um horário, prefixado com "T" para separar a data da hora, no formato HH:MM. Opcionalmente, você pode anexar os segundos (separados dos minutos por dois-pontos). As frações de segundo são permitidas após um ponto.

Como você visto, você pode fornecer um horário em formato 24 horas sem informação de data.

Se estiver fornecendo a hora e a data juntos, você precisa mostrar o fuso horário: este pode ser "Z" para o Tempo Universal Coordenado - UTC (em inglês, Coordinated Universal Line), ou com uma diferença para o UTC em horas e minutos, com o prefixo de um sinal de adição ou subtração.

Juntando tudo: "1979-10-14T12:00:00.001-04:00" representa um milissegundo após o meio-dia em 14 de outubro de 1979 no Horário Padrão da Costa Leste durante o horário de verão (UTC –4 horas).

O único problema com <time> é que ele deve conter uma data positiva no calendário gregoriano proléptico – o que significa que você não pode codificar uma data antes da era cristã. Nem pode codificar datas imprecisas como "julho de 1904". Isto limita seriamente a utilização para sites como museus, páginas históricas/enciclopédicas ou árvores genealógicas, onde datas precisas podem ser desconhecidas.

O atributo pubdate

pubdate é um atributo booleano para indicar que este <time> em particular é a data de publicação de um <article> ou de todo o conteúdo <body>.

Você pode estar se perguntando por que o atributo pubdate sequer é necessário. Por que não simplesmente assumir que qualquer elemento <time> em um <header> de um <article> seja sua data de publicação?

Considere este exemplo:

```
<article>
  <header>
     <h1>Come to my party on <time datetime=2010-12-01>1
    ¬December</time></h1>
     <p>Published on <time datetime=2010-06-20 pubdate>20
     ¬June 2010</time></p>
  </header>
  <p>I'm throwing a party at Dr Einstein's Cabaret
  ¬Roller-disco Bierkeller Pizza-parlour-a-gogo. Do come
  ¬and dance to Rusty Trombone's Swingin' Brass Band.
  ¬(Formal dress and lewd hat required.)</p>
</article>
```

Você perceberá que há duas datas dentro do <header>: a data real da festa e a data de publicação do artigo. O atributo pubdate é necessário para remover qualquer ambiguidade. E sim, você está convidado – só não vá se embebedar desta vez.

Mais diversão com cabeçalhos e rodapés

A principal surpresa em nossa maquiagem no artigo é que cada um deles pode ter seus próprios <header> e <footer>. Isto significa que, além dos cabeçalhos e rodapés "principais" de uma página, cada artigo pode ter os seus próprios headers e footers. Eles podem ser estilizados separadamente com CSS: body>header e body>footer apontam para o header e footer "principais" (assumindo que estes sejam descendentes diretos de <body>), enquanto article>header e article>footer apontam para as estruturas internas.

Para incluir versões antigas do IE, você pode tirar vantagem desta especificidade. Defina estilos genéricos para o cabeçalho e o rodapé, e então redefina/sobreponha-os para o cabeçalho e o rodapé do artigo.

```
header {display:block; color:red; text-align:right;}
¬/*page header */
article header {color:blue; text-align:center;}
¬/*article header */
```

Note que, até agora, você não introduziu qualquer ids ou classes como ganchos para CSS.

Utilizando múltiplos <footer>s no mesmo elemento

A especificação diz: “os rodapés não precisam necessariamente aparecer no fim de uma seção, embora geralmente o façam”, e isto permite que um elemento tenha dois ou mais rodapés. Uma versão simplificada do exemplo na especificação é

```
<body>
 <footer><a href="/">Back to index...</a></footer>
 <h1>Lorem ipsum</h1>
 <p>Lorem ipsum</p>
 <footer><a href="/">Back to index...</a></footer>
</body>
```

O motivo disto é que os elementos devem ser supostamente não-presentacionais. Se “back to index” é um rodapé que aparece embaixo do artigo, e você optar por ter um “back to index” acima do artigo também, você deve utilizar o mesmo elemento para o mesmo conteúdo, independentemente de onde ele apareça.

Utilizando <footer>s no <blockquote>

De um jeito muito legal, <blockquote> pode ter um rodapé, o que é uma maneira muito útil de citar a fonte de maneira que ela esteja associada com a citação de forma inequívoca, porém bem apresentável aos seus usuários (antes, o atributo cite no <blockquote> não era exibido em lugar algum):

```
<blockquote>
  Thou look’st like antichrist, in that lewd hat.
  <footer>Ananias <cite>Scene 4.3, <a  href="http://
  ¬www.gutenberg.org/files/4081/4081-h/4081-h.htm">The
  ¬Alchemist</a></cite> (Ben Jonson)</footer>
</blockquote>
```

Adicionando blogposts e comentários

Então, você tem uma página com um cabeçalho, rodapé, navegação, área de conteúdo contendo diversos artigos (postagens de blog), cada um com seu próprio cabeçalho e rodapé. Mas espere... o que é um blog sem comentários?

A especificação menciona este caso, e recomenda o uso de `<article>`s aninhados: "Quando elementos article estão aninhados, os elementos article internos representam artigos que estão, em princípio, relacionados ao conteúdo do article externo. Por exemplo, uma entrada de blog em um site que aceita comentários enviados pelos usuários poderia representar os comentários como elementos article aninhados dentro do elemento article da entrada do blog".

Então façamos isto. Perceba também que os comentários de blog são normalmente apresentados em ordem cronológica e têm informações como o nome do autor e URL – em resumo, informações de cabeçalho. Esquematizado, ele se parece com o mostrado na **Figura 2.3**.

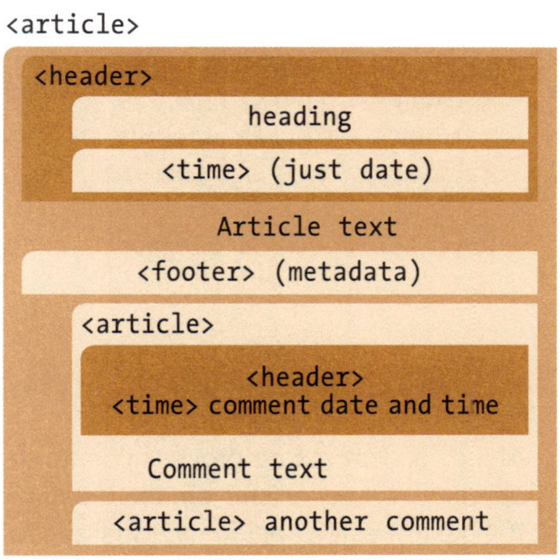

FIGURA 2.3 **A estrutura de uma postagem de blog, com comentários como articles aninhados.**

O código é como você esperava, com os comentários em destaque.

```
<article>
  <header>
    <h1>Come to my party on <time datetime=
    ¬ 2010-12-01>1 December</time></h1>
     <p>Published on <time datetime=2010-06-20 pubdate>
     ¬ 20 June 2010</time></p>
  </header>
```

```
  <p>I'm throwing a party at Dr Einstein's Cabaret
  ¬Roller-disco Bierkeller Pizza-parlour-a-gogo. Do come
  ¬and dance to Rusty Trombone's Swingin' Brass Band.
  ¬(Formal dress and lewd hat required.)</p>
<footer>Published in the Parrtay!! category by Bruce
¬</footer>

 <article> <!-- comment -->
  <header>
   Comment from <a href="http://remysharp.com">Remy
   ¬Sharp</a> at <time datetime="2010-05-01T08:45Z">
   ¬8.45 on 1 May 2010</time>
  </header>
  <p>I'll be there. I very much enjoy a bit of Rusty
  ¬Trombone.</p>
 </article> <!-- end comment -->

 <article> <!-- comment -->
  <header>
   Comment from <a href="http://splintered.co.uk">Patrick
   ¬Lauke</a> at <time datetime="2010-05-02T10:45Z">10.45
   ¬on 2 May 2010</time>
  </header>
  <p>Sorry mate. Am washing my hair.</p>
 </article> <!-- end comment -->

</article> <!-- end blogpost -->
```

Trabalhando com listas no HTML5

Alguns aplicativos de processamento de texto têm a função de apresentar a você listas em um documento. Por exemplo, a **Figura 2.4** mostra este capítulo na visualização de lista do Microsoft Word 2007.

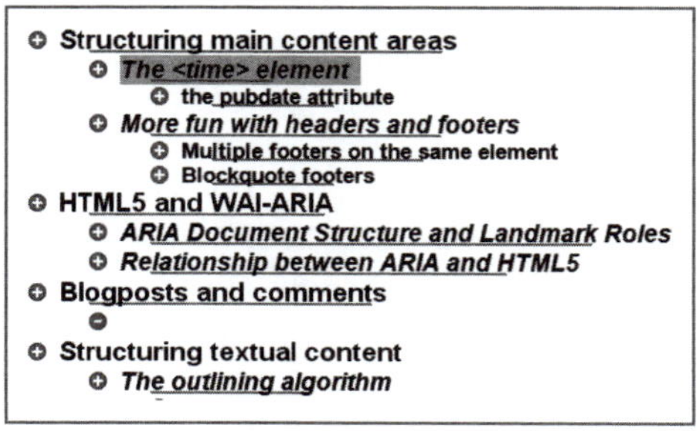

FIGURA 2.4 Visualização de listas do Microsoft Word 2007.

O HTML5 tem um algoritmo bem definido que permite aos agentes de usuário produzir uma lista similar a partir de uma página web. Assim como em um pacote de processamento de texto, ele pode ser utilizado para dar ao usuário uma rápida visão geral da página web (e, claro, não há motivo para que a página web não seja, na verdade, um aplicativo de processamento de texto). O outro uso principal para o algoritmo de lista é para organização: pegar o conteúdo e inseri-lo em outro lugar garantindo que a página web de destino ainda tenha uma estrutura lógica.

Esta seção do capítulo é bastante densa, e ainda não foi implementada em qualquer navegador (embora haja uma implementação JavaScript em **http://code.google.com/p/h5o/**). Você precisa entender o conceito de lista de documento para saber quando utilizar `<section>`, `<aside>` ou `<div>`.

Uma das principais diferenças para o HTML 4, e um conceito importante para se captar antes de você prosseguir, é que certos elementos HTML5 – `<article>`, `<section>`, `<nav>` e `<aside>` – são *conteúdo de divisão*, que iniciam novas seções na lista. Para explicar este conceito, vamos pegar este código simples:

```
<h1>Hello</h1>
<div>
 <h1>World</h1>
</div>
```

FIGURA 2.5 Uma lista simples.

Para ilustrar como este algoritmo funciona, estou usando um utilitário web em **gsnedders.html5.org/outliner/**, já que nenhum navegador atualmente tem esta lógica incorporada. A lista gerada por este código é como você esperaria que fosse. (**Figura 2.5**).

FIGURA 2.6 Uma lista de documento depois que `<div>` foi trocado por `<article>`.

A **Figura 2.6** apresenta o que acontece se você alterar o insignificante `<div>` para um `<article>`, que é um conteúdo de divisão:

```
<h1>Hello</h1>
<article>
 <h1>World</h1>
</article>
```

Você pode observar que a presença do conteúdo de divisão deslocou seu conteúdo para ser hierarquicamente "inferior" ao conteúdo que o precede. Ou, colocando de maneira mais simples: o `<h1>` dentro do artigo é um `<h2>` lógico, pois o `<article>` começou uma nova seção. Utilizar `<section>`, `<nav>` ou `<aside>` ao invés de `<article>` faz a mesma coisa, já que todos são conteúdo de divisão.

De fato, não importa que nível de cabeçalho você utilize aqui; o algoritmo de lista leva em consideração o aninhamento e níveis relativos, então este código

```
<h3>Hello</h3>
<article>
 <h6>World</h6>
</article>
```

produz exatamente o mesmo resultado da **Figura 2.6**.

Você pode estar se perguntando: "E daí? Qual o uso disto?". Bem, primeiramente, isto significa que você não está restrito aos seis níveis de cabeçalho, como está no HTML 4. Um elemento de cabeçalho aninhado dentro de sete níveis de <section>, <article>, <nav> ou <aside> (ou qualquer combinação deles) se torna um elemento <h7> lógico (entretanto, a não ser que você esteja marcando documentos jurídicos ou alguma outra coisa pavorosa, você deve reconsiderar seu conteúdo caso ele precise de tantos níveis).

Outra vantagem é com organização. Suponha que Remy poste um arquivo:

```
<article>
 <h1>What I did on my holiday</h1>
 <p>I went to Narnia. I was bitten by a trilobite. Then I
 ¬ came home.</p>
</article>
```

Digamos que você mantém um grande jornal online e naturalmente deseje organizar esta história. Quando as máquinas de organização mágicas se inserem ela no seu modelo, o código resultante é

```
<h1>The Monotonous Times</h1>
<section>
 <h2>Breaking news</h2>
  <article>
   <h1>What I did on my holiday</h1>
   <p>I went to Narnia. I was bitten by a trilobite.
   ¬ Then I came home.</p>
  </article>
..
</section>
```

É óbvio que "breaking news" ocupa uma posição mais alta na hierarquia do que o título da postagem do blog do Remy, mas devido a desencontros no modelo de Remy e no seu modelo, há um <h2> que é mais importante que o <h1>.

Verificando a lista, entretanto, percebemos que tudo está como deve ser (**Figura 2.7**). Espertinho, você.

```
1. The Monotonous Times
   1. Breaking news
      1.   What I did on my holiday
```

FIGURA 2.7 O algoritmo de lista produz a lista correta também na organização.

<nav>, <aside> e seções sem título

Uma palavrinha sobre a ferramenta de lista em **gsnedders.html5.org/outliner/**, já que provavelmente você pegará o hábito de verificar a lista de seu documento como parte do seu processo de desenvolvimento, da mesma forma como você regularmente valida seu código e o verifica em diferentes navegadores.

Se ele encontrar conteúdo de divisão que não contenha um título, ele reportará:

```
<article>
 <p>I have no heading</p>
</article>
```

Isto dá a lista uma "Seção Sem Título". Para `<section>`s e `<articles>`s, isto é um aviso útil, visto que estes elementos quase sempre começam com um título.

Entretanto, dentro de `<nav>` e `<aside>` é perfeitamente comum não ter um título. Você pode querer fazê-lo para alguns blocos `<nav>`, como as "Postagens mais populares" ou "Comentários recentes", mas você provavelmente não quer um título redundante no `<nav>` do seu site principal que diga apenas "Navegação".

Assim sendo, se você ver "Untitled Section" (Seção Sem Título), não assuma automaticamente que você deva colocar um título ali. Trate isto como um alerta, não como um erro. Um bug foi identificado para fornecer uma mensagem mais amigável nas seções `<nav>` sem título , mas até o momento nada foi resolvido.

<hgroup>

Algumas vezes você tem um título e um subtítulo, ou um slogan. O Slashdot utiliza "News for nerds. Stuff that matters" (Novidades para nerds. Coisas que importam); o do dev.Opera é "Follow the Standards. Break the Rules" (Siga os Padrões; Quebre as Regras); o Metafilter é um "community weblog" (weblog comunitário). Como marcar esses slogans? No HTML 4 você poderia utilizar

```
<h1>Metafilter</h1>
<p>community weblog</p>
```

mas não parece correto, pois entende-se que o subtítulo deveria ser um cabeçalho. Um método alternativo de tag poderia ser

```
<h1>Metafilter</h1>
<h2>community weblog</h2>
```

mas então cada cabeçalho no site precisaria ser de <h3> até <h6>, visto que estão subordinados ao slogan . No HTML5, o subtítulo pode ser marcado como um elemento de cabeçalho, mas removido da lista do documento, assim:

```
<hgroup>
 <h1>Metafilter</h1>
 <h2>community weblog</h2>
</hgroup>
```

Isto dá a lista mostrada na **Figura 2.8**.

```
1. Metafilter
```

FIGURA 2.8 A lista mostra apenas "Metafilter" como parte da lista.

NOTA Não utilizamos um <header> neste <article>. O <header> é um elemento de agrupamento que coleta e une conteúdos introdutórios; uma vez que você tem apenas títulos, já agrupados em <hgroup>, não há necessidade de mais camadas de agrupamento. Não seria um erro utilizá-lo, mas neste exemplo seria supérfluo.

A especificação para <hgroup> diz: "para o propósito de sumários do documento, listas e similares, o texto dos elementos hgroup é definido como sendo o texto de maior classificação em elementos h1-h6 descendentes do elemento hgroup".

Então:

```
<article>
 <hgroup>
  <h2>Get the beers in! Here comes</h2>
  <h1>Remy Sharp!</h1>
 </hgroup>
</article>
```

mostra o texto "Remy Sharp" na lista, como o elemento de maior classificação de cabeçalho no grupo.

Raízes de Divisão

Perceba que certos elementos – <blockquote>, <body>, <details>, <fieldset>, <figure>, <td> - são chamados de *raízes de divisão**, e podem ter suas próprias listas, mas as seções e cabeçalhos dentro destes elementos não contribuem para as listas de seus ancestrais. Isto porque, por exemplo, você poderia citar diversas seções de um artigo em um <blockquote>, mas estas seções citadas não fariam parte da lista geral do documento.

* NRT: O termo original é Sectioning Roots, traduzido literalmente como Raízes de Seccionamento. O objetivo é tratar de elementos que criam seções, dividem em partes menores. Por isso usamos o termpo divisão.

No seguinte exemplo:

```
<h1>Unicorns and butterflies</h1>
<nav>
 <h2>Main nav</h2>
...
</nav>
<article>
 <h2>Fairies love rainbows!</h2>
 <p>According to Mr Snuggles the fluffy kitten, fairies
 ¬like:</p>
 <blockquote>
  <h3>Pretty dainty things</h3>
  <p>Fairies love rainbows, ribbons, and ballet shoes</p>
  <h3>Weaponry</h3>
  <p>Fairies favour Kalashnikovs, flick knives, and
  ¬depleted uranium missiles</p>
 </blockquote>
</article>
```

a lista não inclui os conteúdos de `<blockquote>`: **(Figura 2.9**)

```
1. Unicorns and butterflies
   1. Main nav
   2. Fairies love rainbows!
```

FIGURA 2.9 A lista não inclui o conteúdo em uma raiz de divisão.

Aplicando estilos em cabeçalhos no HTML5

Todo este lance esperto representa um desafio para os autores do CSS. Dado que

```
<article><section><h1>...</h1></section></article>
<article><article><h1>...</h1></article></article>
<section><section><h1>...</h1></section></section>
<section><aside><h1>...</h1></aside></section>
<h3>...</h3>
```

podem potencialmente ser os mesmos níveis lógicos, você naturalmente pode querer aplicar o mesmo estilo neles (assim como você pode igualmente optar por não fazê-lo). Isso pode acarretar em gigantescos blocos de regras nas suas folhas de estilo. Tem se falado um pouco sobre uma nova pseudo-classe ou pseudo-elemento CSS como `:heading(n)`, que seria possível (pois o navegador "sabe" qual é o nível de um cabeçalho a partir do algoritmo de lista) e que simplificaria a estilização:

```
*:heading(1) {font-size: 2.5em;}  /* a logical <h1> */
*:heading(2) {font-size: 2em;}    /* a logical <h2> */
```

Entretanto, no momento em que este texto é escrito, isso era apenas um maravilhoso sonho. Como paliativo, a Mozilla está experimentando um novo mecanismo de grupo seletor para os nightlies do Firefox chamado `:-moz-any()`, que permite uma forma de abreviação CSS – veja **hacks.mozilla.org/2010/05/moz-any-selector-grouping/**.

Talvez, por este motivo, você se sentiria tentado a utilizar apenas elementos `<h1>` para simplificar a estilização, e deixaria o algoritmo de lista fazer o resto. Afinal, a especificação diz: "seções podem conter cabeçalhos de qualquer nível, mas os desenvolvedores são fortemente encorajados a utilizar apenas elementos `h1`, ou elementos de valor apropriado para o nível de aninhamento da seção". Mas você não deve (ainda), pois isto fere a acessibilidade.

O algoritmo de lista** e a acessibilidade

> **NOTA** Assista o excelente vídeo intitulado "Importance of HTML Headings for Accessibility" (A Importância dos Cabeçalhos HTML para a Acessibilidade), disponível em **www.youtube.com/watch?v=AmUPhEVWu_E**. O vídeo mostra como um consultor de acessibilidade para cegos navega em uma página com JAWS. Em um mundo ideal, seria obrigatório assistir e compreender este vídeo antes que você fosse permitido se considerar um designer ou desenvolvedor profissional. Infelizmente, este não é um mundo ideal.

Uma recente pesquisa pela WebAim mostrou que 76% dos usuários de leitores de tela "sempre ou frequentemente" navegam através de cabeçalhos (veja a pesquisa completa para maiores informações vitais em **www.webaim.org/projects/screenreadersurvey2/**). Estas pessoas utilizam a hierarquia de cabeçalhos tanto para lhes fornecer uma visão geral mental (uma estrutura!) do documento em que estão, como também para navegar através daquele conteúdo. A maioria dos leitores de tela tem atalhos de teclado que permitem ao usuário saltar de cabeçalho em cabeçalho. Por exemplo, o leitor de tela JAWS utiliza a tecla H para saltar de cabeçalho em cabeçalho, a tecla 1 salta para o próximo `<h1>`, a tecla 2 para o próximo `<h2>` e daí por diante.

Atualmente, nenhum navegador constrói um modelo interno da estrutura da página com base em todas as regras complexas previamente mencionadas, e por isto não consegue expor este modelo a nenhum leitor de tela ou tecnologia assistida. Deste modo, utilizar apenas `<h1>` destrói a navegabilidade e assim prejudica a acessibilidade de sua página.

Nosso conselho novamente é: siga a especificação: "Utilize elementos de valor apropriado para o nível de aninhamento da seção". Isto é, garanta que, em suas páginas, a hierarquia dos cabeçalhos esteja correta, mesmo sem considerar os novos elementos HTML5. Isto também tornará a escrita de CSS muito mais fácil.

** O termo original é Outlining Algorithm. Traduzido literalmente como Algorítimo de Contorno. Nesse caso pode ser lista ou "definição de níveis", hierarquia.

Em casos em que os artigos são sindicalizados de um site para outro e os níveis possam ficar fora da ordem lógica, uma enquete totalmente não-científica via Twitter com usuários de leitores de tela sugeriu que cabeçalhos de seção mal aninhados são melhores que todos os cabeçalhos estando em um mesmo nível (o que ainda é melhor que não ter qualquer cabeçalho).

Tendo feito seu melhor, espere pelos navegadores e os leitores de tela que os acompanharão para implementar o algoritmo de lista. Como eu disse, não é um mundo ideal.

Qual a diferença entre <article> e <section>?

Esta é uma pergunta feita regularmente no **html5doctor.com**.

Um artigo (em inglês, article) é uma peça discreta e independente de conteúdo. Pense em uma postagem de blog, ou um item de notícia em um site baseado em documentos. Em uma aplicação web, um `<article>` poderia ser um e-mail individual dentro de uma aplicação de e-mails, ou histórias em um leitor de feed baseado na web, visto que cada e-mail ou história seriam, ambos, componentes de uma aplicação e podem ser independentemente reutilizados.

<article>

Considere este artigo de blog/notícias do mundo real:

```
<article>
<h1>Bruce Lawson is World's Sexiest Man</h1>
<p>Legions of lovely ladies voted luscious lothario Lawson
¬ as the World's Sexiest Man today.</p>
<h2>Second-sexiest man concedes defeat</h2>
<p>Remington Sharp, jQuery glamourpuss and Brighton
¬ roister-doister, was gracious in defeat. "It's cool being
¬ the second sexiest man when number one is Awesome Lawson"
¬ he said from his swimming pool-sized jacuzzi full of
¬ supermodels.</p>
</article>
```

Ele poderia ser organizado, seja por RSS ou outros meios, e fazer sentido sem maiores contextualização. Assim como você pode organizar feeds parciais, um artigo "complexo" ainda é um artigo:

```
<article>
<a href=full-story.html>
 <h1>Bruce Lawson is World's Sexiest Man</h1>
 <p><img src=bruce.png alt="bruce lawson">Legions of lovely
 ¬ladies voted luscious lothario Lawson as the World's
 ¬Sexiest  Man today.</p>
```

```
 <p>Read more</p>
</a>
</article>
```

Links "nível de bloco"

Perceba neste exemplo que você pode envolver links ao redor de elementos de "nível de bloco". Na especificação do HTML 4, isto não era permitido, então você provavelmente teria links ao redor do cabeçalho, parágrafo complexo, e a frase "read more", todos apontando para o mesmo destino.

No HTML5, o link único pode envolver todo o `<article>`. Como os navegadores já lidam bem em envolver links em torno de elementos de nível de bloco, e há um óbvio uso de caso, não havia motivos para manter artificialmente a estrutura como inválida.

O XHTML 2 tinha um mecanismo comparável, que permitia href em qualquer elemento mas, claro, isto não era retrocompatível; os navegadores atuais simplesmente riem de `<div href="full-story.html">` e então o ignoram. O que é interessante sobre "links de nível de bloco" é que agora eles funcionam nos navegadores atuais com uma ou duas dicas – lembre-se de **http://mattwilcox.net/sandbox/html5-block-anchor/test.html**.

Bem, quase. Há atualmente um erro de interpretação no Firefox que o Remy chama de "Bug do Vômito" (**remysharp.com/2009/08/10/defining-the-vomit-bug/**). Ele impede o Firefox de reproduzir âncoras que contenham alguns dos novos elementos HTML5, como `<section>`. Entretanto, é bastante esquisito querer colocar seções inteiras dentro de links de texto. Se você se aderir a elementos HTML 4 como parágrafos, títulos, imagens e daí por diante, o Firefox funciona corretamente. Também é um bug conhecido que desaparece se você ativar o interpretador HTML5.

Como você viu, comentários em postagens de blog são `<article>`s dentro de um `<article>` pai. Há outros usos para este aninhamento, além dos comentários, como por exemplo a transcrição de um vídeo:

```
<article>
<h1>Stars celebrate Bruce Lawson</h1>
<video>...</video>

<article class=transcript>
<h1>Transcript</h1>
 <p>Supermodel #1: "He's so hunky!"</p>
 <p>Supermodel #2: "He's a snogtabulous bundle of gorgeous
 ¬manhood! And I saw him first, so hands off!"</p>
</article>

</article>
```

A transcrição é completa por si só, mesmo estando relacionada com o vídeo no `<article>` externo. A especificação diz: "quando elementos article estão aninhados, o elemento article interno representa artigos que estejam, em princípio, relacionados com o conteúdo do artigo externo".

<section>

> **NOTA** Um <section> geralmente começa com um título que o introduz. Uma exceção a isto poderia ser um <section> que terá o título injetado com o uso de JavaScript. Caso você não utilize um título ou queira um elemento que envolva puramente para propósitos de estilo, você provavelmente deveria estar utilizando um <div>.

O <section>, por outro lado, não é "uma composição independente em um documento, página, aplicação ou site que tenha a intenção de ser independentemente distribuível e reutilizável". Ele é uma maneira de dividir uma página em diferentes áreas de assunto, ou de dividir um artigo em, seções.

Considere esta tag HTML 4 – as regras do antigo trabalho do Remy em uma produção off-Broadway de O Mágico de Oz:

```
<h1>Rules for Munchkins</h1>
<h2>Yellow Brick Road</h2>
<p>It is vital that Dorothy follows it—so no selling bricks
¬ as "souvenirs"</p>

<h2>Fan Club uniforms</h2>
<p>All Munchkins are obliged to wear their "I'm a friend of
¬ Dorothy!" t-shirt when representing the club</p>
<p><strong>Vital caveat about the information above:
¬ does not apply on the first Thursday of the month.
¬ </strong></p>
```

Este "Vital caveat about the information above (Esclarecimento vital sobre a informação acima)" refere-se a todo o artigo, isto é, tudo sob o <h1> introdutório, ou refere-se apenas à informação sob o <h2> seguinte ("Fan Club uniforms")? Em HTML 4, este parágrafo ficaria sob o <h2>, e não há uma maneira simples de mudar isto semanticamente. No HTML5, o elemento <section> possui um significado evidente (que é o que realmente queremos dizer como desenvolvedores web quando utilizamos a palavra "semântica"):

```
<article>
<h1>Rules for Munchkins</h1>

 <section>
  <h2>Yellow Brick Road</h2>
  <p>It is vital that Dorothy follows it—so no selling
  ¬ bricks as "souvenirs"</p>
 </section>



 <section>
  <h2>Fan Club uniforms</h2>
```

```
  <p>All Munchkins are obliged to wear their "I'm a friend
  ¬ of Dorothy!" t-shirt when representing the club</p>
 </section>

 <p><strong>Vital caveat about the information above:
 ¬ does not apply on the first Thursday of the month.
 ¬ </strong></p>
</article>
```

A **Figura 2.10** ilustra isso esquematicamente .

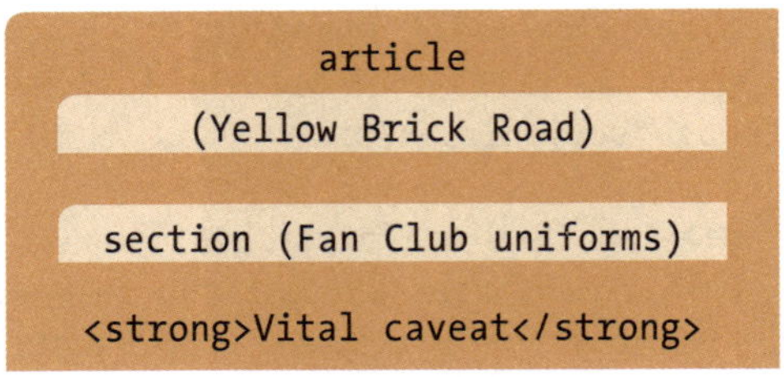

FIGURA 2.10 Agora você pode visualizar que o esclarecimento vital se refere ao `<article>` como um todo.

Se ele estivesse dentro do elemento de divisão final:

```
<article>
...
<section>
  <h2>Fan Club uniforms</h2>
  <p>All Munchkins are obliged to wear their "I'm a friend
  ¬ of Dorothy!" t-shirt when representing the club</p>
  <p><strong>Vital caveat about the information above:
  ¬ does not apply on the first Thursday of the month
  ¬ </strong></p>
 </section>
</article>
```

ele iria se referir, de maneira inequívoca, apenas àquela seção, como ilustrado na **Figura 2.11**.

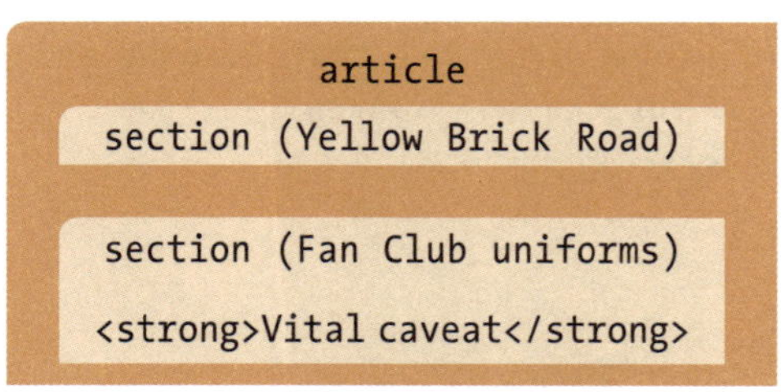

FIGURA 2.11 O elemento `<section>` remove qualquer ambiguidade.

Não seria correto dividir este artigo com elementos article aninhados, já que eles não são entidades discretas independentes.

OK. Então você viu que pode ter `<article>` dentro de `<article>` e `<section>` dentro de `<article>`. Mas você também pode ter `<article>` dentro de `<section>`. Do que se trata isto então?

<article> dentro de <section>

Imagine que sua área de conteúdo está dividida em duas unidades: uma para artigos sobre lhamas, e outra para artigos sobre raízes vegetais. Este é meu tipo de conteúdo.

Você não é obrigado a marcar seus artigos de lhama separadamente de seus artigos sobre raízes vegetais, mas você quer demonstrar que estes grupos são tematicamente distintos. Talvez, por pertencerem a assuntos diferentes, você os queira em colunas separadas, ou utilizará CSS e JavaScript para fazer uma interface com abas.

Em HTML 4, você utilizaria nosso bom, porém sem significado, amigo `<div>`. Em HTML5, você usa `<section>`, que, assim como `<article>`, invoca o algoritmo de lista HTML5 (enquanto o `<div>` não, pois não tem qualquer significado estrutural especial).

```
<section>
<h1>Articles about llamas</h1>

<article>
<h2>The daily llama: buddhism and South American camelids
¬ </h2>
<p>blah blah</p>
</article>

<article>
<h2>Shh! Do not alarm a llama</h2>
<p>blah blah</p>
</article>

</section>

<section>
<h1>Articles about root vegetables</h1>

<article>
<h2>Carrots: the orange miracle</h2>
```

```
<p>blah blah</p>
</article>

<article>
<h2>Eat more Swedes (the vegetables, not the people)</h2>
<p>blah blah</p>
</article>

</section>
```

Por que você não marcou os dois `<section>`s acima como `<article>`? Pois, neste exemplo, cada `<section>` é uma coleção de entidades independentes, onde cada uma delas pode ser organizada – mas, normalmente, você não organizaria a coleção como uma entidade individual.

Perceba que um `<section>` não precisa conter muitos `<article>`s; ele pode ser uma série de parágrafos explicando sua licença Creative Commons, uma biografia do autor ou uma nota de copyright. Em nosso exemplo, cada artigo poderia conter subartigos ou seções, como explicado anteriormente – ou ambos.

Estelle Weyl tem uma boa analogia em **www.standardista.com/html5-section-v-article**: "Pense em um jornal. O jornal vem em seções. Você tem a seção de esportes, a seção de imóveis, talvez uma seção de casa & jardim e etc. Cada uma delas , por sua vez, tem artigos. E alguns destes artigos estão divididos em seções.

Em outras palavras, você pode ter `<section>`s pai com `<article>`s aninhados que, por sua vez, tenha um ou mais `<section>`s. Nem todos os documentos de página precisam disto, mas é perfeitamente aceitável e correto aninhá-los desta forma".

Estudo de caso: www.guardian.co.uk

Continuemos com o tema do jornal: vamos observar um site real e desvendar onde você utilizaria as novas estruturas. A **Figura 2.12** mostra uma imagem de meu jornal favorito, "The Guardian", em **www.guardian.co.uk**. Vejamos como isto poderia ser representado em HTML5.

Perceba que o que vem a seguir é como eu marcaria esta página; você pode optar por estruturas diferentes, e não há problemas nisso. Não há, necessariamente, uma "única maneira real" de se fazer isto; depende, em parte, em como você pretende utilizar o conteúdo – você irá organizá-lo, ou extraí-lo de uma base de dados para apresentá-lo em diversos modelos de página com uma variedade de hierarquias de título?

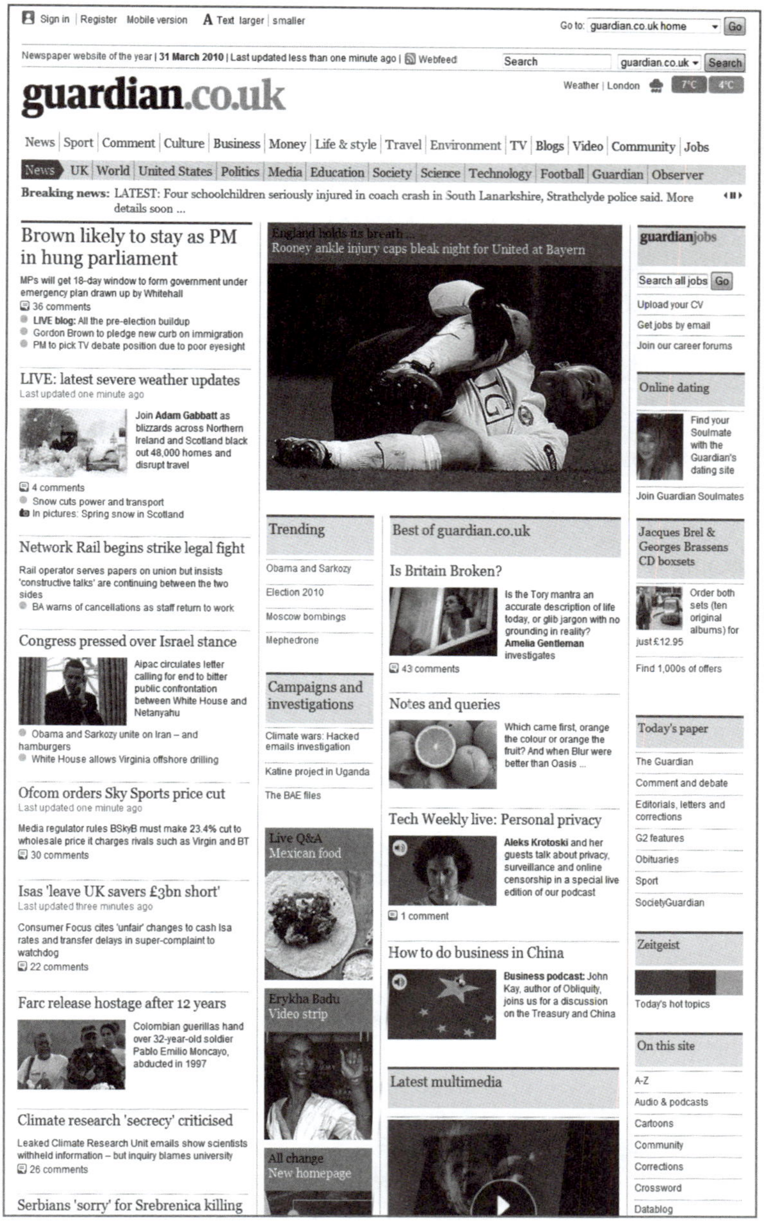
Sign in | Register Mobile version A Text larger | smaller Go to: guardian.co.uk home Go

Newspaper website of the year | 31 March 2010 | Last updated less than one minute ago | Webfeed Search guardian.co.uk Search

guardian.co.uk

Weather | London 7°C 4°C

News | Sport | Comment | Culture | Business | Money | Life & style | Travel | Environment | TV | Blogs | Video | Community | Jobs

News UK | World | United States | Politics | Media | Education | Society | Science | Technology | Football | Guardian | Observer

Breaking news: LATEST: Four schoolchildren seriously injured in coach crash in South Lanarkshire, Strathclyde police said. More details soon ...

Brown likely to stay as PM in hung parliament

MPs will get 18-day window to form government under emergency plan drawn up by Whitehall

36 comments

- **LIVE blog:** All the pre-election buildup
- Gordon Brown to pledge new curb on immigration
- PM to pick TV debate position due to poor eyesight

England holds its breath ...
Rooney ankle injury caps bleak night for United at Bayern

LIVE: latest severe weather updates
Last updated one minute ago

Join **Adam Gabbatt** as blizzards across Northern Ireland and Scotland black out 48,000 homes and disrupt travel

4 comments

- Snow cuts power and transport
- In pictures: Spring snow in Scotland

Network Rail begins strike legal fight

Rail operator serves papers on union but insists 'constructive talks' are continuing between the two sides

- BA warns of cancellations as staff return to work

Congress pressed over Israel stance

Aipac circulates letter calling for end to bitter public confrontation between White House and Netanyahu

- Obama and Sarkozy unite on Iran – and hamburgers
- White House allows Virginia offshore drilling

Ofcom orders Sky Sports price cut
Last updated one minute ago

Media regulator rules BSkyB must make 23.4% cut to wholesale price it charges rivals such as Virgin and BT

30 comments

Isas 'leave UK savers £3bn short'
Last updated three minutes ago

Consumer Focus cites 'unfair' changes to cash Isa rates and transfer delays in super-complaint to watchdog

22 comments

Farc release hostage after 12 years

Colombian guerillas hand over 32-year-old soldier Pablo Emilio Moncayo, abducted in 1997

Climate research 'secrecy' criticised

Leaked Climate Research Unit emails show scientists withheld information – but inquiry blames university

26 comments

Serbians 'sorry' for Srebrenica killing

Trending
Obama and Sarkozy
Election 2010
Moscow bombings
Mephedrone

Campaigns and investigations
Climate wars: Hacked emails investigation
Katine project in Uganda
The BAE files

Live Q&A
Mexican food

Erykha Badu
Video strip

All change
New homepage

Best of guardian.co.uk

Is Britain Broken?

Is the Tory mantra an accurate description of life today, or glib jargon with no grounding in reality? **Amelia Gentleman** investigates

43 comments

Notes and queries

Which came first, orange the colour or orange the fruit? And when Blur were better than Oasis ...

Tech Weekly live: Personal privacy

Aleks Krotoski and her guests talk about privacy, surveillance and online censorship in a special live edition of our podcast

1 comment

How to do business in China

Business podcast: John Kay, author of Obliquity, joins us for a discussion on the Treasury and China

Latest multimedia

guardianjobs
Search all jobs Go
Upload your CV
Get jobs by email
Join our career forums

Online dating
Find your Soulmate with the Guardian's dating site
Join Guardian Soulmates

Jacques Brel & Georges Brassens CD boxsets
Order both sets (ten original albums) for just £12.95
Find 1,000s of offers

Today's paper
The Guardian
Comment and debate
Editorials, letters and corrections
G2 features
Obituaries
Sport
SocietyGuardian

Zeitgeist
Today's hot topics

On this site
A-Z
Audio & podcasts
Cartoons
Community
Corrections
Crossword
Datablog

FIGURA 2.12 A página inicial do Guardian.

É fácil visualizar a identidade visual e o material introdutório que forma o <header>, que também inclui duas estruturas <nav> para navegação geral no site (**Figura 2.13**).

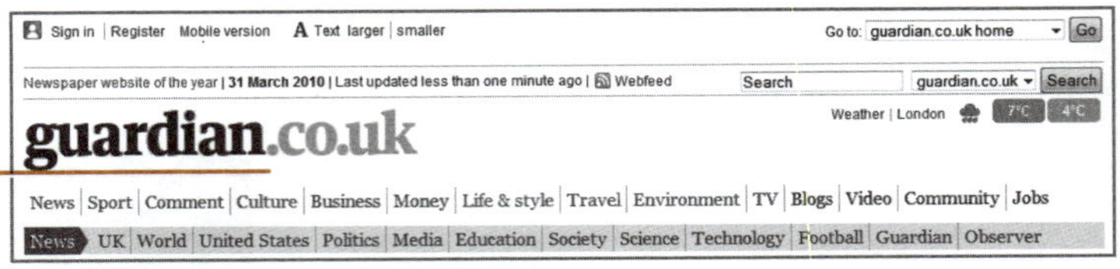

FIGURA 2.13 A identidade visual e material introdutório da página inicial do Guardian.

O <header> DO THE GUARDIAN'S

Imediatamente abaixo do header está uma área com o título "breaking news" (últimas notícias) e um "ticker" de texto. Cada resumo é um link para a história completa (**Figura 2.14**).

ÚLTIMAS NOTÍCIAS

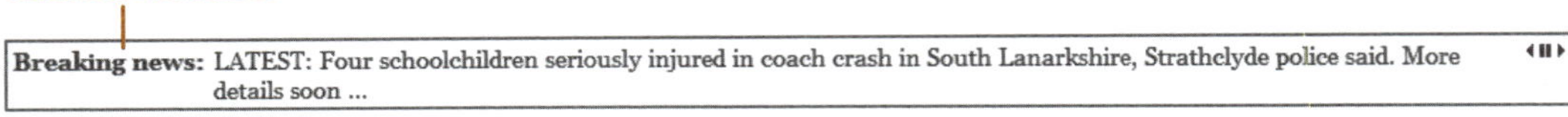

FIGURA 2.14 A área de "últimas notícias" da página inicial do Guardian

Fora o efeito de ticker controlado por JavaScript, este "últimas notícias" é simplesmente uma listagem de links para outras páginas. Assim sendo, ele se adequa ao elemento <nav>. Não seja enganado pelo fato de ele ser horizontal, com os cabeçalhos na mesma linha; o CSS lidará com isto:

```
<nav>
<h2>Breaking news</h2>
<ul>
 <li><a href=#>Four schoolchildren injured...</a></li>
 <li><a href=#>Terrible thing happens to someone</a></li>
 ...
</ul>
</nav>
```

Embora esta área visualmente pareça intimamente ligada ao cabeçalho, ela não é material introdutório nem de navegação geral do site. A diferença é sutil, mas na minha opinião, links para comentários, TV, e páginas de esporte são parte da navegação geral do site, enquanto a navegação pelas notícias em um site de notícias é um "atalho de navegação" para um conteúdo aprofundado. Assim sendo, este é um <nav> após (ao invés de dentro) o elemento <header>.

Há mais navegação à direita da área de conteúdo principal (**Figura 2.15**).

Como você viu no Capítulo 1, esta barra lateral pode ser concebida como um grupo separado de elementos <nav>, cada um com seu próprio cabeçalho (Jobs, Dating, CD box sets, Today's paper e assim por diante), estilizados com plano de fundo cinza azulado e uma grossa borda vermelha no topo.

UMA BARRA LATERAL DE NAVEGAÇÃO

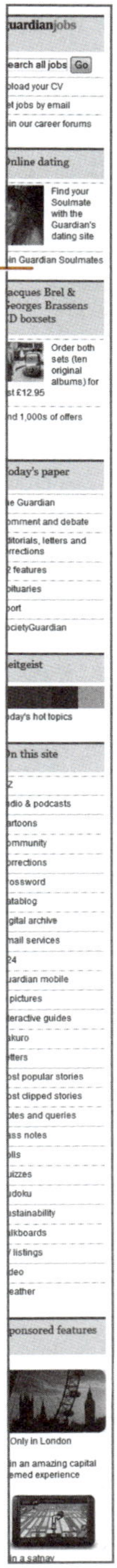

FIGURA 2.15 Uma barra lateral no lado direito da página inicial do Guardian.

```
<aside>
 <nav>
 <h2>guardianjobs</h2>
 <form role=search ... > ... </form>
 <ul>
  <li><a href=#>Upload your CV</a></li>
   ...
  </ul>
 </nav>
 <nav>
 <h2>Online Dating</h2>
  ...
 </nav>
<section>
<h2>Sponsored Features</h2>
<section>
</aside>
```

Perceba que eu inclui um formulário de busca no <nav>; me pareceu apropriado tratar um formulário de busca como auxiliar de navegação. Também atribuí a ele a função ARIA apropriada para o seu funcionamento.

“Sponsored Features” não está dentro do <nav> pois não é navegação primária; presumidamente, seu propósito principal é publicidade. Você pode discordar de mim (prometo não ficar muito zangado), podendo optar por marcar tudo evoluindo em um único <nav>.

```
<nav>
 <h2>guardianjobs</h2>
 <form role=search ... > ... </form>
 <ul>
  <li><a href=#>Upload your CV</a></li>
   ...
 </ul>

 <h2>Online Dating</h2>
 <ul>
   ...
 </ul>
  ...

 <h2>Sponsored Features</h2>
 <ul>
   ...
 </ul>
</nav>
```

Agora vamos ver a área de conteúdo principal (**Figura 2.16**).

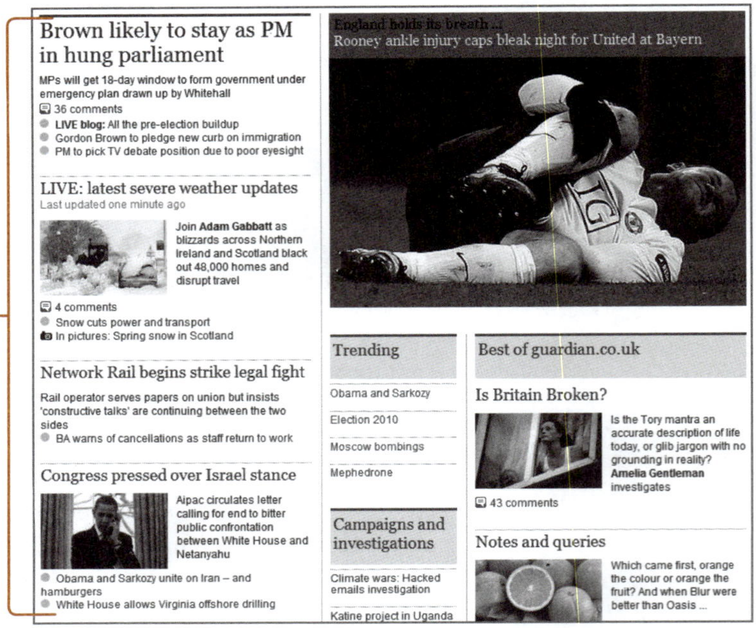

ÁREA DE CONTEÚDO PRINCIPAL

FIGURA 2.16 A área de conteúdo principal da página inicial do Guardian.

Não é surpreendente que em um site de jornal com o Guardian, a área de conteúdo principal da página inicial esteja repleta de artigos de notícia. É importante notar que não há um título geral agrupando os artigos principais (como "Principais Notícias"), caso contrário, você poderia envolver tudo em um `<section>`. Assim sendo, você tem apenas uma lista de `<article>`s. Já que `<section>` não é apropriado aqui, se houver a necessidade de envolver todos os artigos com um elemento para propósito de estilo, você utilizaria o `<div>`, que é semanticamente vazio.

Há um artigo destacado que consiste basicamente em uma imagem, possivelmente porque é a imagem mais impactante disponível (**Figura 2.17**).

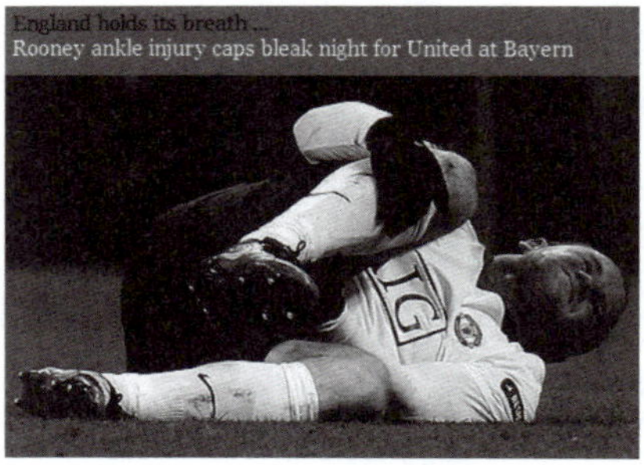

FIGURA 2.17 Imagem destacada.

Ela continua a ser simplesmente um <article>, embora provavelmente precisemos de um class ou id para permitir um estilo especial.

Abaixo do artigo destacado, você tem algumas seções que não são as principais notícias (há menos informações na página inicial, e eles são principalmente, mas não apenas, links para outras páginas). Cada uma tem seu próprio cabeçalho ("Best of guardian.co.uk", "Latest multimedia", "What you're saying"), e então um grupo de artigos. Os elementos naturais são, assim sendo, <article>s dentro de <section>s:

```
<section>
<h2>Best of guardian.co.uk</h2>
<article>
<h3>Is Britain broken?</h3>
...
</article>

<article>
<h3>Notes and queries</h3>
...
</article>

<article>
<h3>Tech Weekly live: Personal privacy</h3>
...
</article>
...
</section>

<section>
<h2>Latest multimedia</h2>
...
</section>
```

No site (mas não na imagem), há também mais um par de blocos <nav> ("Trending", "Campaigns and Investigations") e um "grande rodapé" que, como vimos no Capítulo 1, deve ser um punhado de blocos <nav> gerais da página fora do <footer> real que contenham as informações gerais de política de privacidade, termos e condições, e acessibilidade.

Aí está, senhoras e senhores: uma versão HTML5 do **www.guardian.co.uk**. Como qualquer outro exercício de tag acima do nível do trivial, há legítimas diferenças de opinião. Não há problemas. O HTML é uma linguagem genérica, então não há elementos para cada ocasião específica.

Entendendo o WAI-ARIA

A Web Accessibility Initiative – Accessible Rich Internet Applications suite –WAI-ARIA (Iniciativa de Acessibilidade Web – Suíte de Aplicação de Internet Ricas em Acessibilidade) da W3C é uma especificação independente que "tapa buracos" no HTML 4 (ou qualquer outra linguagem de tag) para ajudar as aplicações web e página web a serem mais acessíveis.

Imagine que você tem um controle deslizante em script. Em HTML 4, não há um controle deslizante nativo, então você possui apenas alguns elementos HTML (um <input>, algumas imagens) com certos JavaScript incorporados para parecerem e funcionarem como um controle deslizante. Não há como dizer ao sistema operacional que o papel desta bugiganga é de um controle deslizante e qual seu estado e valor atual, e se o sistema operacional desconhece esta informação vital, tecnologias assistivas como leitores de tela também não podem traduzi-la ao usuário.

> **NOTA** Se você começar a utilizar estes novos atributos ARIA, você perceberá que suas páginas HTML 4 não serão mais validadas. Desde que o restante de sua tag esteja OK, isto não importa – a acessibilidade supera a validação.

A ARIA visa cobrir esta situação introduzindo toda uma série de novos atributos nos quais os navegadores e tecnologias assistivas podem se apoiar.

Então, utilizando o horrível e antiquado HTML você poderia – em teoria – adicionar ARIA em

```
<font size="+5" color="red">I should be a heading</font>
```

para torná-lo

```
<font size="+5" color="red" role="heading" aria-level="2">
¬I should be a heading</font>
```

Isto diz ao agente de usuário que este texto é um cabeçalho de nível 2. Mas claro, isto não faria sentido, já que o HTML tem uma forma perfeitamente válida e semântica de definir este tipo de estrutura com

```
<h2>I AM a heading</h2>
```

Um desenvolvedor pode se esquecer de incluir os atributos ARIA necessários, já que utilizar o elemento <h2> correto introduziria a necessidade de se ter títulos e níveis, o que é muito mais trabalhoso. A ARIA não é uma panaceia ou um cartão de "Saída Livre da Prisão" para que os desenvolvedores comecem a abusar da tag e façam tudo com <div>s e <span>s. Sempre que possível, utilize a tag correta e apenas utilize a ARIA para situações onde as semânticas corretas não possam ser expressas de outro modo (um controle deslizante em HTML 4, por exemplo).

A especificação ARIA diz: "é esperado que, com o tempo, as linguagens nativas evoluam para fornecer semânticas para objetos que anteriormente só poderiam ser declarados com WAI-ARIA. Quando as semânticas nativas para determinada função se tornarem disponíveis, seria apropriado que os autores utilizassem as funções nativas e parassem de usar WAI-ARIA para aquela função".

Então algo como o `<nav>` do HTML5 não deve ter o `role=navigation` do ARIA adicionado a ele, pois ele deveria (em um mundo ideal) ter isto incorporado. Entretanto, o HTML5 ainda é muito novo, enquanto o ARIA já tem algum suporte em tecnologias assistivas. Então não fará mal algum utilizar o elemento incorporado mais a informação ARIA, o que somente ajudará os usuários que dependem de tecnologias assistivas. O validador HTML5 em **html5.validator.nu**, assim sendo, valida ARIA tão bem quanto HTML5 (enquanto os validadores HTML 4 reportam informações ARIA como um erro, pois o HTML 4 precede a ARIA).

Estrutura de documento ARIA e reconhecimento de papéis

A WAI-ARIA define diversas funções que informarm às tecnologias assistidas sobre reconhecimento e estruturas de um documento. Alguns deles são:

- application
- article
- banner
- complementary
- contentinfo
- document
- form
- heading
- main
- navigation
- search

Observando uma página simples da perspectiva da ARIA, você poderá ver o que está exibido na **Figura 2.18**.

FIGURA 2.18 **Uma página simples com cabeçalho, barra lateral e área de conteúdo principal e funções ARIA.**

Alguns destes obviamente combinam com elementos HTML5, como `<article>`, `<form>`, `<header>` e `<nav>`.

Outros não têm uma correspondência direta tão óbvia. Por exemplo, `role=banner` "normalmente inclui coisas como a logo ou identidade do patrocinador do site, e a ferramenta de busca interna ao site. Um banner usualmente aparece no topo da página e normalmente abrange toda a sua largura". Isto inicialmente parece combinar com o `<header>` do HTML5, mas como você viu, podem haver múltiplos `<header>` em uma página. Então o "cabeçalho da página" é o único que pode ter `role=banner`.

De maneira similar, `contentinfo` está definido como "uma grande região perceptível que contém informações sobre o documento de saída. Exemplos de informações inclusas nesta região da página são referentes ao copyright e links para políticas de privacidade". Isto soa como o `<footer>`, mas apenas o "rodapé da página", e não cada rodapé de uma página que contenha múltiplos rodapés.

`role=main` define a "área de conteúdo principal" de uma página. Discutimos no Capítulo 1 como isto pode ser deduzido por meio de um algoritmo, mas já que as tecnologias assistivas podem fazer uso da ARIA *agora*, faz sentido adicionar esta função ao elemento que você está utilizando para agrupar seu conteúdo principal. Você pode até mesmo utilizá-lo como um gancho para CSS em navegadores que compreendem seletores de atributo:

```
div[role=main] {color:red; background-color:yellow;
¬ font-family: "Comic Sans MS", cursive; ... }
```

Aí está: acessibilidade e tipografia deslumbrante em perfeita harmonia.

Combinando ARIA e HTML5

Recomendamos que você considere a utilização de ARIA onde seja apropriado em adição ao HTML5 como medida transitória para aprimorar a acessibilidade, de forma que não cause danos à validação (mas veja a observação seguinte sobre leitores de tela). Entretanto, não fazemos isto neste livro (pois estamos ensinando a você HTML5, não ARIA).

Recursos do ARIA

Há uma referência cruzada útil nas especificações do HTML5 e ARIA em **dev.w3.org/html5/spec/embedded-content-0.html#annotations-for-assistive-techonlogy-products-aria**. Steve Faulkner, do The Paciello Group, tem uma lista de informações ARIA que *não* estão incorporadas ao HTML5 em **www.paciellogroup.com/blog/?p=585**.

Uma observação sobre leitores de tela

Houston, nós temos um problema.

Em 2007, preocupava-me que nenhum fabricante de leitor de tela estivesse participando do processo de especificação do HTML5, então escrevi para a W3C com o intuito de solicitar um convite aos fabricantes. Em 2009, perguntei ao editor de HTML Ian Hickson se alguém respondeu. Ele disse: "Alguns responderam, mas apenas para dizer que tinham pouco tempo para o processo de padronização, o que é bastante desapontador. Desde então, entretanto, a Apple tem aumentado seus esforços em seu software de leitura de tela no Mac OS X, e temos tido bastante retorno da Apple. Então pelo menos um dos fabricantes de leitores de tela está ativamente envolvido".

Um teste recente (**www.accessibleculture.org/html5-aria/index.html**) mostra que dois dos maiores leitores de tela comerciais não conseguem processar adequadamente o conteúdo que esteja marcado com HTML5 e ARIA (oh, a ironia) ou com elementos `<nav>` dentro de um `<header>`. Nem todos os leitores de tela se comportam mal, entretanto; o Apple VoiceOver não omite conteúdo, e o leitor de tela NVDA de código aberto (**www.nvda-project.org**) fala todo o conteúdo e permite navegar através de marcos ARIA.

Pessoalmente, eu acho que se você estiver utilizando a especificação da maneira correta, não é problema seu se um navegador ou leitor de tela não consegue lidar adequadamente com aquele conteúdo. Entretanto, esta é minha opinião pessoal; você pode pensar diferente, ou a posição jurídica de onde você se encontra pode exigir que você "emburreça" seu código para se adequar àqueles leitores de tela. Claro, eles podem corrigir os bugs na medida em que você lê este livro. Enquanto isto: **é de sua responsabilidade conhecer seus usuários e a legislação de sua região**.

Para mais informações sobre a ARIA, em geral, veja Introduction to WAI-ARIA, de Gez Lemon, em **dev.opera.com/articles/view/introduction-to-wai-aria/** e siga o blog do Paciello Group (**www.paciellogroup.com/blog/**). Dois livros recomendados são *Universal Design for Web Applications*, por Wendy Chisholm e Matt May (O'Reilly) e *Designing with Progressive Enhancement: Building the Web that Works for Everyone* por Todd Parker et al (New Riders) para informações úteis sobre usos práticos da ARIA.

A própria especificação ARIA está em **www.w3.org/WAI/PF/aria/**.

Ainda mais estruturas!

Você ainda não viu nada. Na verdade, não é bem assim: você já viu um bocado. Então enquanto estamos no assunto, vejamos os outros elementos que o HTML5 nos fornece, e algumas mudanças do HTML 4. Veremos atributos globais permitidos em qualquer elemento, assim como acenaremos para algumas funções HTML5 que não abordaremos neste livro.

<aside>

No Capítulo 1 você viu `<aside>` utilizado para marcar barras laterais. Ele representa "uma seção de uma página que consiste em um conteúdo que está tangencialmente relacionado com o conteúdo em torno do elemento aside, e que poderia ser considerado distinto deste conteúdo. Tais seções são frequentemente representadas como barras laterais na tipografia impressa. Este elemento pode ser utilizado para efeitos tipográficos como citações deslocadas ou barras laterais, para publicidade, para grupos de elementos nav, e para outros conteúdos que sejam considerados distintos do conteúdo principal da página".

Usar um <aside> dentro de um <article>, por exemplo, é o local correto para informações tangencialmente relacionadas ou citações deslocadas sobre o artigo, mas não, nos apressamos em adicionar, na navegação geral da página.

O <aside> tem a função ARIA implícita de "nota", mas podemos lhe dar role="complementary" ou (se estiver envolvido em um formulário de busca) role="search".

<details>

Eu simpatizo muito como elemento <details>, mesmo que ele ainda não tenha sido implementado. Entretanto, Remy tem um script inteligente que o simula em **http://gist.github.com/370590**.

Ele é legal porque introduz suporte nativo para um comportamento comum, removendo a necessidade de JavaScript personalizado (ou, algo que eu vi em sites demais para ser engraçado, puxar toda a biblioteca jQuery). <details> fornece uma área que expande e retrai. Ele toma a seguinte forma

```
<details>
 <summary>Photograph details</summary>
 <p>Photograph taken on <time datetime=2009-12-25>Xmas
 ¬Day 09</time> with a Canon IXUSi.</p>
 <p><small>Copyright Bruce Lawson,
 ¬<address>bruce@brucelawson.co.uk</address></small>.</p>
</details>
```

O conteúdo do elemento <summary> descendente é visível e age como um controle que, quando ativado por mouse ou teclado, expande ou retrai o restante do elemento. Se nenhum elemento <summary> é encontrado, o navegador fornece seu próprio texto padrão de controle, como "details" ou uma versão localizada. Os navegadores provavelmente adicionarão algum tipo de ícone para mostrar que o texto é expansível, como uma seta para baixo.

`<details>` pode, opcionalmente, receber o atributo open para garantir que o elemento esteja aberto quando a página for carregada:

```
<details open>
```

Note que o elemento não está restrito a tag puramente textual – ela pode ser um formulário de login, um vídeo explicativo, uma tabela de dados fonte para um gráfico, ou uma descrição da estrutura de uma tabela para usuários que utilizam tecnologia assistiva, tenham dificuldades de aprendizado ou alguém que (como eu) simplesmente não "capta" os números.

<figure>

Sempre me senti um pouco semanticamente sujo quando adicionava uma legenda em uma foto para explicar a imagem ou para dar crédito ao fotógrafo, pois a única maneira de se fazer isto tem sido com texto que corre dentro do conteúdo ao redor, sem que houvesse uma forma de associá-lo explicitamente à imagem. Simplesmente não havia qualquer construção de tag para isto antes. Talvez eu seja apenas esquisito, mas é por isto que estou muito contente em ver o elemento `<figure>`, que envolve uma imagem (ou um vídeo, ou bloco de código, ou citação de suporte) e sua legenda, que vai no elemento `<figcaption>`:

```
<figure>
<img src=welcome.jpg
  alt=""> <!-- no alt, as it's covered by the figcaption -->
<figcaption>
Bruce and Remy welcome questions
<small>Photo &copy; Bruce's mum</small>
</figcaption>
</figure>
```

Estilizar esta tag pode produzir alguns bons efeitos (**Figura 2.19**).

Perceba que `<figcaption>` só pode conter frases como conteúdo – em termos de HTML 4, ele não pode conter elementos de "nível de bloco".

FIGURA 2.19 elementos `<figure>` e `<figcaption>` com alguns toques de design CSS3 (Ei, esta é uma legenda para uma figura que está ilustrando legendas e figuras. *Isto* é o que eu chamo de "meta").

Categorias de elemento HTML5 e modelos de conteúdo

O HTML 4 dividiu os elementos em “nível de bloco” (em inglês, black level) e “em linha” (em inglês, inline). Estes nomes não existem mais no HTML5, visto que são inerentemente presentacionais: eles simplesmente refletem a maneira como os navegadores os apresentam – com suas folhas de estilo padrão. Não há nada inerente a qualquer elemento HTML que seja “de bloco” ou “em linha”.

Por padrão, o CSS define todo elemento como `display:inline` até que ele seja sobrescrito pela folha de estilo padrão do navegador ou pelo deslumbrante design que você aplica à tag (não fique envergonhado, você sabe; todo mundo diz isto).

Em HTML5, você conhecerá muitos modelos de conteúdo novos, incluindo *fraseamento* (em inglês, phrasing) (equivalente, de maneira aberta, ao em linha) e *fluxo* (em inglês, flow) (equivalente, de maneira aberta, ao nível de bloco). Alguns (`<a>`, `<ins>`, `<del>`) podem ser ambos. Alguns tipos de conteúdo (conteúdo de *título* como `<h1>..<h6>`, *elementos de divisão* como `<article>`, `<section>`, `<nav>`, `<aside>` são subconjuntos destes.

Também há *incorporado ou embutido* (em inglês, embedded) (conteúdo que importa recursos para o documento, ou conteúdo de outro vocabulário que é inserido no documento como `<audio>`, `<canvas>`, `<embed>`, `<iframe>`, `<img>`, `<math>`, `<object>`, `<svg>`, `<video>`,) *interativo* (em inglês, interactive) (`<a>`, `<audio>` (se o atributo controls estiver presente), `<input>` (o se o atributo type não estiver no estado `hidden`), `<keygen>`, `<label>`, `<menu>` (se o atributo `type` estiver no estado `toolbar`), `<object>` (se o atributo `usemap` estiver presente), `<select>`, `<textarea>`, `<video>` (se o atributo `controls` estiver presente), *metadados*, e outros.

Não fique preso nestes. Eles são bastante intuitivos: fora o fato de que agora o `<a>` se comporta como `<ins>` e `<del>` e pode ser “em linha” ou “bloco”, você não notará nada diferente de antes se estiver utilizando a adaptação HTML5 (**http://code.google.com/p/html5shiv/**) para definir os novos elementos HTML5 até que os navegadores os definam em suas próprias folhas de estilo.

<mark>

O elemento `<mark>` permite a você fazer a tag equivalente a utilizar um marca-texto para destacar algumas palavras em uma página impressa. Não é a mesma coisa que ênfase – para a qual você utiliza `<em>`. Mas se você tinha algum texto e queria trazer para o primeiro plano algo que não estivesse enfatizado, poderia utilizar `<mark>` e estilizá-lo para ser itálico, ou com uma cor de plano de fundo amarela. Na impressão, você frequentemente verá as frases “meus itálicos” ou “ênfase adicionada”.

A especificação também diz: “Quando utilizado na narração principal de um documento, ele indica uma parte do documento que foi destacada devido a sua provável relevância à atividade atual do usuário”.

Como ilustração, em meu próprio site utilizei uma versão adaptada do script de Stuart Langridge (**www.kryogenix.org/code/browser/seachhi/**), que verifica para observar se o indicador de uma página é um mecanismo de busca e os termos que estão na string de solicitação. Se assim for, o script caminha pelo DOM e envolve cada ocorrência do termo buscado com o elemento `<mark>`, que então é estilizado com um belo rosa. Seria errado envolver estes termos de busca em `<strong>` ou `<em>` visto que não são enfáticos – e isto teria alterado o significado do conteúdo de nossa página – mas são relevantes na atividade atual do usuário: chegar em uma página em nosso site procurando informações sobre um determinado termo de busca.

<ruby>. <rp>, <rt>

`ruby` é uma adição útil para aqueles que escrevem conteúdo em algum idioma asiático. Daniel Davis tinha um artigo muito apropriado, "The HTML5 `<ruby>` elemento in words of one syllable or less" (**http://my.opera.com/tagawa/blog/the-html5-ruby-element-in--words-of-one-syllable-or-less**), no qual ele explica como isto funciona no contexto do japonês (citado com gentil permissão):

Qualquer pedaço de texto japonês (banner de anúncio, artigo, documento legal e daí por diante) utiliza uma combinação dos sistemas de escrita kanji, hiragana e katakana. Às vezes, é o caso da pessoa que está lendo o texto não saber ler o kanji, especialmente porque os caracteres kanji podem ter mais de uma pronúncia. Nomes de pessoas e lugares é um dos exemplos de kanji que tem pronúncias numerosas ou irregulares.

日 pode ser pronunciado "nichi", "hi" ou "ka"

本 pode ser pronunciado "hon" ou "moto"

日本 pode ser pronunciado "nihon" ou "nippon"

Para ajudar o leitor, algumas vezes a pronúncia é escrita sobre o kanji utilizando-se o alfabeto hiragana. Chama-se isto de furigana em japonês e ruby em inglês (derivado do nome do pequeno tipo de 5,5 pontos utilizado para anotações similares da imprensa britânica tradicional). É frequentemente utilizado em jornais e livros, mas não muito em sites, devido a dificuldade de se espremer textos miniaturizados acima de textos maiores em uma única linha. O elemento `<ruby>` visa resolver isto.

De acordo com a especificação HTML5, o elemento `<ruby>` é um elemento em linha e é colocado ao redor da palavra ou caractere que você quer esclarecer, assim:

```
<ruby>日本</ruby>
```

Por si so ele não faz nada, então adicione a pronúncia para cada caractere ou, neste caso, por preferência pessoal, para a palavra como um todo. Para isto, você utiliza a tag <rt>, que significa ruby text (texto ruby).

```
<ruby>日本<rt>にほん</rt></ruby>
```

Você poderia deixar assim e os navegadores com suporte mostrariam a pronúncia hiragana sobre o texto kanji, mas os navegadores sem suporte ignorariam as tags e mostrariam tanto o texto quanto a pronúncia, lado a lado. Para resolver isto, existe outra tag, <rp>, que significa parênteses ruby, que esconde de maneira inteligente os caracteres (nomeadamente parênteses) em navegadores com suporte. Isto significa que você pode escrever a pronúncia entre parênteses, o que será mostrado pelos navegadores sem suporte, e os navegadores com suporte continuarão a mostrar a pronúncia sem os parênteses, acima do texto principal (**Figura 2.20**).

```
<ruby>日本<rp>(</rp><rt>にほん</rt><rp>)</rp></ruby>
```

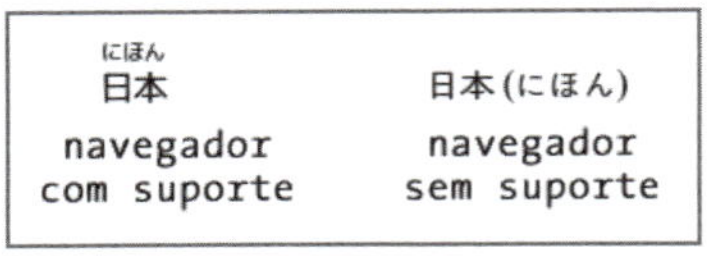

FIGURA 2.20 em navegadores com suporte, o texto ruby é mostrado acima do texto principal. Em navegadores sem suporte, o texto ruby é mostrado após o texto principal, mas entre parênteses.

No momento em que este livro era escrito, o elemento <ruby> estava sendo bastante discutido no grupo de interesse japonês do W3C HTML5, então a especificação é passível de mudança com base neste retorno.

Redefinindo elementos

O HTML5 redefine alguns dos elementos existentes, bem como adiciona novos. Aqui estão alguns velhos amigos: alguns mudaram radicalmente, outros simplesmente melhoraram o penteado.

<ol>

Em HTML 4, o atributo `start` em <ol> era rejeitado, visto que fora considerado presentacional. Felizmente, o HTML5 desfez esta incorreção. Se você quer que uma lista ordenada comece em cinco ao invés de um, utilize:

```
<ol start=5>
```

Algo bacana que ainda não foi implementado em nenhum navegador é o atributo `reversed`. Considere o seguinte exemplo:

```
<h3>Top five dreamy mega-hunks</h3>
<ol reversed>
 <li>Brad Pitt</li>
 <li>George Clooney</li>
 <li>Orlando Bloom</li>
 <li>Remy Sharp</li>
 <li>Bruce Lawson</li>
</ol>
```

Isto cria uma lista que conta regressivamente a partir de cinco (Mr. Pitt) até um (eu). Desculpe Brad, George e Orlando – mas o que vocês sabem de HTML5?

<dl>

Em HTML 4, `<dl>` era uma lista de definição contendo um termo e uma ou mais definições para aquele termo. Esta definição era nebulosa e confusa, visto que também mencionava um potencial uso do `<dl>` para marcar diálogos. Ele era regularmente mal utilizado para marcar quaisquer pares de nome e valor, independentemente de um *definir* o outro.

O HTML5 amplia o elemento para ser "uma lista de associação consistida de zero ou mais grupos nome-valor (...) Grupos nome-valor podem ser termos e definições, tópicos de metadados e valores, ou qualquer outro grupo de dado nome-valor". Aqui está um exemplo listando os livros da coleção de Remy, utilizando `<dt>` e `<dd>` para agrupar título e autor(es).

```
<dl>
 <dt>Directory of French plastic sandal manufacturers</dt>
 <dd>Phillipe Philloppe</dd>
 <dt>J-Lo's plastic surgery: a profile</dt>
 <dd>Hugh Jarce</dd>
 <dt>The Orpheus and Eurydice myth</dt>
 <dd>Helen Bach</dd>
 <dt>The Proctologist and the Dentist</dt>
 <dd>Ben Dover</dd>
 <dd>Phil McCavity</dd>
</dl>
```

<cite>

Em HTML 4, o elemento <cite> podia ser utilizado para marcar o nome de um orador:

```
As <CITE>Harry S. Truman</CITE> said,<Q lang="en-us">
¬The buck stops here.</Q>
```

O HTML5 desautoriza este uso: "O nome de uma pessoa não é o título do trabalho e, assim sendo, o elemento não deve ser utilizado para marcar nomes de pessoas".

Isto é loucura, pois torna um conteúdo existente que está em conformidade com as regras do HTML 4 em algo não conforme com as regras do HTML5, embora isto nunca vá será sinalizado como inválido por um validador, já que uma máquina não tem como saber se "Harry S. Truman" é um nome ao invés de o título de uma biografia chamada "Harry S. Truman".

Em seu artigo no 24ways.org, "Incite a riot", Jeremy Keith escreveu "Una-se a mim em uma campanha de desobediência civil contra a mudança desnecessariamente restritiva e sem retrocompatibilidade do elemento cite".

Eu concordo. Utilize <cite> para nomes se você quiser.

<address>

O <address> é para detalhes de contato do autor do <article> ou documento atual, e não um elemento genérico para endereços postais. Os detalhes de contato podem ser endereços de e-mail, endereços postais ou quaisquer outros. Estes podem ser marcados com microformatos, RDFa ou microdados caso você deseje.

A novidade é que você pode ter múltiplos endereços em um documento, um dentro de cada <article>. A informação de autor associada com um <article> não se aplica ao elemento article aninhado, então uma postagem de blog em um <article> pode ter um <address> para seu autor, cada comentário em blog (que, você lembra, é um <article> aninhado) pode ter o <address> de quem fez o comentário.

<em>, <i>

<em> marca ênfase do tipo que sutilmente altera o significado de uma oração; se a pergunta é: "Did you say you live in Paris (Você disse que morava em Paris)?", a resposta poderia ser marcada como

```
<p>No, my <em>name</em> is Paris. I live in <em>Troy</em>.
¬Cloth-ears.</p>
```

Se você tem níveis relativos de importância, você pode aninhar elementos em para tornar o conteúdo extra enfático.

O elemento <i> "representa uma parcela de texto em uma voz ou humor alternativo, ou de outro modo deslocado da prosa normal, como uma designação taxonômica, um termo técnico, uma frase idiomática em outra língua, um pensamento, um nome de navio, ou qualquer outra prosa cuja apresentação tipográfica comum seja em itálico".

Aqui estão alguns exemplo de <i> onde <em> *não* seria apropriado:

```
<p>The <i>Titanic</i> sails at dawn.</p>
<p>The design needs a bit more <i lang=fr>ooh la la</i>.</p>
<p>You, sir, deserve a jolly good kick up the <i>gluteus
maximus</i>!</p>
```

<strong>, <b>

O elemento strong representa forte importância de conteúdo, porém, diferente do <em>, ele não altera o significado da oração. Por exemplo,

```
<p><strong>Warning! This banana is dangerous.</strong></p>
```

Você pode aninhar elementos strong para torná-los extra-importantes.

O elemento <b> "representa uma parcela de texto estilisticamente deslocada da prosa normal, sem transmitir qualquer importância adicional, tal como palavras-chaves no resumo de um documento, nomes de produto em uma análise, ou outras parcelas de texto cuja representação tipográfica comum seja aplicado negrito".

Por exemplo:

```
<p>Remy never forgot his fifth birthday—feasting on
¬ <b>powdered toast</b> and the joy of opening his gift:
¬ a <b>Log from Blammo!</b>.</p>
```

<hr>

O elemento <hr> agora independe de mídia e indica "uma quebra temática em nível de parágrafo". Um comentário no HTML5doctor colocou-o bem: é a tag equivalente ao "* * *" frequentemente utilizado em história e ensaios. Estávamos prestes a anotá-lo como uma curiosidade histórica quando o colega Doutor Oli Studholme escreveu: "<hr> é utilizado com bastante frequência como um separador de seção no design japonês. Geralmente são ocultados via CSS, mas visíveis quando visto em navegadores celulares cHTML, que suportam apenas CSS bastante básico e não captam o design visual (e com ele, a separação visual de seções)".

Nosso conselho: utilize conteúdo de divisão e cabeçalhos ao invés de CSS para divisores bonitos.

<small>

O elemento `<small>` foi completamente refinado, passou de um simples elemento presentacional genérico para fazer o texto parecer menor para de fato representar “letras miúdas”, que “normalmente apresentam declarações, esclarecimentos, restrições legais ou copyright. As letras miúdas também são utilizadas, algumas vezes, para atribuições ou para satisfazer exigências de licenciamento”.

Se a página toda for referente à “legalidade”, não utilize `<small>`. Neste caso, o texto legal é o conteúdo, então não há necessidade de se utilizar um elemento para diferenciá-la. Ele serve apenas para parcelas curtas de texto. O `<small>` não tem influência nos elementos `<strong>` ou `<em>`.

Elementos removidos

Alguns elementos que você pode conhecer do HTML4 foram tornados completamente obsoletos no HTML5, como é o caso de `<applet>` (utilize `<embed>` no lugar), `<big>`, `<blink>`, `<center>`, `<font>` e `<marquee>`. Eles não serão validados e não devem ser utilizados por autores. Os frames se foram (mas o `<iframe>` permanece). Boa viagem.

Os navegadores HTML5 ainda devem reproduzir esses queridos e finados elementos, é claro, já que há muitos deles ainda por aí à solta por aí. Mas você deve evitá-los como se fossem tarântulas, zumbis, tigres comedores de gente, sanduíches de plutônio ou músicas da Celine Dion.

Atributos globais

Também há diversos atributos globais novos, que podem ser adicionados a qualquer elemento. Eles serão abordados nesta seção.

contenteditable

Inventado pela Microsoft, e, depois de ter passado por uma engenharia reversa e ter sido implementado por todos os outros navegadores, `contenteditable` agora é parte oficial do HTML.

`contenteditable` significa duas coisas para os navegadores: primeiro, que os usuários podem editar os conteúdos dos elementos com este atributo, então o elemento deve ser selecionável e o navegador deve fornecer um sinal para marcar a posição atual de edição; segundo, que mudanças feitas no conteúdo afetam o conteúdo selecionado especificamente selecionado e editável, logo você pode tornar o texto negrito, mudar a fonte, adicionar listas, cabeçalhos e daí por diante. `contenteditable` é um atributo Booleano, então pode ser definido como true ou false. Embora a caixa alta ou baixa da tag seja irrelevante, o atributo DOM exige `contentEditable` (perceba o `E` maiúsculo). O DOM também tem `isContentEditable` para aferir se este elemento é editável – já que a flag*** `contenteditable` poderia ter sido herdada de um elemento pai.

Você também pode definir `document.designMode = 'on'` (note, não é `'true'`) para habilitar todo o documento como editável. Isto só pode ser feito utilizando-se JavaScript.

Finalmente, qualquer conteúdo selecionado (isto é, destacado) pelo usuário pode ter uma série de comandos executados contra ele, como em `document.execCommand('bold')`. Comandos típicos de teclado para fazer o texto negrito ou itálico afetam a DOM no elemento editável.

Se você quiser utilizar `contenteditable` para algum tipo de CMS, você irá querer salvar as mudanças em seu servidor em algum ponto. Não há um método API particular para se fazer isto, mas já que as mudanças do seu usuário modificaram a DOM, você precisa enviar o `innerHTML` do elemento editável (ou todo o documento, caso esteja utilizando `designMode`) de volta ao servidor para salvar seu CMS.

*** NRT: Flag pode ser traduzido como sinalizador ou indicador.

contextmenu

`contextmenu` está relacionado com `<menu>`, `<command>`, que não aparecem neste livro (veja a seção “Funções não cobertas neste livro”).

data-*

Você pode passar informações aos scripts a partir da tag utilizando o atributo `data-*`. Ele pode ser qualquer nome compatível com XML. Veja o Capítulo 4 para explicações.

draggable

`draggable` indica que o elemento pode ser arrastado utilizando a API drag-and-drop (arrastar e soltar – veja o Capítulo 8).

hidden

Este atributo é análogo ao `aria-hidden`, que diz ao navegador que o conteúdo deste elemento não deve ser reproduzido de maneira alguma. Ele não somente esconde o conteúdo, como também o mantém “sob a asa”, de modo que você possa utilizar JavaScript, mais tarde, para remover o atributo e fazer o elemento “surgir”.

Citando a especificação (ao invés de tentar parafraseá-la ainda mais): “O atributo `hidden` não deve ser utilizado para esconder conteúdo que poderia ser legitimamente reproduzido em outra apresentação. Por exemplo, é incorreto utilizar `hidden` para ocultar painéis em um diálogo com abas, pois a interface com abas é meramente um tipo de apresentação com sobreposições – alguém poderia igualmente apenas mostrar todos os controles de formulário em uma grande página com barra de rolagem. É igualmente incorreto utilizar este atributo para ocultar conteúdo de apenas uma apresentação – se algo for marcado como oculto, estará oculto de todas as apresentações, incluindo, por exemplo, leitores de tela.”

Mesmo que você saiba que estará “desocultando” coisas mais tarde com algum script, você deve tratar coisas ocultas como se literalmente não estivessem ali. Então não adicione links apontando para conteúdos que estejam escondidos e não vincule outros elementos a ele com `aria-describedby` ou `aria-labelledby`.

item, itemprop, subject

Este atributos estão associados à especificação de microdados (veja a seção "Funções não cobertas neste livro"), que este livro não cobre.

role, atributos aria-*

Como você viu, o HTML5 trata WAI-ARIA como adições legais à linguagem.

spellcheck

Este atributo Booleano diz ao navegador para verificar a ortografia e gramática do elemento. Caso esteja ausente, "o estado padrão indica que o elemento deve agir de acordo com um comportamento padrão, possivelmente baseado no estado de correção ortográfica do próprio elemento pai".

tabindex (=-1)

O `tabindex` é um conceito bastante arcaico que permite a você especificar a ordem na qual os elementos passam a ter o foco quando o usuário navega uma página com o teclado (tradicionalmente, utilizando a tecla Tab, embora alguns navegadores – principalmente o Opera – façam uso de diferentes combinações de teclas para isto).

Este conceito costumava ser bastante popular quando os sites eram construídos se utilizando layout com tabela profundamente aninhadas, mas hoje em dia isto não é normalmente necessário. A ordem padrão do Tab é determinada pela ordem na qual os elementos aparecem em sua tag, então um documento ordenado e estruturado de maneira apropriada nunca deveria exigir dicas adicionais de tabulação.

Entretanto, o `tabindex` tem um efeito colateral útil. Normalmente, apenas links, elementos de formulário e áreas mapeadas em imagens podem ser destacadas via teclado. Adicionar um `tabindex` pode fazer com que outros elementos sejam focáveis, de modo que executar um comando `focus()` a partir do JavaScript poderia mover o foco do navegador para eles. Entretanto, isto também torna estes elementos focáveis via teclado, o que pode não ser desejável.

Utilizar um inteiro negativo (por convenção, `tabindex=-1`) permite que o elemento seja focado programaticamente, "mas não deve permitir que o elemento seja alcançado utilizando-se o foco de navegação sequencial".

Isto é muito apropriado para superar um bug do Internet Explorer onde, sob certas circunstâncias, elementos como títulos que eram alvos de links na página nunca fossem focados por usuários de leitores de tela, tornando a informação inacessível (veja **www.juicystudio.com/article/ie-keyboard-navigation.php** para mais informações). Em HTML 4, `"-1"` era um valor inválido para o atributo, e o próprio atributo era inválido para qualquer elemento que não fosse campo de formulário ou link. Entretanto, atualmente ele funciona nos navegadores e resolve um problema real, o HTML5 torna-o legal em toda parte. Iupi!

Características não abordadas neste livro

Para fins de completude, aqui estão algumas das características mais interessantes do HTML5 que, por razões de espaço ou falta de implementação, não serão mais discutidas.

<embed>

`<embed>` é bem conhecido e tem sido utilizado por anos, mas sempre fora um elemento fora-da-lei e nunca validado. Mas assim como outro fora-da-lei, Robin Hood, era amplamente suportado, pois executava uma função útil: era a única maneira de fazer plug-ins como o Flash funcionar de forma confiável em todos os navegadores, o que explica seu impressionante uso (veja as estatística de 2008 em **http://dev.opera.com/articles/view/mama-plug-ins/**). Por causa disto, não há motivo para impedi-lo de validar. O HTML5 pavimenta esta trilha em particular e finalmente a inclui na especificação formal da linguagem.

Mas espere. Não se supunha que o HTML5 substituísse todas estas tecnologias baseadas em plug-ins? Ao contrário das chamadas sensacionalistas de alguns jornalistas, o HTML5 não substituirá magicamente os plug-ins do dia para a noite, e agora podemos incorporá-los no HTML5 sem lidar com a ira do validador.

<keygen>

Este elemento, que já é bem suportado em todos os navegadores, exceto pelo grande elefante na sala chamado IE, é utilizado em situações onde seu formulário precisa enviar uma chave pública. Se você não sabe o que é uma chave pública criptografada, dê uma olhada em **http://en.wikipedia.org/wiki/Public_key**.

E se você ainda continuar perdido, é porque realmente não precisa deste elemento.!

<progress>, <meter>

`<progress>` é utilizado para representar um "medidor de progresso", para indicar o andamento de uma tarefa – baixar um arquivo, por exemplo.

`<meter>` "representa uma medida em escala dentro de uma amplitude conhecida, ou um valor fracional; por exemplo: uso de disco, a relevância de um resultado de solicitação, ou a fração da população votante para se selecionar um candidato em particular".

<menu>, <command>

Estes são elementos empolgantes que permitem a você definir barras de ferramentas ou menus contextuais para seu aplicativo, com ícones e comandos associados que executam scripts quando ativados. São mais legais que um balde cheio de Lou Reeds. Entretanto, nenhum navegador ainda os suporta, então não os discutiremos mais.

microdata

Microdata (em português, microdado) é um método para marcar elementos com dados adicionais legíveis por computadores, para que crawlers, mecanismos de busca ou navegadores possam extrair informações da página. São similares ao RDFa (um padrão W3C) e microformatos (em inglês, microformats) (um conjunto popular de convenções), e já são indexados pelo mecanismo de busca do Google caso utilizados na tag. Entretanto, nenhum navegador suporta sua API associada.

<style scoped>

O atributo `scoped` em um elemento de style diz ao navegador para aplicar os estilos ao elemento no qual `<style scoped>` está, e seus filhos. Isto permite estilização altamente localizada diretamente dentro do seu HTML, um `<article>` que contenha um bloco scoped style pode ser organizado e manter seus estilos especiais, por exemplo.

Entretanto, nenhum navegador ainda o suporta.

Resumo

Ufa, foi um passeio e tanto, não foi? Você viu um bocado de estruturas e elementos novos, e um punhado de mudanças em elementos existente. Se você estudou nossos exemplos de tag com atenção, também conhece o armamento favorito das fadas, então cuidado caso você seja um goblin ou um orc.

O HTML5 nos permite marcar estruturas comuns de site com elementos dedicados, ao invés de elementos `<div>` ou `<span>` vazios. Estes ainda são uma parte completamente necessária da linguagem. Assim como no HTML 4, você deve utilizar estes contêineres genéricos quando não houver mais nenhum elemento apropriado, mas você agora tem um grande arsenal de elementos para escolher. Você também viu que alguns destes novos elementos têm funções conceitualmente incorporadas para ajudar as tecnologias assistivas. Entretanto, enquanto estivermos neste período de transição e o suporte dos navegadores (e mais importante, leitores de tela) para estas funções incorporadas ainda forem inexistentes, você ainda pode (de forma válida e legal) adicionar informações ARIA.

Isto provavelmente parece bastante complexo, mas acredite em mim: na medida em que você utiliza estas novas construções, elas logo se tornarão muito mais simples de se compreender. A única forma para se familiarizar com estas novas construções é começar a utilizá-las, então entre nessa!

CAPÍTULO 3

Formulários

Bruce Lawson

UM DOS problemas com os formulários HTML 4 é que eles eram “burros”. A validação é exigida no servidor, claro, mas você tem de duplicá-la no navegador de seus usuários com JavaScript para dar a eles a experiência ininterrupta que eles merecem. Visto que quase todas as páginas Web têm algum tipo de formulário – de busca, de comentário, de assinatura, etc. – não seria ótimo se os navegadores tivessem validação incorporada para os tipos de dados mais comuns que coletamos?

Você adivinhou: os formulários HTML5 fornecem exatamente isto.

Nós ♥ HTML, e agora ele nos ♥ de volta

O HTML5 torna mais rápido o desenvolvimento de formulários. Há algumas coisas agradáveis como a adição de dois tipos de ação de formulário HTTP (`update` e `delete`) para acompanhar os atuais get e post.

Mais sexy, uma variedade de elementos que anteriormente precisavam estar dentro de um elemento de formulário (`<button>`, `<fieldset>`, `<input>`, `<label>`, `<select>`, `<textarea>`, além de `<object>` e os novos elementos como `<keygen>`, `<meter>`, `<output>` e `<progress>`) podem estar em qualquer lugar da página, associados a um formulário utilizando um atributo `form` apontando para a *id* de seu *formulário proprietário*.

Considere este exemplo:

```
<form id=foo>
<input type="text">
...
</form>
<textarea form=foo></textarea>
```

O `<input>` é propriedade do formulário `foo`, já que está contido dentro dele e não tem um atributo form sobreescrevendo a propriedade. O `<textarea>` está fora do formulário, mas ainda é propriedade dele, pois seu atributo form aponta para o id de seu formulário proprietário.

Isto dá muito mais flexibilidade na estilização quando você quer que estes elementos apareçam visualmente (e estruturalmente) fora dos formulários pais.

Mas a grande vitória está nos novos tipos de formulário HTML5 e na validação incorporada que eles trazem. Eventualmente, você não precisará de validação JavaScript para todos estes tipos fundamentais de dados, embora você ainda não possa aposentar seus scripts – os novos tipos de entrada degradam graciosamente, mas precisarão de seu JavaScript até o futuro dourado onde todo mundo terá um navegador HTML5 (ou seu chefe diga a você que os usuários de navegadores antigos simplesmente terão de lidar com a verificação apenas no lado servidor do formulário).

Novos tipos de entrada

Os novos campos de formulário foram a gênese da especificação que se tornou o HTML5, e é onde vemos o princípio da extensão retrocompatível em ação. As extensões são, em maior parte, novos valores do atributo `type` do elemento de entrada. Já que todos os navegadores padronizam para `<input type=text>`, navegadores antigos que não entendam as novas extensões retornarão ao padrão e permitirão ao usuário inserir dados em um campo simples de texto.

NOTA A especificação não faz exigências sobre como os navegadores deverão apresentar aos usuários os novos tipos de entrada, relatórios de erro e etc. Navegadores diferentes e dispositivos diferentes apresentarão diferentes interfaces com o usuário; compare, por exemplo, as formas distintas que uma caixa de seleção toma no Safari em um desktop e no Safari do iPhone (**Figura 3.1**).

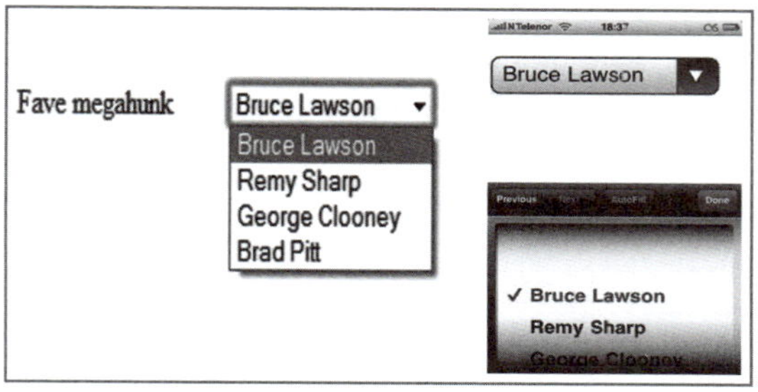

FIGURA 3.1 a mesma caixa de seleção reproduzida no Safari/Windows (esquerda) e no Safari/iPhone. A maioria das imagens é do Opera, já que ele tem a implementação mais completa na época desta escrita (maio de 2010), mas quando algo está implementado em outro navegador, o utilizamos o no lugar.

O tipo de entrada email

A tag `<input type=email>` diz ao navegador que ele não deve permitir que o formulário seja enviado se o usuário não tiver inserido o que pareça ser um endereço válido de e-mail – isto é, ele não verifica se o endereço de e-mail existe ou não, apenas se está em um formato válido. Assim como com todos os tipos de entrada, o usuário pode enviar o formulário com este campo vazio, a não ser que o atributo `required` esteja presente.

A maneira com a qual o navegador relata os erros não está definida. A implementação (experimental) no Opera 10.50 está mostrada na **Figura 3.2**.

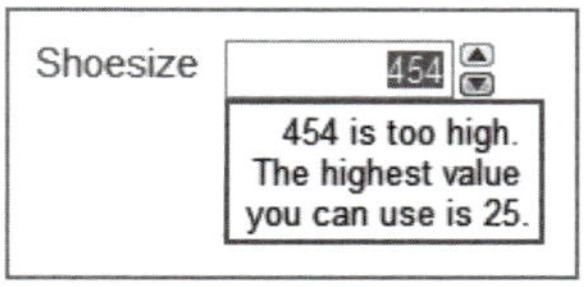

FIGURA 3.2 Uma mensagem de erro gerada automaticamente no Opera 10.50.

O atributo `multiple` é permitido, o que significa que o valor do campo pode ser uma lista de endereços de e-mail válidos separados por vírgula. Claro, isto não exige que o usuário insira uma lista separada por vírgulas manualmente; um navegador pode perfeitamente abrir uma lista dos contatos do usuário a partir de seu cliente de e-mail ou da lista de contatos telefônicos, com caixas de verificação.

O addon experimental Contacts do Firefox, **http://mozillalabs.com/blog/2010/03/contacts-in-the-browser** coleta contatos de várias fontes, que ele utiliza para oferecer endereços quando um usuário encontra um `<input type=email>`. Ele também expõe estas informações de contato aos scripts de site através da API rascunho Contacts da W3C (**http://www.w3.org/2009/dap/**).

O tipo de entrada URL

O `<input type=url>` faz com que o navegador garanta que o campo inserido seja uma URL correta. Um navegador pode oferecer assistência ao usuário – por exemplo, o Opera mostra uma lista das URLs recentemente visitadas a partir do histórico do navegador do usuário e automaticamente insere "http://" à URLs começando com "www" (uma URL não precisa ser uma URL web; a página pode, por exemplo, ser um editor HTML baseado em web, no qual o usuário possa querer utilizar o pseudo protocolo `tel:`).

O tipo de entrada date

O tipo `date` é um dos meus favoritos. Todos nós já vimos páginas web que exigem que o usuário insira uma data para um voo, ingresso de show e etc. Devido ao fato das datas serem complexas de se inserir (o formato é DD-MM-YYYY, MM-DD-YYYY ou DD-MMM-YY?), os desenvolvedores implementam widgets de seleção de datas JavaScript que variam muito em aparência, usabilidade e acessibilidade entre os sites.

O `<input type=date>` resolve este problema. O Opera, por exemplo, abre uma widget de calendário (**Figura 3.3**).

No navegador BlackBerry no BlackBerry Device Software versão 5.0, o controle de entrada de data utilizado para implementar o campo de entrada de dados é o mesmo componente Java utilizado dentro do aplicativo de calendário nativo do BlackBerry (embora não esteja integrado ao aplicativo de calendário). Veja a **Figura 3.4**.

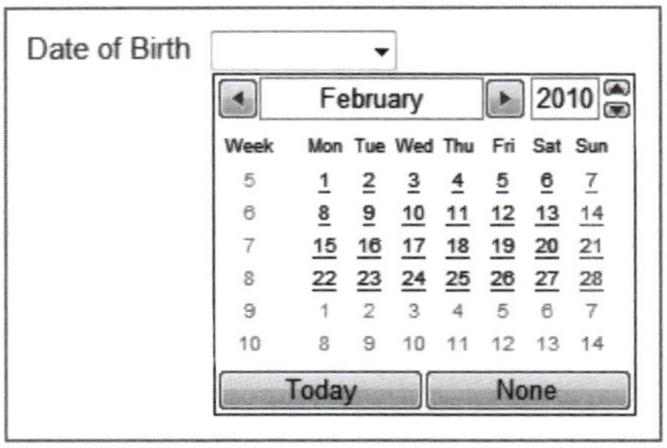

FIGURA 3.3 O Opera 10.50 reproduz uma widget de calendário

FIGURA 3.4 O `<input type=date>` no navegador BlackBerry.

Claro, isto é apenas o início. O navegador poderia chamar o aplicativo nativo de calendário, de modo que você pudesse navegar nas datas para visualizar seus compromissos anteriores. O ponto é que seu navegador agora pode compreender o que você quer dizer. Anteriormente, os seletores de data eram – da perspectiva do seu navegador – nada mais que `<div>`s, `<span>`s e links com diversos comportamentos JavaScript anexados. Agora o navegador sabe que, de fato, você está inserindo uma data e pode oferecer controles e integração mais ricos com outras informações de data e horário.

O tipo de entrada time

O `<input type=time>` permite entrada de um horário em formato 24 horas e o valida. Novamente, a interface final cabe ao navegador; ela pode ser simples como inserir os números e disparar um erro caso o usuário insira um horário maior que 24 ou minutos maiores que 59, ou pode ser muito mais elaborado: um relógio, por exemplo, com ponteiros arrastáveis. A interface do usuário também pode permitir a entrada de um deslocamento de fuso horário.

O tipo de entrada datetime

`date` e `time` validam uma data e horário precisos. A data e horário local funcionam como `datetime`, exceto que o navegador não permite ao usuário adicionar (ou alterar) um deslocamento de fuso horário.

O tipo de entrada month

`<input type=month>` permite a entrada e validação de um mês. Embora internamente isto seja armazenado como um número entre 1 e 12, o navegador pode oferecer um método de seleção que utilize nomes dos meses no lugar de números. Você poderia fazer isto com uma caixa de seleção de 12 opções, de janeiro a dezembro, mas isto não é localizável. Utilizando o tipo de entrada month do HTML5, uma localização francesa de um navegador poderia oferecer uma caixa com "Janvier" ao invés de Janeiro, por exemplo. Isto é mais trabalho para o navegador e *menos trabalho para você*, e é assim que deve ser.

O tipo de entrada week

`<input type=week>` permite a entrada e validação do número de uma semana. Embora isto possa ser um campo simples de entrada permitindo ao usuário digitar um número, pode ser mais complexo na prática: alguns anos têm 53 semanas. Assim sendo, o formato é 2010-W07 para a sétima semana do ano 2010.

O Opera oferece a UI de um seletor de datas, que preenche o campo de entrada com o número da semana de qualquer data selecionada, ao invés do formato YYYY-MM-DD de datas (**Figura 3.5**).

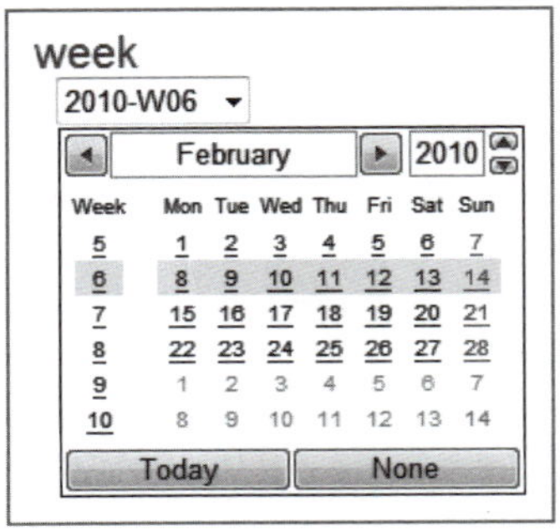

FIGURA 3.5 A reprodução do Opera 10.50 de `<input type=week>`.

O tipo de entrada number

O tipo de entrada `number` dispara um erro caso o usuário não insira caracteres numéricos, o que não é surpresa. Funciona perfeitamente com os atributos `min`, `max` e `step`. No Opera, ele é reproduzido como um controle spinner que não irá além dos limites máximos e mínimos (caso especificado) e cujo progresso seja em incrementos especificados em `step`, embora o usuário também possa digitar o valor (**Figura 3.6**).

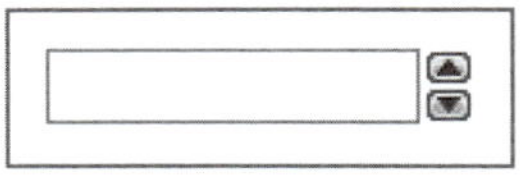

FIGURA 3.6 Reprodução do Opera 10.50 de <input type=number>.

O tipo de entrada range

`<input type=range>` reproduz um slider*. A **Figura 3.7** mostra-o no Google Chrome.

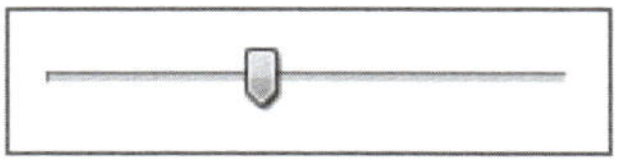

FIGURA 3.7 Reprodução do Google Chrome de `<input type=range>`.

* NRT: Um controle deslizante.

Anteriormente, os sliders precisavam ser simulados tomando o controle de uma entrada e utilizando JavaScript e imagens para ponteiros. Por isso não ser nativo do navegador, grandes cuidados precisavam ser tomados – e códigos adicionais escritos – para garantir acessibilidade ao teclado. Agora que os sliders são parte nativa do HTML, a responsabilidade é removida do desenvolvedor, levando a códigos mais limpos e maior acessibilidade aos usuários de teclado.

Veja o exemplo na seção "Juntando Isto Tudo" para mais informações.

O tipo de entrada search

Este tipo de entrada espera um termo de busca. No Safari também há um atributo não especificado que adiciona um histórico de resultados recentes, utilizando o atributo `results=n`. A diferença entre os tipos search e text é apenas estilística, e no Safari no Mac `search` recebe o estilo de cantos arredondados padrão do sistema – que, independentemente, pode ser sobrescrito com algum CSS proprietário (tiremos o chapéu para Wilfred Nas por isto):

```
input[type="search"] {-webkit-appearance: textfield;}
```

O tipo de entrada tel

O tipo de entrada `tel` espera um número de telefone. Não há validação especial; ele sequer força uma entrada apenas numérica, visto que muitos números telefônicos são comumente escritos com caracteres adicionais, por exemplo +44 (0) 208 123 1234.

Já que os telefones celulares "sabem" seu próprio número, esperamos que a maioria deles seja capaz de fazer algo como completar automaticamente este campo de entrada. Nenhum faz isto atualmente, embora o iPhone traga uma tela de entrada de número de telefone (**Figura 3.8**).

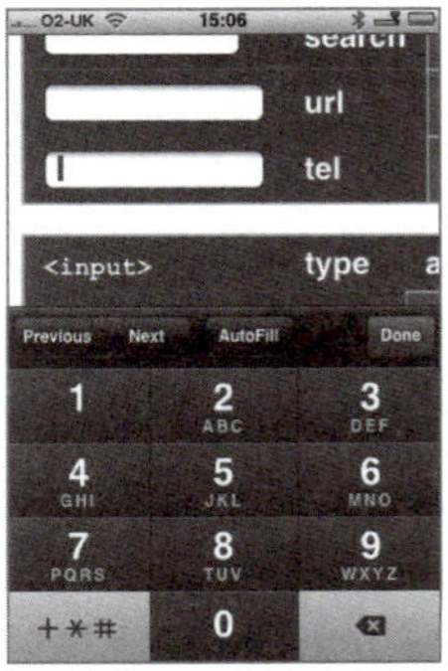

FIGURA 3.8 O teclado do iPhone para completar `<input type=tel>`.

O tipo de entrada color

`<input type=color>` permite ao usuário inserir um valor de cor através de um seletor. Até então, isto foi implementado apenas no BlackBerry (**Figura 3.9**).

FIGURA 3.9 `<input type=color>` no BlackBerry.

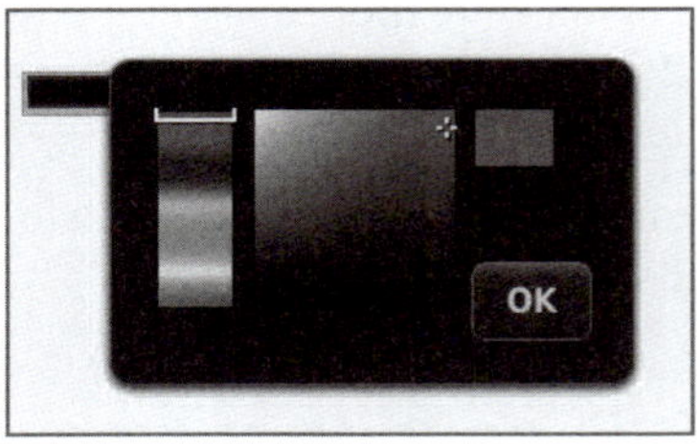

Novos Atributos

Bem como os novos tipos de entrada, o elemento `input` tem diversos novos atributos para especificar o comportamento e limitações: `autocomplete`, `min`, `max`, `multiple`, `pattern` e `step`. Também há um novo atributo, `list`, que encaixa com um novo elemento para permitir um novo método de entrada de dados.

O atributo list

O `<datalist>` é reminiscente de uma caixa de seleção, mas permite aos usuários inserir seus próprios textos caso não queiram escolher uma das opções pré-definidas. A lista está contida em um novo elemento `<datalist>`, a id da qual é referenciada no valor do atributo list:

```
<input id=form-person-title  type=text list=mylist>
       <datalist id=mylist>
            <option label=Mr value=Mr>
            <option label=Ms value=Ms>
            <option label=Prof value="Mad Professor">
       </datalist>
```

`<datalist>` não é renderizado, ao invés disto, é mostrado como valores em um campo de seleção.

O exemplo anterior utiliza `type=text` para permitir entrada livre, mas você pode utilizar `<datalist>` com quaisquer tipos de entrada mencionados anteriormente: por exemplo, `url`, `email`, etc. É possível também repopular dinamicamente as opções na medida em que o usuário digita, replicando a funcionalidade do Google Suggest. Veja **http:dev.opera.com/articles/view/na-html5-style-google-suggest/** para mais detalhes.

Muitos perguntaram por que o par `<input>`/`<datalist>` não era combinado em um único elemento como é o `<select>`. A resposta é em função retrocompatibilidade: o pareamento `<input>`/`<datalist>` degrada para `<input type=text>` em navegadores antigos, de modo que o usuário possa ao menos inserir alguma coisa, e então você possa facilmente simular a implementação completa com JavaScript também para aqueles navegadores.

O atributo autofocus

O Booleano `autofocus` fornece uma forma declarativa dar foco em um controle de formulário durante o carregamento da página. Anteriormente, um desenvolvedor precisava escrever um JavaScript utilizando `control.focus()`. A nova maneira permite que o navegador faça coisas inteligentes como não dar foco ao controle caso o usuário já tenha começado a digitar em outro lugar (um problema comum com os velhos JavaScripts de foco no carregamento).

Deve haver apenas um campo assim em uma página. Da perspectiva da usabilidade, este atributo deve ser utilizado com cuidado. O recomendamos apenas em páginas que tenham um campo de formulário como seu propósito principal – um formulário de busca, por exemplo.

O atributo placeholder

Um truque de usabilidade empregado regularmente por desenvolvedores é colocar o texto em um campo de entrada como uma dica para o usuário, removendo o texto quando o usuário focaliza no campo, e restaurando-o quando o usuário deixa o campo. Isto costumava exigir JavaScript. Entretanto, agora pode ser feito declarativamente com o atributo `placeholder`. A especificação diz "Para uma dica mais longa ou outro texto de orientações, o atributo `title` é mais apropriado".

Quando os navegadores precisam de uma mãozinha

Em navegadores mais antigos – e até mesmo alguns dos mais novos – algumas destas funções não estão disponíveis originalmente. Isto não é um problema tão grande, entretanto, pois a *maioria* das novas funções HTML5 podem ser *corrigidas* utilizando-se JavaScript (ou outras tecnologias, como Flash e Silverlight) para alcançar a capacidade de suporte do navegador. Isto não é degradação graciosa nem aprimoramento progressivo; é algo diferente. Algo que meus colegas e eu estamos chamando de *polipreenchimento*, onde dependendo de funcionalidade nativa em nosso código e então preenchemos as lacunas no suporte utilizando uma biblioteca externa. A biblioteca pode ser genérica ou pode ser específica. Por exemplo, se você quer fazer uso do atributo `autofocus` ou `placeholder`, você pode incluir uma pequena biblioteca JavaScript, e todos os navegadores atuais agora suportam estes dois atributos, desde o IE6 até o Firefox 3.6 (**http://introducinghtml5.com/examples/ch03/polyfilling.html**).

Ele é atualmente reproduzido por navegadores baseados em WebKit (tendo originalmente sido uma extensão HTML proprietária da Apple) e uma versão alfa do Firefox 4 beta.

O atributo required

O novo atributo **required** pode ser utilizado em <textarea> e na maioria dos campos de entrada (exceto quando o atributo type é hidden, image ou alguns tipos de botões, como submit). O navegador não permitirá que o usuário envie o formulário caso os campos obrigatórios estejam vazios. Recomendamos também adicionar o atributo ARIA **aria-required** em tais campos de entrada para as tecnologias assistidas (veja a discussão sobre ARIA no Capítulo 2).

O atributo multiple

O <input type=file> não é novo no HTML5, mas quando utilizado em conjunto com o atributo **multiple** permite ao usuário enviar múltiplos arquivos.

```
<input type=file multiple>
```

Ele também pode ser utilizado com qualquer outro tipo de entrada: por exemplo, <input type=email multiple> permite ao usuário inserir múltiplos endereços de e-mail. Atualmente isto está implementado apenas em navegadores WebKit.

O atributo pattern

Alguns tipos de entrada mencionados previamente -- email, number, url, etc. – são na verdade expressões regulares "prontas", de modo que os navegadores simplesmente verificam se os valores inseridos estão como deveriam.

NOTA Se as expressões regulares lhe assustarem, mas você quer aprender mais, ou estiver disposto a abastecer suas habilidades ninja em expressões regulares, você pode dar uma olhada no blog de Steven Levithan, que fala quase exclusivamente sobre expressões regulares: **http://blog.stevenlevithan.com/**.

Suponha que você queira comparar com um modelo diferente? O atributo **pattern** permite que você especifique uma expressão regular personalizada para comparar a entrada. Assim, se o usuário deve sempre inserir um único digito acompanhado por três caracteres maiúsculos, a expressão regular seria um número [0-9] e três letras [A-Z]{3}, tudo em caixa alta, e a entrada estaria codificada:

```
<input pattern="[0-9][A-Z]{3}" name=part
      title="A part number is a digit followed by three
      ¬ uppercase letters.">
```

Você também poderia adicionar um placeholder="9AAA" ou similar como uma dica abreviada.

A especificação explica que as expressões regulares no atributo pattern combinam com a sintaxe das expressões regulares em JavaScript, exceto que há um ^(:? implícito no início e um)$ no fim.

Então, se você está acostumado a trabalhar com expressões regulares, já estará familiarizado com o que precisa fazer. Caso contrário, você tem o divertido mundo das expressões regulares para explorar!

A internet está entulhada de expressões regulares JavaScript para comparar isto ou aquilo, então é provável que você encontre o que está procurando. Entretanto, as expressões regulares, quando mantidas simples, são relativamente fáceis de fazer funcionar.

Por exemplo, para combinar um código ZIP (no Brasil, CEP) no formato 99999 ou 99999-9999 (assumindo que os 9s sejam todo tipo de número), você pode utilizar:

```
<input pattern="[0-9]{5}(\-[0-9]{4})?" title="A zip code in
¬ the format of 99999 or 99999-9999">
```

Esta expressão regular busca uma sequência numérica de cinco dígitos, com o sufixo opcional de um hífen e outra sequência de quatro números.

Podemos estender esta combinação para validar também códigos postais do Reino Unido (utilizando uma combinação simplificada de código postal), tornando o padrão mais complicado:

```
<input required pattern="[0-9]{5}(\-[0-9]{4})?|[a-zA-Z]
¬ {1,2}\d{1,2}\s?\d[a-zA-Z]{1,2}" name=part title="A valid
¬ zip code or UK postcode">
```

Agora nossa expressão regular se tornou muito mais complicada e pode ser um tanto complexo testar o padrão. Já que a expressão regular do padrão combina com a sintaxe de uma expressão regular JavaScript, podemos testar isto em um navegador como o Firebug ou Opera Dragonfly, utilizando JavaScript puro para testar se o padrão irá funcionar. No exemplo abaixo, estou simplesmente testando a combinação com código postal do Reino Unido, e utilizando o método de teste JavaScript para experimentar. Perceba que também envolvi meus testes com o ^(:? inicial e o)$ final, como dita a especificação HTML5:

```
/^(:?[a-zA-Z]{1,2}\d{1,2}\s?\d[a-zA-Z]{1,2})$/.test
¬ ("bn14 8px")
> true
/^(:?[a-zA-Z]{1,2}\d{1,2}\s?\d[a-zA-Z]{1,2})$/.test
¬ ("bn149 8px")
> false
```

Estes resultados estão corretos, já que "bn149" não é parte legal de um código postal (ou certamente não para este exemplo fictício!). Finalmente, vale a pena notar que o atributo pattern é sensível à caixa (case sensitive), e já que não temos como mudar para o modo *não sensível* à caixa, precisamos explicitamente combinar as caixas altas e baixas neste exemplo.

O atributo autocomplete

A maioria dos navegadores tem alguma função de autocompletar. O novo atributo `autocomplete` permite a você controlar como isto funciona.

O estado padrão é para a entrada herdar o estado de autocompletar do seu formulário proprietário. Os formulários têm autocompletar ativo por padrão.

Se o atributo autocomplete em um elemento de formulário estiver definido em on, o campo está correto para o autocompletar.

Vou citar o humor irônico da descrição da especificação do estado desativado: "O estado desativado indica que os dados inseridos no controle são particularmente sensíveis (por exemplo, o código de ativação para uma arma nuclear); ou que o valor nunca será reutilizado (por exemplo, uma chave de uso único para um login em banco) e o usuário, assim sendo, terá de inserir explicitamente os dados em cada vez".

Os atributos min e max

Como vimos com `<input type=number>`, estes atributos restringem a gama de valores que pode ser inserida em um campo; você não pode enviar o formulário com um número menor que `min` ou maior que `max`. Mas isto também pode ser utilizado com outros tipos de entrada – por exemplo, `<input type=date min=2010-01-01 max=2010-12-31>` não aceitará uma data que não esteja no ano de 2010. É trivial fazer o servidor escrever um HTML onde o `min` seja a data de hoje, de modo que apenas datas futuras sejam permitidas (para um site de agendamento de voo, por exemplo), ou um `max` de hoje (para um campo que colete data de nascimento, por exemplo).

O atributo step

O `step` controla o nível de granularidade da entrada. Então, se você quer que usuário insira um percentual entre 0 e 100, mas apenas múltiplos de 5, você pode especificar

```
<input type=number mix=0 max=100 step=5>
```

E o controle spinner terá incrementos de 5 passos.

Tomando o exemplo de um controle de tempo, você também pode utilizar `step=any`. Isto permite selecionar qualquer horário no dia, com qualquer precisão (por exemplo, de milésimo de segundo ou mais); normalmente, os controles de tempo são limitados a precisão de um minuto.

```
<input name=favtime type=time step=any>
```

Juntando isto tudo

É bastante confuso descobrir que atributos vão com quais tipos de entrada quando você está conhecendo todos juntos, como aqui. Mas, na verdade, é bastante direto quando você começa a utilizá-los. Por exemplo, você não pode utilizar `min` e `max` em um `<textarea>`, pois não faria sentido, mas você pode utilizar `required`.

Um formulário de comentário em blog

Vamos ver um exemplo clássico de formulário, com o qual a maioria de nós já está familiarizada. Quase todos os blogs têm uma seção de comentário, com campos para o nome de quem está comentando (obrigatório), seu endereço de e-mail (obrigatório), URL (opcional) e o comentário (obrigatório). Isto precisaria de um bocado de JavaScript se fossemos fazer manualmente nossa validação.

Em HTML5, entretanto, isto exige apenas alguns dos novos tipos de formulário, cada um com um atributo name que a especificação exige para participar da validação automática. Também adicionamos um botão submit – atualmente o Opera valida campos apenas quando um formulário é realmente submetido, embora a pseudo-classe `:invalid` seja aplicada enquanto o usuário digita.

```
<form>
 <label for=form-name>Name</label>
 <input name=form-name id=form-name type=text required>
 <label for=form-email>Email</label>
 <input name=form-email id=form-email type=email required>
 <label for=form-url>URL</label>
 <input name=form-url id=form-url type=url>
 <label for=form-comment>Comment</label>
 <textarea name=form-comment id=form-comment required>
 </textarea>
 <input type=submit>
</form>
```

Presto! Nenhum JavaScript foi necessário!

Um slider, com saída usando script

Nós vimos <input type=range>, então vamos codificar um exemplo que realmente mostra ao usuário o intervalo permitido pelo slider mostrando automaticamente o valor mínimo e máximo, e dinamicamente dando saída no valor atual do slider.

O slider irá de 1 a 11, como devem ser todos os bons controles (sejam para amplificadores de guitarra ou outra coisa). O step (passo) será 1, que é o padrão, então podemos omitir este atributo.

```
<input type=range min=1 max=11 name=tap>
```

Para mostrar ao usuário os valores mínimo e máximo, utilizando conteúdo gerado (que não funciona em slider em navegadores WebKit):

```
input[type=range]::before {content: attr(min);}
input[type=range]::after {content: attr(max);}
```

Isto mostrará os valores, e o estilizará como definido no CSS. Por exemplo, a **Figura 3.10** reproduz:

```
input[type=range]{width:500px; color:red; font-family:
¬ cursive; font-size:2em;}
```

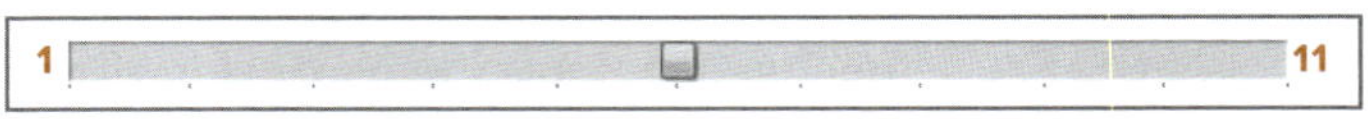

FIGURA 3.10 Renderização do Opera de <input type=range> com valores min e max gerados.

Vamos ecoar (em inglês, echo)/imprimir o valor atual do slidercom o novo elemento output.

O elemento <output>

O elemento <output> serve para mostrar resultados de algum tipo de cálculo ou outro script. Ele pode ter um formulário proprietário, estando dentro de um formulário ou através do atributo form. Os novos elementos <progress> e <meter> podem ser associados de maneira similar com um formulário para fornecerem resposta a um usuário.

Conectamos ele ao slider pelo nome do slider (name=tap), e o evento onforminput. Quando o formulário proprietário da resposta recebe a entrada (como quando o slider é movido) ecoamos de volta o valor daquela entrada:

```
<output onforminput=”value=tap.value”>5</output>
```

O conteúdo atual do elemento output (neste caso, “5”) só é mostrado antes do slider ser alterado. Você deve cuidar para garantir que o valor é o mesmo que qualquer atributo value do campo de entrada associado. Neste exemplo, a parte value=... define o valor visível onde o slider está. Isto pode ser considerado similar ao `this.innerHTML`, e o `value` está agindo apenas como um atalho.

O elemento `output` pode ser estilizado com CSS (embora atualmente apenas o Opera suporta.

Utilizando WAI-ARIA para acessibilidade transicional

Embora tenhamos dito que `<input type=range>` tenha tirado do desenvolvedor a responsabilidade pela acessibilidade, isto apenas será verdade quando o HTML5 for amplamente suportado e a tecnologia assistida compreender este novo tipo de entrada de formulário.

Durante este período de transição, caso você queira utilizar slider HTML5, você também deve adicionar algumas informações WAI-ARIA (as quais, por enquanto resultarão em algumas duplicações):

```
<input id=tap
       name=tap
       type=range
       min=1
       max=10
       value=0
       role=slider
       aria-valuemin=1
       aria-valuemax=11
       aria-valuenow=0>
```

O `role=slider` diz à tecnologia assistida como mapear o controle para os controles do sistema operacional. Você deve atualizar o `aria-valuenow` com JavaScript quando a posição do slider for alterada. Neste caso você irá querer associar ao evento de mudança no deslizante; em nosso exemplo usaremos apenas o atributo onchange. Infelizmente, não podemos utilizar a sintaxe apropriada para atualizar o valor `aria-valuenow`; temos de atualizar o atributo DOM para o valor atualizar corretamente.

```
<input id=tap
       name=tap
       type=range
       min=1
       max=10
       value=0
       role=slider
       aria-valuemin=1
       aria-valuemax=11
       aria-valuenow=0
       onchange="this.setAttribute('aria-valuenow',
       ¬this.value)">
```

Isto atualizará o valor do atributo `aria-valuenow`, e pode ser testado se você inspecionar o elemento utilizando um DOM inspector.

Retrocompatibilidade com navegadores antigos (ou legados)

> **NOTA** Alternativamente, você pode utilizar a biblioteca Modernizr para fazer isto funcionar para você. O Modernizr é uma pequena biblioteca (atualmente com 7K) que executa detecção de funções e retorna booleanos JavaScript como `Modernizr.inputtypes[email]` definidos como true ou false. Há algumas armadilhas (cuidado com o WebKit!), mas está sob ativo desenvolvimento. Você pode baixá-lo em **www.modernizr.com**.

A grande pergunta é: o que podemos fazer para os navegadores antigos (ou legados)? A resposta é que você não aposente ainda sua validação JavaScript, mas mantenha-a como um retorno após fazer algumas detecções de função. Por exemplo, para detectar se `<input type=email>` é suportado, você faz um novo `<input type=email>` com JavaScript, mas não adiciona-o à página. Então, você "interroga" seu novo elemento para descobrir qual é seu atributo type. Se ele responder "email", então o navegador suporta a nova função – deixe-o fazer o trabalho e não traga nenhuma validação JavaScript. Se ele responder como "text", ele retornou ao modo padrão, indicando que não é suportado. Então seu código deve carregar uma biblioteca alternativa de validação, idealmente através de uma técnica de *lazy load* (em português, carregamento tardio), de modo que por padrão os navegadores compatíveis com HTML5 não precisem baixar e processar JavaScript que desnecessário.

```
var i = document.createElement("input");
i.setAttribute("type", "email");
return i.type !== "text";
```

Você também pode testar atributos:

```
return 'autofocus' in document.createElement("input");
```

Cuidado com o WebKit

Vale a pena notar que os atuais navegadores de desktop baseados em WebKit, nomeadamente o Safari e o Chrome, declaram suportar os tipos: email, url, tel e number utilizando estes métodos de detecção. De fato, os navegadores em produção ainda não têm este suporte, e reportam assim apenas porque o Mobile Safari (que também utiliza WebKit) suporta estes tipos de entrada para fornecer teclados personalizados dependendo do tipo (como mostrado no iPhone na **Figura 3.8**). Isto é o navegador fornecendo suporte específico ao dispositivo, tipicamente via teclado (em particular, no iPhone), dependendo do tipo de entrada.

Então, o que isto rende para você? Bem, primeiro e acima de tudo, você está tornando seu código a prova de futuro, para aquele momento quando todos os navegadores suportarem estas incrivelmente úteis adições aos formulários. Segundo, você conquista uma vitória de usabilidade e acessibilidade.

Aplicando estilos aos novos campos de formulário e mensagens de erro

Sempre que apresentamos estes novos campos inteligentes de formulário em conferências, alguém pergunta como você pode estilizar estes novos campos. Você pode fazer alguma estilização básica na maioria destes novos controles: fontes, cores e caixas parecidas. Alguns aspectos do módulo Interface Básica de Usuário CSS (em inglês, CSS Basic User Interface) (**http://www.w3.org/TR/css3-ui/**) se aplicam a estes elementos – por exemplo, as pseudo-classes `:invalid` e `:required` são aplicáveis. Mas se você quiser tornar verde todos os finais de semana no seletor de data, ou tornar púrpura as mensagens de erro, você não pode. Os seletores e ganchos (em inglês, hooks) CSS para estas partes dos novos controles de formulário ainda não foram especificados.

Isto não é algo ruim. Seu pessoal de comunicação visual irá, certamente, lamentar que o texto placeholder não esteja nas cores corporativas. Mas é uma vitória da usabilidade e da acessibilidade. Embora seja tentador estilizar o preenchimento de seus campos de formulário (o que, incidentalmente, pode levar à loucura – veja **http://meyerweb.com/eric/thoughts/2007/05/15/formal-weirdness/**), não importa o que o seu pessoal de comunicação visual diga, é melhor deixar os formulários o mais próximo possível do padrão do navegador. Um slider e um seletor de data do navegador serão iguais em diferentes sites, tornando-os muito mais compreensíveis para os usuários. É muito melhor que o seletor de datas do site X se pareça e se comporte como os seletores de datas no site Y ou no site Z.

E, utilizando controles nativos ao invés de simular sliders e seletores de data com JavaScript, seus formulários muito provavelmente serão mais acessíveis aos usuários de tecnologia assistida.

Sobrescrevendo os padrões do navegador

Quando fazemos uso dos tipos de controle de formulário HTML5, ou do atributo `required`, o navegador nos dá validação pré-preparada, com suas próprias mensagens de erro. Isto é ótimo, mas e se você quiser personalizar as mensagens de erro? Se for o dia de falar como pirata? Talvez eu queira alterar todas as mensagens falando como pirata também.

Isto é possível, com um pouco de JavaScript. Não é possível definir mensagens padronizadas de validação utilizando atributos de conteúdo (que são codificados internamente na marcação), mas podemos adicioná-los nos atributos DOM (os quais são acessíveis via JavaScript). Então podemos defini-los antes que a validação seja executada, ou quando o formulário for submetido podemos estabelecer uma mensagem padronizada de validação e, neste ponto da execução, dinamicamente criar uma mensagem de validação que inclua o valor causador do erro.

Então, ao invés de ler:

humptydumpty is not a legal e-mail address

Mudaremos a validação para ler o seguinte no “tradicional” idioma pirata:

humprydumpty be not a legal e-mail address

O método `setCustomValidity` me permite especificar minha própria mensagem de validação:

```
var email = document.getElementById('email');
email.form.onsubmit = function () {
  email.setCustomValidity(email.value + " be not a legal
  ¬e-mail address");
};
```

Você pode visualizar o Opera reproduzindo a mensagem de validação personalizada nas **Figuras 3.11** e **3.12**.

O Opera é atualmente o único navegador que tem suporte para as mensagens de validação nativas, então não há nada com o que se comparar. Eu digo isto porque você perceberá que a mensagem de validação personalizada está iniciada por “The value humptydumpty is not allowed by a script on the page”. Isto ainda está sob controle do navegador, e não podemos fazer nada para mudar isto (no momento desta escrita). Então é algo para se estar atento se você for utilizar mensagens personalizadas de validação.

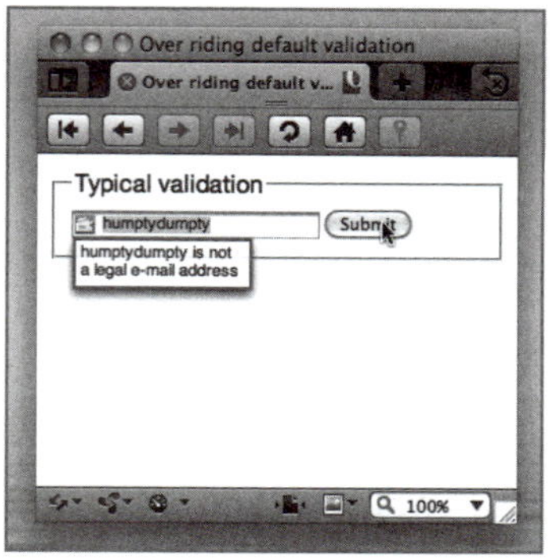

FIGURA 3.11 O Opera reproduz a mensagem de validação padrão para e-mail.

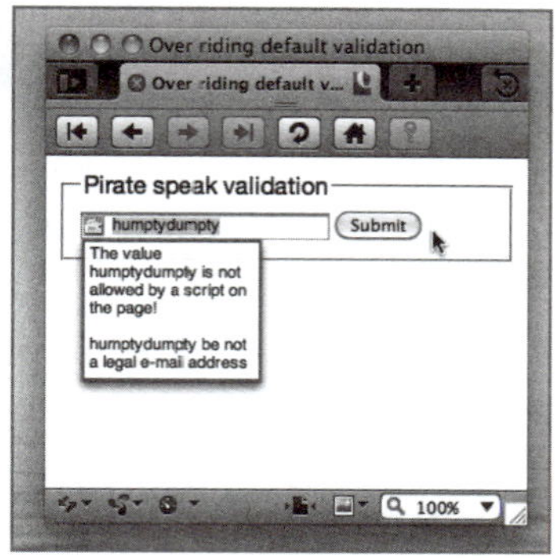

FIGURA 3.12 Reprodução de nossa validação "dia de falar como um pirata" personalizada.

Entretanto, se a forma como as mensagens de validação personalizadas funcionam não seja do seu agrado, então há uma maneira de apresentar seu próprio comportamento de validação, de modo a fazê-lo parecer mais integrado a sua aplicação. Quando executamos `setCustomValidity`, ele define o atributo DOM somente leitura chamado `validationMessage`. Podemos utilizar isto se gerenciamos nós mesmos a validação, o que veremos na seção seguinte.

Utilizando JavaScript para validação DIY**

Junto dos atributos de conteúdo que permitem validação do lado cliente e maravilhosos widgets de formulário web, assim como na maioria das especificações HTML5, acompanha uma API JavaScript que nos dá controle completo sobre como nosso formulário é validado e submetido.

Utilizando a API JavaScript, podemos controlar como apresentamos a resposta da validação ao nosso visitante, mas ainda podemos deferir todo o código real da validação para as novas APIs de formulário. Podemos também utilizar a API para explicar exatamente o motivo pelo qual um campo de formulário em particular falhou em validar.

Forçando a validação do elemento

Todos os elementos de formulário e elementos de entrada (incluindo `<select>` e `<textarea>`), incluem o método `checkValidity` no nó do DOM (em inglês, DOM node). Você será perdoado por pensar que este é o método que você iria querer utilizar para sobrescrever a validação padrão do navegador e o processo de resposta.

** NRT: DIY é um acrônimo para Do It Yourself (Faça você mesmo).

O método checkValidity retorna true ou false, dependendo do sucesso da verificação de validação, mas, ao mesmo, tempo ele está *dizendo* ao navegador para executar suas verificações. Se você quer tomar o controle da apresentação de resposta de validação, então você não quer utilizar este método.

Elemento validity

Campos de formulário individuais, além de ter o método checkValidity, também têm um atributo validity da DOM, que retorna um objeto ValidityState. Há diversos atributos de estado no objeto **validity**, mas o mais simples e mais importante é o atributo valid. Este valor pode ser testado se utilizando JavaScript para direcionar um sistema personalizado de resposta de validação.

NOTA Vale a pena notar que o elemento <fieldset> também tem o atributo validity, mas infelizmente ele não faz nada: o atributo valid é sempre true. Você também pode chamar o método checkValidity em fieldsets, mas novamente, nada acontece nos navegadores atuais que suportam validação personalizada.

Se anexarmos o manipulador do evento submit em nosso próprio formulário, podemos manualmente passar por todos os campos de entrada e verificar o atributo validity. Mas o que acontece se o campo *não* tiver quaisquer regras de validação? Você está com sorte: a API fornece um atributo willValidate que podemos testar para verificar se devemos ou não tentar validar aquele campo em particular. Aqui está um exemplo (fictício):

```
var email = docuement.getElementById('email');
if (email.willValidate) {
  if (!email.validity.valid) {
    alert("Yarr, ye old email be invalid");
  }
}
```

Uma vez que você tenha o estado de validação dos campos individuais do formulário, você pode apresentar qualquer mensagem personalizada via element.validationMessage ou testar os diferentes estados (state) de validação, que inclui typeMismatch, patternMismatch, tooLong, rangeUnderflow, rangeOverflow, stepMismatch, customError e valueMissing.

Evitando a validação

A última pergunta que precisamos responder é: E se você quiser submeter o formulário – mas *não* quiser que o navegador o valide? Isto também é possível. Mas por que no mundo você iria querer fazer isto? E se você tiver um formulário de registro de múltiplos estágios, seja para inscrição ou para enviar algum conteúdo? Para formulários longos, pode ser útil dividir o formulário em estágios (como o eBay pode fazer quando você está vendendo um artigo). Você pode até mesmo querer permitir que seu visitante salve o *estado* de sua submissão, mesmo que o formulário não esteja atualmente completo e válido.

Há dois níveis de controle para a *não* validação. Isto pode ser aplicado ao controle de entrada individual ou a todo o formulário. O atributo **`novalidate`** só pode ser definido em um elemento de formulário e evita a validação daquele campo em particular. Até então, não há caso de uso prático para este campo, apenas teórico. Por exemplo, você pode estar em uma situação onde queira utilizar `type="email"`, e talvez os navegadores do futuro aceitarão um `type="email"` que permita ao usuário executar uma visualização de seu catálogo de endereços. Mas você não está preocupado em realmente validar qualquer entrada manual que o usuário possa fazer – por exemplo, porque o e-mail deles é parte de uma intranet, e não se pareçam com endereços típicos de e-mail. Utilizar o atributo `novalidate` no elemento do formulário permite isto.

O segundo método, `formnovalidate`, que é prático e disponível hoje, é permitido em elementos individuais do formulário e elementos de botão (embora provavelmente só faça sentido em `type="submit"` e `type="button"`). O atributo `formnovalidate` permite que o formulário seja submetido e ignore toda a validação que tenha sido definida nos campos do formulário. O exemplo de código seguinte permitirá a você um botão "salvar sessão" em cada fieldset, para permitir ao usuário salvar seu progresso sem disparar as regras de validação até que ele pressione o botão de submit final:

```
<form>
  <fieldset>
    <legend>Some bits about you</legend>
    <div>
      <label for="email">Email:</label>
     <input id="email" name="email" type="email" required />
    </div>
    <div>
      <label for="url">Homepage:</label>
      <input id="url" type="url" name="url" />
    </div>
    <input type="submit" value="save session"
    ¬ formnovalidate />
  </fieldset>
```

Você pode até mesmo anexar o botão "salvar sessão" para disparar uma validação baseada em JavaScript com base apenas nos campos dentro do fieldset através da propriedade `HTMLFieldSetElement.elements` (embora esta seja uma nova propriedade na especificação HTML5, então você pode ter de depender de `fieldset.getElementsByTagName` e encontrar todos os campos do formulário).

O evento "sempre que qualquer coisa mudar"

Uma mudança quase insignificante no elemento `<form>` está em um novo evento chamado `oninputchange`. Na realidade, este é um útil evento que dispara no elemento form quando qualquer campo de formulário dentro do formulário é alterado. Isto poupa você de ter de anexar diversos manipuladores `onchange` em cada controle do formulário.

Por exemplo, se eu fosse criar um seletor de cores que me desse tanto RGBA quanto HSLA, tipicamente eu teria de anexar ouvintes (em inglês, listeners) de evento em cada slider de valor, mas utilizando o evento `oninputchange`, sou capaz de anexar um único escutador de evento ao formulário e recalcular meus valores RGBA e HSLA utilizando um único método.

O resultado, esteja eu anexando diversos ouvintes de evento ou apenas um único, é muito similar. Entretanto, isto parece muito mais claro e mais bem desenvolvido, visto que não há duplicações de eventos anexados.

Quando um slider for alterado, ele gerará o RGBA e HSLA e atualizará a cor da pré-visualização. A listagem de código abaixo é apenas o JavaScript necessário.

```
form.onforminput = function () {
  var i = this.length, values = [], value = 0;
  while (i--, value = this[i].value) {
    if (this[i].type == 'range') {
      switch (this[i].name) {
        // alpha_channel is between 0-1
         case 'alpha_channel': values.push(value / 100);
        ¬ break;
        // hue is a plain value from 0-360
        case 'hue': values.push(value); break;
         // default includes saturation & luminance as a
        ¬ percentage
        default: values.push(value + '%');
      }
    }
  }
  hsla.value = 'hsla(' + values.reverse().join(', ') + ')';
  preview.style.backgroundColor = hsla.value;
  rgba.value = getComputedStyle(preview, null).
  ¬ backgroundColor;
};
```

Meu seletor de cor final faz uso do tipo de entrada `range`, o novo evento `onforminput`, e os novos elementos de saída para mostra o valor (embora isto pudesse facilmente utilizar `.innerHTML`). O resultado final é exibido na **Figura 3.13**.

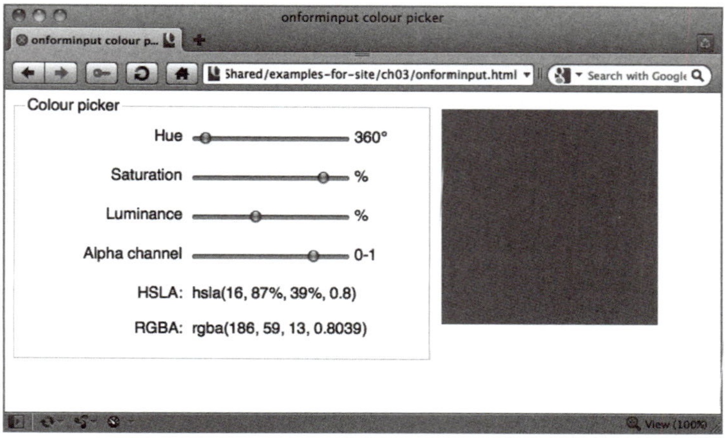

FIGURA 3.13 Um seletor de cor HSLA utilizando o evento `onforminput`.

Resumo

Felizmente você viu que os formulários HTML5 oferecem um enorme avanço de produtividade para desenvolvedores e uma experiência de uso consistente para os usuários. Eles oferecem uma tonelada de funções direto da caixa (em inglês, out ok the box) que anteriormente exigiriam muita codificação personalizada (como validação de formulário ou criação de controles sliders). A implementação está em níveis variados, mas crescentes, no Opera, em navegadores WebKit (Safari, Chrome) e iniciando no Firefox. A carência de implementação do IE9 é simulada usando com JavaScript, já que as novas funções são projetadas para degradar graciosamente.

Agora vamos seguir para assuntos ainda mais atraentes.

CAPÍTULO 4

Vídeo e Áudio

Bruce Lawson e Remy Sharp

HÁ MUITO TEMPO, em uma galáxia que parece muito distante, a multimídia na Web estava limitada a tilintantes músicas MIDI e GIFs animados. Na medida em que a largura de banda tornou-se mais veloz e as tecnologias de compressão foram aprimoradas, a música MP3 suplantou o MIDI e o vídeo real começou a ganhar terreno. Todo tipo de tocador proprietário entrou no combate – Real Player, Windows Media e daí por diante – até que um emergiu vitorioso em 2005: Adobe Flash, principalmente devido à onipresença do plug-in e o fato de que fora o mecanismo de apresentação escolhido pelo YouTube.

O HTML5 fornece um padrão aberto e competitivo para apresentar multimídia na Web com elementos de vídeo e áudio nativo e APIs. Este capítulo discute amplamente o elemento `<video>`, visto que ele é mais atraente, mas a maioria da tag e dos scripts são aplicáveis a ambos os tipos de mídia.

Multimídia nativa: por que, o que, e como?

Em 2007, Anne van Kesteren escreveu ao Working Group:

"O Opera tem algumas builds internas experimentais com uma implementação de um elemento `<video>`*. O elemento expõe uma API simples (por enquanto), muito similar ao* `Audio() object: play(), pause(), stop()`*. A ideia é de que funcione como o* `<object>`*, só que ele possui semânticas de* `<video>` *especiais, assim como o* `<img>` *tem semânticas de imagem".*

Embora a API tenha crescido em complexidade, o anúncio original de van Kesteren está agora implementado em todos os principais navegadores, e durante a elaboração deste livro a Microsoft anunciou suporte futuro no Internet Explorer 9.

Um companheiro óbvio a um elemento `<video>` é o elemento `<audio>`; eles compartilham muitas características similares, então neste capítulo os discutiremos juntos e apenas anotaremos as diferenças.

<video>: Por que você precisa de um elemento <video>?

Anteriormente, caso os desenvolvedores quisessem incluir vídeo em uma página web, eles tinha de fazer uso do elemento `<object>`, que é um contêiner genérico para "objetos estrangeiros". Devido as inconsistências dos navegadores, eles também precisariam utilizar o anteriormente inválido elemento `<embed>` e duplicar diversos parâmetros. Isto resultado em um código que se parecia muito com isto:

```
<object width="425" height="344">
<param name="movie" value="http://www.youtube.com/
¬ v/9sEI1AUFJKw&hl=en_GB&fs=1&"></param>
<param name="allowFullScreen"
value="true"></param>
<param name="allowscriptaccess"
value="always"></param>
<embed src="http://www.youtube.com/
¬ v/9sEI1AUFJKw&hl=en_GB&fs=1&"
type="application/x-shockwave-flash"
allowscriptaccess="always"
allowfullscreen="true" width="425"
height="344"></embed>
</object>
```

Este código está feio e deselegante. Pior que isto é o fato de que o navegador tem de passar o vídeo para um plug-in de terceiros; esperar que o usuário tenha a versão correta daquele plug-in (ou o direito de baixá-lo e instalá-lo, ou o conhecimento de como fazê-lo); e então esperar que o plug-in seja acessível ao teclado – junto de todos os outros elementos desconhecidos envolvidos em manipular o conteúdo para um aplicativo de terceiros.

Plug-ins também podem ser uma causa significativa de instabilidades e podem preocupar usuários menos técnicos quando solicitam a instalação de novas versões.

Sempre que você inclui um plug-in em suas páginas, você está reservando certa área de desenho que o navegador delega ao plug-in. No que cabe ao navegador, a área do plug-in permanece como uma caixa preta – o navegador não processa ou interpreta qualquer coisa que esteja acontecendo ali.

Normalmente, isto não é um problema, mas questões podem surgir quando seu layout sobrepõe a área de desenho do plug-in. Imagine, por exemplo, um site que contenha um filme, mas também tenha ou menus baseados em JavaScript ou CSS que precisam se desdobrar sobre o filme. Por padrão, a área de desenho do plug-in fica no topo da página web, o que significa que estes menus aparecerão estranhamente atrás do filme.

Problemas e estranhezas também podem surgir se sua página tiver alterações dinâmicas de layout. Se as dimensões da área de desenho do plug-in forem redimensionadas, isso pode algumas vezes ter efeitos imprevisíveis – um filme tocando em um plug-in pode não redimensionar, mas ao invés disto simplesmente ficar cortado ou apresentar espaço adicional em branco. O HTML5 fornece uma forma padronizada de tocar vídeo diretamente no navegador, sem a necessidade de plug-ins.

> **NOTA** O `<embed>` finalmente está padronizado no HTML5; ele nunca fora parte de qualquer versão anterior de (X)HTML.

Uma das maiores vantagens do elemento video do HTML5 é que, finalmente, o vídeo se tornou um cidadão completo da Web. Ele não está mais desviado para o interior do elemento `<object>` ou do não-validável `<embed>`.

Então agora, elementos `<video>` podem ser estilizados com CSS; assim como serem redimensionados com o passar do mouse utilizando-se transições CSS, por exemplo. Eles podem ser ajustados e reapresentados no `<canvas>` com JavaScript. E o melhor de tudo, as possibilidades de ajustes inatas oferecidas pelos padrões abertos estão disponíveis. Anteriormente, todos os dados de seu vídeo estavam bloqueados; seus bits eram presos em uma caixa. Com a multimídia HTML5, seus bits estão livres para serem manipulados como você quiser.

Para o que a multimídia HTML5 não é boa

Independente do que dizem os artigos dos jornalistas de tecnologia, o HTML não "matará" todos os plug-ins da noite para o dia. Há casos de uso para os plug-ins que não são contemplados pela nova especificação.

Proteção contra cópia é uma das áreas não cobertas pelo HTML5 – não surpreendentemente, dado que é um padrão baseado em abertura. Então as pessoas que precisam de DRM provavelmente não utilizarão vídeo e áudio HTML5, visto que eles serão tão fáceis de baixar para o disco rígido quanto é agora um `<img>`. Alguns navegadores oferecem acesso simples de menu contextual para a URL do vídeo, ou até mesmo para salvar o vídeo (claro, você não precisa nos lembrar que DRM é uma perda de tempo, de qualquer modo. Tudo o que você faz é alienar seus usuários honestos, causando inconveniências menores aos piratas dedicados).

Os plug-ins continuam sendo a melhor opção para um navegador transmitir vídeo e áudio a partir da máquina do usuário para uma página web como o Daily Mugshot ou Chat Roulette (há um elemento `<device>` crescendo rapidamente, especificado de maneira rudimentar para o HTML "pós-5", mas não há suporte ainda nos navegadores). Depois de estremecer com a inimaginável solidão que representa um mundo sem o Chat Roulette, considere também a enorme quantidade de conteúdo por aí que exigirá, por muito tempo, plug-ins para serem reproduzidos.

Anatomia do elemento video

Em sua maneira mais simples, incluir vídeo em uma página em HTML5 exige meramente este código:

```
<video src=turkish.ogv></video>
```

A extensão de arquivo .ogv é utilizada aqui para apontar para um vídeo Ogg Theora.

> **NOTA** Desde que a ponta do outro extremo do http seja um recurso de streaming na web, você pode simplesmente apontar o elemento `<video>` ou `<audio>` para ele para transmitir o conteúdo.

Similar ao `<object>`, você pode colocar tag de backup (ou emergência) entre as tags, para navegadores Web mais antigos que não suportem vídeo nativo. Você deve, pelo menos, fornecer um link para o vídeo, de modo que os usuários possam baixá-lo para seus discos rígidos e assisti-los mais tarde no player de mídia do sistema operacional. A **Figura 4.1** mostra este código em um navegador moderno e o conteúdo de reserva em um navegador antigo.

```
<h1>Video and legacy browser fallback</h1>
<video src=leverage-a-synergy.ogv>
  Download the <a href=leverage-a-synergy.ogv>How to
  ¬ leverage a synergy video</a>
</video>
```

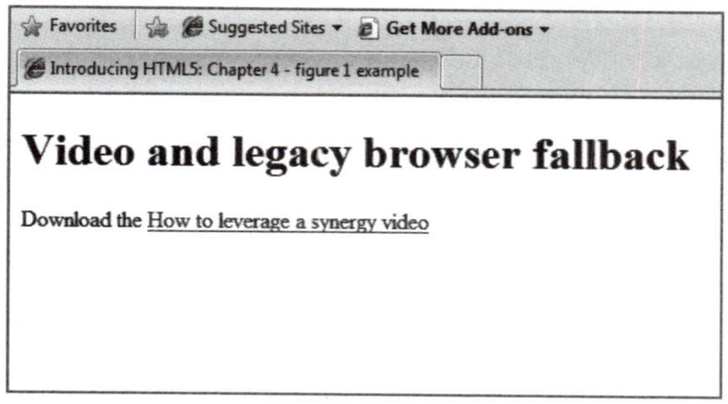

FIGURA 4.1 Vídeo HTML5 em um navegador moderno e o conteúdo de backup em um navegador antigo.

Entretanto, este exemplo ainda não faz nada. Tudo o que você pode ver aqui é o primeiro quadro do filme. Isto porque você não disse ao vídeo para tocar, e não disse ao navegador para fornecer quaisquer controles para tocar ou pausar o vídeo.

autoplay

Você pode dizer ao navegador para tocar o vídeo ou áudio automaticamente, mas quase certamente não deve, pois muitos usuários (e principalmente aqueles que utilizam tecnologias assistivas, como leitores de tela) acharão isto muito intrusivo. Usuários em dispositivos móveis provavelmente não irão querer utilizar sua banda sem solicitar explicitamente o vídeo. De todo modo, aqui está como fazê-lo:

```
<video src=leverage-a-synergy.ogv autoplay>
</video>
```

controls

Fornecer controles é aproximadamente 764% melhor que usar o autoplay em seu vídeo. Veja a **Figura 4.2**. Você pode utilizar algum JavaScript simples para escrever seus próprios controles (mais sobre isto adiante) ou pode dizer ao navegador para fornecê-los automaticamente:

```
<video src=leverage-a-synergy.ogv controls>
</video>
```

Naturalmente, estes serão diferentes entre os navegadores, da mesma maneira como acontece com controles de formulário, por exemplo, mas você não encontrará nada muito surpreendente. Há um botão para alternar play e pause, uma barra de progresso e um controle de volume.

FIGURA 4.2 Os controles padrão no Firefox 3.6 (similar em todos os navegadores modernos).

> NOTA Os navegadores têm diferentes níveis de acessibilidade de teclado. Os controles nativos do Firefox não aparecem quando o JavaScript está desabilitado (o menu contextual permite ao usuário iniciar e interromper o vídeo, mas há o problema da descoberta, e não parece ser possível escolher estas opções sem JS). Os controles acessíveis do Opera estão sempre presentes quando o JavaScript está desabilitado, independentemente do atributo `controls` estar especificado.
>
> O Chrome e o Safari têm problemas com a acessibilidade de teclado. Prevemos este aumento na medida em que os fabricantes corrigirem os problemas iniciais.

Perceba que estes controles aparecem quando um usuário passa o mouse sobre o vídeo ou quando a tecla Tab for usada até chegar ao vídeo. Também é possível usar tab entre os diferentes controles. Esta acessibilidade de teclado nativa já é um aprimoramento em relação aos plug-ins, que podem ser difíceis de usar tab a partir do conteúdo HTML que envolva.

Caso o elemento `<audio>` tenha os atributos de controle, você os verá na página. Sem o atributo, nada é reproduzido visualmente na página, mas, é claro, ele está na DOM e é totalmente controlável via JavaScript e as novas APIs.

poster

O atributo `poster` aponta para uma imagem que o navegador utilizará enquanto o vídeo estiver baixando, ou até que o usuário diga para o vídeo tocar (este atributo não é aplicado ao `<audio>`). Ele remove a necessidade de truques adicionais como apresentar uma imagem e então removê-la via JavaScript quando o vídeo for iniciado.

Se você não utilizar o atributo `poster`, o navegador mostra o primeiro quadro do vídeo, que pode não ser a imagem representativa que você queira utilizar.

height, width

Estes atributos dizem ao navegador o tamanho, em pixels, do vídeo (eles não são aplicáveis a `<audio>`). Se você os deixar de fora, o navegador utiliza a largura intrínseca do recurso de vídeo, se estiver disponível. Caso contrário, ele usa a largura intrínseca do frame do poster, se disponível. Caso contrário, usará 300 pixels.

Se você especificar um valor, mas não o outro, o navegador ajusta o tamanho da dimensão não especificada de modo a preservar a taxa de proporção do vídeo.

Se você definir tanto `width` quanto `height` em uma taxa de proporção que não combine com a do vídeo, o vídeo não é distorcido para aquela proporção, mas reproduzido em "letter-box" dentro do elemento vídeo com o tamanho que você especificou, porém mantendo a taxa de proporção.

loop

O atributo `loop` é outro atributo Booleano. Como você poderia imaginar, ele repete infinitamente a reprodução da mídia.

preload

Talvez você tenha bastante certeza de que o usuário queira ativar a mídia (ele chegou a ela através de alguma navegação, por exemplo, ou ela é a única razão para ele estar na página), mas você não quer utilizar `autoplay`. Neste caso, você pode sugerir ao navegador pré-carregar o vídeo, de modo que ele comece a fazer buffer quando a página for carregada na expectativa de que o usuário ativará os controles.

```
<video src=leverage-a-synergy.ogv controls preload>
</video>
```

Há três estados definidos pela especificação para o atributo `preload`. Se você disser apenas `preload`, o agente de usuário pode decidir o que fazer. Um navegador móvel pode, por exemplo, ter o padrão de não fazer pré-carregamento até que seja explicitamente solicitado pelo usuário.

1. `preload=auto` (ou simplesmente `preload`)

Uma sugestão ao navegador de que ele deve começar a baixar todo o arquivo. Perceba que dissemos "sugestão". O navegador pode ignorar isto – talvez porque tenha detectado uma conexão muito lenta ou uma configuração em um navegador móvel "Nunca pré-carregue mídia" para poupar a banda do usuário.

2. `preload=none`

Este estado sugere ao navegador que ele não deve pré-carregar o recurso até que o usuário ative os controles.

3. `preload=metadata`

Este estado sugere ao navegador que ele deve pré-carregar apenas os metadados (dimensões, primeiro quadro, lista de faixas, duração e daí por diante), mas não deve baixar mais nada até que o usuário ative os controles.

> **NOTA** A especificação para `preload` mudou em março de 2010 e não está implementada em lugar algum em abril de 2010.

src

Assim como em um <img>, este atributo aponta para o arquivo a ser apresentado. Entretanto, visto que nem todos os navegadores podem reproduzir os mesmo formatos, em ambientes de produção você precisa ter mais de um arquivo fonte. Abordaremos isto na seção seguinte. Utilizar um único arquivo fonte com o atributo `src` é algo realmente útil apenas para um protótipo rápido ou para sites de intranet onde você conhece o navegador do usuário e que codecs ele suporta.

Codecs - o horror, o horror

Rascunhos anteriores da especificação HTML5 ordenavam que todos os navegadores tivessem suporte incorporado para multimídia de pelo menos dois codecs: Ogg Vorbis para áudio e Ogg Theora para vídeo. O Vorbis é um codec utilizado por serviços como o Spotify, entre outros, e para amostras de áudio em jogos como Halo, da Microsoft. Ele é frequentemente utilizado com Theora para vídeo e combinados juntos em um formato contêiner Ogg.

Entretanto, estes codecs foram removidos da especificação HTML5 depois da Apple e da Nokia reclamarem, então a especificação não faz qualquer recomendação sobre codecs. O Opera e o Firefox suportam Theora e Vorbis. O Safari não, preferindo, no lugar, fornecer suporte nativo ao codec de vídeo H.264 e áudio MP3. A Microsoft anunciou que o IE9 também suportará o H.264, que também é suportado no iPhone e Android. O Google Chrome suporta Theora e vídeo H.264, e Vorbis e áudio MP3. Confuso?

Enquanto finalizávamos este livro, a Google anunciou que estava abrindo o código de um codec de vídeo chamado VP8. Este é um codec de qualidade muito alta, e quando combinado com Vorbis em um formato contêiner baseado no formato Matroska, é coletivamente conhecido como "webM".

O Opera, Firefox e Chrome irão anunciar que o suportarão. O IE9 irá, se o codec for instalado separadamente. O VP8 será incluso no Adobe Flash Player e todo vídeo YouTube estará em formato webM.

Assim como o Theora, ele é um codec livre de royalties. Neste capítulo, você pode substituir os exemplos .ogv por .webm para vídeo de alta qualidade, quando o suporte nos navegadores estiver por aí.

A regra é: forneça tanto o vídeo livre de royalties (webM ou Theora) e H.264 em suas páginas, e tanto áudio Vorbis quanto MP3, de modo que ninguém fique impedido de acessar seu conteúdo. Não vamos repetir os erros do velho selo “Melhor visto no Netscape Navigator” nos sites.

Múltiplos elementos <source>

Para fazer isto, você precisa codificar sua multimídia duas vezes: uma como Theora e uma como H.264, no caso de vídeo, e tanto Vorbis quanto MP3 para o áudio.

Então, você conecta estas versões separadas do arquivo ao elemento de mídia. Ao invés de utilizar um atributo `src` único, você aninha elementos `<source>` separados para codificação com os atributos `type` apropriados dentro dos elementos `<audio>` e `<video>`, e deixa o navegador baixar o formato que ele possa apresentar.

Perceba que neste caso não fornecemos um atributo `src` no próprio elemento de mídia:

```
1  <video controls>
2      <source src=leverage-a-synergy.ogv type='video/ogg;
     ¬codecs="theora, vorbis"'>
3      <source src=leverage-a-synergy.mp4 type='video/mp4;
     ¬codecs="avc1.42E01E, mp4a.40.2"'>
4  <p>Your browser doesn't support video.
5  Please download the video in <a href=leverage-a-
   ¬synergy.ogv>Ogg</a> or <a href=leverage-a-
   ¬synergy.mp4>mp4</a> format.</p>
6  </video>
```

A linha 1 diz ao navegador que um vídeo será inserido e os controles padrão apresentados. A linha 2 oferece um vídeo Ogg Theora e utiliza o atributo `type` para dizer ao navegador que tipo de formato contêiner é utilizado (fornecendo o tipo MIME do arquivo) e que codec foi utilizado para codificar o fluxo de vídeo e áudio. Também poderíamos oferecer um vídeo WebM como opção de alta qualidade livre de royalties. Perceba que utilizamos aspas em torno destes parâmetros. Se você esquecer o atributo `type`, o navegador baixa um pequeno pedaço de cada arquivo antes de descobrir que ele não é suportado, o que consome banda e pode atrasar a reprodução da mídia.

> **NOTA** Parem as máquinas: bug no iPad: durante a ida para a impressão ficamos sabendo de um bug que afeta alguns iPads, que faz com que eles leiam apenas o primeiro elemento `<source>`. Assim sendo, sua versão mp4 deve vir antes da versão livre de royalties na ordem de fontes.

A linha 3 oferece um vídeo H.264. As strings de codec para H.264 e AAC são mais complicadas que aquelas para Ogg porque há perfis diferentes para H.264 e AAC. Perfis mais altos exigem mais CPU para decodificar, mas são melhor compactados e consomem menos banda.

Dentro do elemento `<video>` está nossa mensagem de reserva, incluindo links para *ambos* os formatos para navegadores que não possam manipular nativamente com nenhum dos vídeos, mas que provavelmente está rodando sobre um sistema operacional que possa manipular um dos formatos, então o usuário pode baixar o arquivo e assisti-lo em um player de mídia fora do navegador.

Certo, então isto é vídeo nativo de HTML5 para todos os usuários de navegadores modernos. Mas e quanto aos navegadores antigos – incluindo o Internet Explorer 8 e anteriores?

Vídeo para navegadores antigos

Navegadores antigos não podem reproduzir vídeo ou áudio, abençoado sejam. Mas se você estiver preparado para depender de plug-ins, pode garantir que os usuários de navegadores antigos ainda possam experimentar seu conteúdo de uma maneira que não seja pior do que a que eles têm atualmente.

> **NOTA** O conteúdo entre as tags é o conteúdo de reserva apenas para navegadores que não suportem o elemento `<video>` de maneira alguma. Um navegador que compreenda vídeo HTML5, mas não possa reproduzir qualquer um dos formatos apontados pelo seu código não apresentará o conteúdo "de reserva" entre as tags. Isto já me pegou de surpresa algumas vezes. Infelizmente, não há nenhum registro em vídeo disto.

Lembra-se de que os conteúdos do elemento `<video>` podem conter tag, como os textos e links do exemplo anterior? Já que o tipo de arquivo MP4 pode ser reproduzido também no plug-in Flash Player, você pode utilizar vídeo MP4 em combinação com uma reserva para o Internet Explorer 8 e versões anteriores de outros navegadores.

O código para isto é tão hediondo quanto você poderia esperar de um ajuste transitório, mas funciona em qualquer lugar que tenha o Flash Player instalado – o que significa quase todo lugar. Você pode ver esta elegante técnica em um artigo chamado "Video for Everybody! (Vídeo para Todos!)", por seu inventor, Kroc Camen em **http://camendesign.com/code/video_for_everybody**.

Alternativamente, você pode hospedar o conteúdo de reserva em um site de hospedagem de vídeos e anexar um link para ele entre as tags de um elemento `video`:

```
<video controls>
   <source src=leverage-a-synergy.ogv type='video/ogg;
   ¬ codecs="theora, vorbis"'>
   <source src=leverage-a-synergy.mp4 type='video/mp4;
   ¬ codecs="avc1.42E01E, mp4a.40.2"'>
<embed src="http://www.youtube.com/v/cmtcc94Tv3A&hl=
¬ en_GB&fs=1&rel=0" type="application/x-shockwave-flash"
```

```
¬ allowscriptaccess="always" allowfullscreen="true"
¬ width="425" height="344">
</video>
```

Você pode utilizar a biblioteca html5media em **http://static.etianen.com/html5media/** para tomar o elemento `<video>` e automagicamente adicionar a reserva necessária inserindo uma linha de JavaScript no cabeçalho de sua página.

Codificando vídeo e áudio livres de royalties

De maneira ideal, você deve começar a conversão a partir do próprio formato fonte, ao invés de recompactar uma versão já compactada. A compactação dupla pode reduzir seriamente a qualidade do resultado final.

Na parte do áudio, o software de edição de código aberto Audacity (**http://audacity.sourceforge.net/**) tem suporte incorporado para exportação Ogg Vorbis. Para conversão de vídeo, há algumas poucas boas escolhas. Para .WebM, há apenas alguns poucos codificadores no momento, o que não é supresa para um codec tão novo. Veja **www.webmproject.org/tools/** para uma lista crescente.

O aplicativo gratuito evom (**http://thelittlaappfactory.com/evom/**) pode fazer Ogg Theora em um Mac através de uma elegante interface gráfica. Usuários de Windows e Mac podem baixar o Miro Video Converter (**www.mirovideoconverter.com/**), que permite a você arrastar um arquivo para sua janela para convertê-lo em Theora ou H.264 otimizado para diferentes dispositivos como iPhone, Android Nexus One, PS2 e daí por diante.

O gratuito VLC (**www.videolan.org/vlc/**) pode converter arquivos para Ogg no Windows ou Linux. O OggConvert (**http://oggconvert.tristanb.net/**) é um utilitário para usuários Linux.

Como alternativa, a extensão Firefogg, para Firefox, e seu site associado, **http://firefogg.org/**, fornecem uma conversão simples via internet. O TinyOgg (**http://tinyogg.com/**) converte vídeo Flash para Ogg para download, e pode até mesmo ser alimentado com uma URL do YouTube.

O processo de conversão também pode ser automatizado e manipulado no lado servidor. Por exemplo, em um ambiente CMS, você pode não ser capaz de controlar o formato no qual os autores enviarão seus arquivos, então você pode querer fazer a compressão no lado servidor. A biblioteca de código aberto ffmpeg (**http://ffmpeg.org/**) pode ser instalada em um servidor para levar conversões poderosas de arquivos enviados (talvez você esteja iniciando seu próprio substituto ao YouTube?).

Se você estiver preocupado com espaço de hospedagem e estiver feliz em compartilhar seus arquivos de mídia (áudio e vídeo) sob uma das várias licenças CC, dê uma olhada no Internet Achive (**www.archive.org/create/**), que converterá e hospedará o arquivo para você. Simplesmente crie uma senha e envie, então utilize um elemento `<video>` em sua página, mas aponte para o arquivo fonte nos servidores deles.

Enviando vídeos compactados de diferentes modos para dispositivos portáteis

Arquivos de vídeo tendem a ser grandes, e enviar vídeo com qualidade muito alta pode ser um desperdício caso seja para dispositivos portáteis, onde os tamanhos pequenos de tela tornam a alta qualidade desnecessária. Não há sentido em enviar um vídeo de alta definição destinado a um monitor widescreen para uma tela de dispositivo portátil. Compactar um vídeo para o tamanho apropriado a uma tela pequena pode poupar muita banda, deixando seu servidor e – mais importante – seus usuários móveis felizes.

O HTML5 permite a você utilizar o atributo `media` no elemento source, que inquire o navegador para descobrir o tamanho da tela (ou número de cores, taxa proporção, e daí por diante), e envia diferentes arquivos que são otimizados para diferentes tamanhos de tela.

> **NOTA** Nós utilizamos `min-device-width` ao invés de `min-width` para atender dispositivos que tenham uma janela de visualização dentro do conteúdo – isto é, todo navegador de smartphone completo, já que isto nos dá a largura da visualização do display da janela de visualização.

Esta funcionalidade e sintaxe foram emprestadas da especificação CSS Media Queries em **dev.w3.org/csswg/css3-mediaqueries/** mas fazem parte da tag, já que estamos alternando arquivos fonte dependendo das características do dispositivo.

No exemplo seguinte, o navegador é "perguntado" se possui um min-device-width de 800px – isto é, se ele tem uma tela widescreen. Se ele tiver, ele recebe o `hi-res.ogv`; caso contrário, é enviado o `lo-res.ogv`:

```
<video controls>
      <source src=hi-res.ogv ... media="(min-device-width:
      ¬ 800px)">
      <source src=lo-res.ogv>
</video>
```

Também note que você ainda deve utilizar o atributo `type` com os parâmetros `codecs` e o conteúdo de reserva anteriormente discutidos. Lhes foram omitidos aqui apenas para fins de clareza.

Apresentando controles personalizados

Um aspecto verdadeiramente soberbo do elemento mídia, e, assim sendo, dos elementos áudio e vídeo, é que a API JavaScript é super simples. A API tanto para áudio quanto para vídeo descende da mesma API media, então são exatamente iguais. A única diferença nestes elementos é que o elemento vídeo tem atributo `height` e `width` e um atributo `poster`. Os eventos, métodos e todos os outros atributos são os mesmos. Com isto em mente, vamos nos manter com o elemento de mídia mais seguros: o elemento `<video>` para nossa discussão sobre JavaScript.

Como você viu no início do capítulo, Anne van Kerteren fala sobre a nova API e que temos novos métodos simples como `play()`, `pause()` (não há um método stop: simplesmente pause e retorne ao começo), `load()` e `canPlayType()`. De fato, estes são *todos* os métodos no elemento media. Tudo o mais são eventos e atributos.

A **Tabela 4.1** fornece uma lista de referência dos atributos e eventos media.

TABLE 4.1 Atributos e Eventos de mídia

ATRIBUTOS	MÉTODOS
estado de erro	`load()`
`error`	`canPlayType(type)`
estado de rede	`play()`
`src`	`pause()`
`currentSrc`	`addTrack(label, kind, language)`
`networkState`	
`preload`	eventos
`buffered`	`loadstart`
estado de prontidão	`progress`
`readyState`	`suspend`
`seeking`	`abort`
controles	`error`
`controls`	`emptied`
volume	`stalled`
`muted`	`play`
faixas	`pause`
`tracks`	`loadedmetadata`
estado de reprodução	`loadeddata`
`currentTime`	`waiting`
`startTime`	`playing`
`duration`	`canplay`
`paused`	`canplaythrough`
`defaultPlaybackRate`	`seeking`
`playbackRate`	`seeked`
`played`	`timeupdate`
`seekable`	`ended`
`ended`	`ratechange`
`autoplay`	
`loop`	
específico de video	
`width`	
`height`	
`videoWidth`	
`videoHeight`	
`poster`	

Utilizando JavaScript e a nova API media você pode criar e gerenciar seus próprios controles de reprodução de vídeo. Em nosso exemplo, guiamos você através de algumas maneiras de controlar o elemento vídeo e criar um conjunto simples de controles. Nosso exemplo não espantará você – ele sequer é tão atraente quanto o próprio elemento video (e é um pouco fictício!) – mas você terá uma boa ideia do que é possível via script. A melhor parte é que a UI será toda em CSS e HTML. Então se você quiser estilizá-la do seu jeito, é fácil com apenas um pouquinho de conhecimento dos padrões web – não precisa editar um player Flash externo ou similar.

Nosso player de vídeo básico e manual terá um botão que alterna entre play/pause e permitirá ao usuário arrastar sobre a linha do tempo do vídeo para saltar para uma seção específica, como mostrado na **Figura 4.3**.

FIGURA 4.3 Nossos controles de vídeo simples, porém personalizados.

Nosso ponto de partida será um vídeo com os controles nativos habilitados. Então usaremos JavaScript para remover os controles nativos e adicionar nossos próprios, de modo que se o JavaScript for desabilitado, o usuário ainda terá como controlar o vídeo como pretendíamos:

```
<video controls>
  <source src="leverage-a-synergy.ogv" type="video/ogg" />
  <source src="leverage-a-synergy.ogv" type="video/mp4" />
  Your browser doesn't support video.
  Please download the video in <a href="leverage-a-
  ¬ synergy.ogv">Ogg</a> or <a href="leverage-a-
  ¬ synergy.mp4">MP4</a> format.
</video>
<script>
var video = document.getElementsByTagName('video')[0];
video.removeAttribute('controls');
</script>
```

Play, pause e alternando a reprodução

Em seguida, queremos ser capazes de reproduzir e pausar o vídeo a partir de um controle personalizado. Incluímos um elemento button que iremos ligar a um manipulador de cliques (em inglês, click handler) e fazer a funcionalidade play/pause. Através de meus exemplos de código, quando eu me referir à variável `play`, ela irá se referir ao elemento button:

```
<button class="play" title="play">&#x25BA;</button/>
```

► ►

❚❚ ▐ (twice)

FIGURA 4.4 Utilizando entidades XML para representar os botões play e pause.

Estamos utilizando `&#25BA;` que é uma entidade XML geométrica que *parece* com um botão de play. Uma vez clicado o botão, começaremos o vídeo e alteraremos o valor para duas barras usando `▐`, que se parece (um pouco) com um pause, como mostrado na **Figura 4.4**.

Pela simplicidade, inclui o elemento button como tag, mas na medida em que aprimorarmos progressivamente nossos controles de vídeo, todos estes elementos adicionais (para play, pause, arrasto e daí por diante) devem ser gerados por JavaScript.

Na alternância de play/pause, temos um número de coisas a fazer.

1. Se o vídeo está atualmente pausado, começar a tocar, ou se o vídeo tiver terminado, então precisamos resetar o tempo atual para 0, isto é, mover a leitura de volta ao início do vídeo.
2. Alterar o valor do botão de alternância para mostrar ao usuário que na próxima vez que ele clicar, ele alternará de pause para play e de play para pause.
3. Finalmente, tocamos (ou paramos) o vídeo:

```
if (video.paused || video.ended) {
  if (video.ended) {
    video.currentTime = 0;
  }
  this.innerHTML = '❚❚'; // &#x2590;&#x2590; doesn't need
  ¬escaping here
  this.title = 'pause';
  video.play();
} else {
  this.innerHTML = '►'; // &#x25BA;
  this.title = 'play';
  video.pause();
}
```

O problema com esta lógica é que estamos dependendo inteiramente de nosso próprio script para determinar o estado do botão play/pause. E se o usuário for de algum modo capaz de pausar ou tocar o vídeo através de elementos de controle nativo (alguns navegadores permitem ao usuário clicar com o botão direito e selecionar tocar ou pausar o vídeo)? Adicionalmente, quando o vídeo chega ao fim, o botão play/pause ainda mostra o ícone de pausa. Definitivamente, precisamos que nossos controles sempre se relacionem com o estado do vídeo.

Elemento de mídia ricos em eventos

Os elementos de mídia disparam uma ampla gama de eventos: quando a reprodução começa, quando o vídeo terminou de carregar, se o volume foi alterado, e daí por diante. Assim, voltando ao nosso botão play/pause personalizado, removemos a parte do script que lida com as alterações em seu rótulo visível:

```
if (video.ended) {
  video.currentTime = 0;
}
if (video.paused) {
  video.play();
} else {
  video.pause();
}
// which could be written as: video[video.paused ? 'play' :
¬ 'pause']();
```

No código simplificado, se o vídeo tivesse terminado, nós o resetaríamos, então alternaríamos a reprodução com base em seu estado atual. O rótulo no próprio controle era atualizado por uma função separada (anônima) que anexamos diretamente nos manipuladores de evento em nosso elemento video:

> **NOTA** Nestes exemplos estamos utilizam a API nível 2 da DOM (em inglês, DOM API Level 2) `addEventListener`, ao invés de `attachEvent`, que é específica do Internet Explorer até a versão 8. O futuro IE9 suportará vídeo, mas também suportará, felizmente, o padronizado `addEventListener`, então nosso código funcionará lá também.

```
video.addEventListener('play', function () {
  play.title = 'pause';
  play.innerHTML = '❚❚';
}, false);
video.addEventListener('pause', function () {
  play.title = 'play';
  play.innerHTML = '►';
}, false);
video.addEventListener('ended', function () {
  this.pause();
}, false);
```

Agora, sempre que o vídeo for tocado, pausado ou tiver chegado ao final, a função associada ao evento relevante é disparada, garantindo que nossos controles mostrem o rótulo correto.

Agora que estamos lidando com tocar e pausar, queremos mostrar ao usuário o quanto do vídeo foi baixado e, assim sendo, pode ser reproduzido. Esta seria a quantidade de vídeo disponível em buffer. Também queremos capturar o evento que diz quanto do vídeo foi reproduzido, de modo que possamos mover nosso deslizante visual para o local apropriado para indicar em que ponto do vídeo estamos, como mostrado na **Figura 4.5**. Finalmente, e mais importante, precisamos capturar o evento que diz que o vídeo está *pronto* para ser reproduzido. Ou seja, que há dados de vídeo suficientes para começar a assistir.

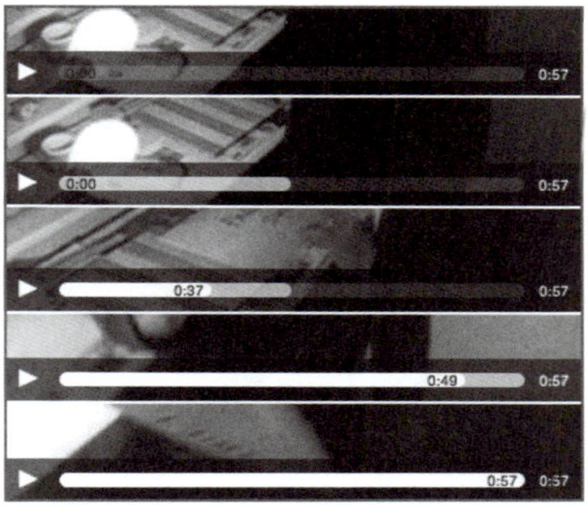

FIGURA 4.5 Nossa barra de progresso de vídeo personalizada, incluindo conteúdo acessível e a posição atual da leitura.

Monitorando o progresso do download

O elemento media tem um evento "progress", que dispara uma vez que a mídia tenha sido capturada, mas potencialmente antes de ter sido processada. Quando este evento dispara, podemos ler o objeto `video.seekable`, que tem um método `length`, `start()` e `end()`. Podemos atualizar nossa barra de busca (mostrada na Figura 4.5, no segundo quadro, na cor branca) utilizando o seguinte código (onde a variável do buffer é o elemento que mostra o quanto do vídeo podemos buscar e foi descarregado):

```
video.addEventListener('progress', updateSeekable, false);
function updateSeekable() {
  var endVal = this.seekable && this.seekable.length ?
  ¬this.seekable.end() : 0;
  buffer.style.width = (100 / (this.duration || 1) *
  ¬endVal) + '%';
}
```

O código conecta o evento progress, e quando é disparado, ele obtém o percentual de vídeo que pode ser reproduzido em comparação ao comprimento do vídeo. Perceba que a palavra-chave `this` se refere ao elemento vídeo, já que é neste contexto que a função `updateSeekable` será executada, e o atributo duration é o tamanho da mídia em segundos.

Entretanto, algumas vezes há uma questão sutil no Firefox, na qual seu elemento video faz com que o valor de `video.seekable.end()` *não* seja o mesmo da duração. Ou ainda, uma vez que a mídia seja totalmente baixada e processada, a duração final não coincide com o valor de `video.seekable.end()`. Para contornar esta questão, podemos também ouvir o evento `durationchange` utilizando a mesma função `updateSeekable`. Deste modo, caso a duração mude *depois* do último evento process, o evento `durationchange` dispara e nosso elemento buffer terá a largura correta:

```
video.addEventListener('durationchange',  updateSeekable,
¬ false);
video.addEventListener('progress', updateSeekable, false);
function updateSeekable() {
  buffer.style.width = (100 / (this.duration || 1) *
    (this.seekable && this.seekable.length ? this.seekable.
    ¬ end() : 0)) + '%';
}
```

Quando o arquivo de mídia está pronto para tocar

Quando seu navegador encontra pela primeira vez o elemento video (ou audio) em uma página, o arquivo de mídia não está pronto ainda para reproduzido. O navegador precisa baixar e então decodificar o vídeo (ou áudio), de modo que possa ser reproduzido. Uma vez completo, o elemento media disparará o evento `canplay`. *Normalmente*, este é o momento em que você inicializaria seus controles e removeria qualquer indicação de "carregando". Então nosso código para inicializar os controles *normalmente* se pareceria com isto:

```
video.addEventListener('canplay', initialiseControls,
¬ false);
```

Nada de incrivelmente empolgante aqui. A inicialização do controle habilita o botão de alternância (em inglês, toggle button) play/pause e reinicia a cabeça de leitura na barra de progresso.

> **NOTA** Os eventos relacionados com o carregamento disparam na seguinte ordem: `loadstart`, `durationchance`, `loadeddata`, `progress`, `canplay`, `canplaythrough`.

Entretanto, algumas vezes estes eventos não disparam na hora (ou, pelo menos, quando você estava esperando que disparassem). Algumas vezes o vídeo suspende o download porque o navegador está tentando poupar carregamento. Isto pode ser uma dor de cabeça se você estiver esperando o evento `canplay`, que não dispara a não ser que você dê um pontapé no elemento media. Então ao invés disto, começamos a ouvir o evento `loadeddata`. Isto indica que alguns dados foram carregados, embora não particularmente todos os dados. Isto significa que os metadados estão disponíveis (altura, largura, duração e daí por diante) e *algum* conteúdo de mídia – mas não *todo* ele. Permitir que o usuário inicie a reprodução do vídeo no ponto em que `loadeddata` é disparado, força navegadores como o Firefox a saírem do estado de suspensão para baixar o resto do conteúdo de mídia, permitindo a ele reproduzir o vídeo inteiro. Assim, de fato, o ponto correto do ciclo de eventos para habilitar a interface de usuário é no `loadeddata`:

```
video.addEventListener('loadeddata',  initialiseControls,
¬ false);
```

Pré-carregando metadados

Uma adição recente ao elemento media é o atributo `preload` (tão novo que ainda não é suportado pelos navegadores). Ele permite aos desenvolveres dizer aos navegadores para descarregar apenas a informação de cabeçalho sobre o elemento media, que incluiriam os metadados. Se o suporte a este atributo chegar aos navegadores, faz sentido que deva ouvir o evento `loadedmetadata`, ao invés de `loadeddata`, caso você queira inicializar os controles de duração e o controle slider da mídia.

Avanço rápido, câmera lenta e retrocesso

A especificação fornece um atributo, `playbackRate`. Por padrão assume-se que o `playbackRate` é 1, significando a reprodução normal na velocidade intrínseca do arquivo de mídia. Aumentar este atributo acelera a reprodução; reduzi-lo desacelera. Valores negativos indicam que o vídeo tocará ao contrário.

Nem todos os navegadores suportam `playbackRate` ainda (apenas navegadores baseados em WebKit o suportam agora), então caso precise suportar aceleração e retrocesso, você pode contornar isto programaticamente alterando o `currentTime`:

```
function speedup(video, direction) {
  if (direction == undefined) direction = 1; // or -1 for
  ¬ reverse

  if (video.playbackRate != undefined) {
    video.playbackRate = direction == 1 ? 2 : -2;
  } else { // do it manually
```

```
      video.setAttribute('data-playbackRate', setInterval
      ¬((function () {
        video.currentTime += direction;
         return arguments.callee; // allows us to run once
        ¬and setInterval
      })(), 500));
    }
}

function playnormal(video) {
    if (video.playbackRate != undefined) {
      video.playbackRate = 1;
    } else { // do it manually
     clearInterval(video.getAttribute('data-playbackRate'));
    }
}
```

Como é possível ver a partir do exemplo anterior, se `playbackRate` for suportado, você pode definir números positivos e negativos para controlar a direção da reprodução. Além de ser capaz de retroceder e acelerar utilizando o `playbackRate`, você também pode utilizar uma fração para reproduzir a mídia em câmera lenta utilizando `video.playbackRate = 0.5`, que reproduz na metade da velocidade normal.

Acessibilidade multimídia

Falamos sobre a acessibilidade de teclado do elemento vídeo, mas e quanto a transcrições, legendas para multimídia? Afinal, não há atributo `alt` para vídeo ou áudio como há para `<img>`. O conteúdo de backup entre as tags é voltado apenas para navegadores que não possam manipular vídeo nativo; não para pessoas cujo navegadores possam apresentar a mídia, mas elas não possam enxergar ou ouvi-la devido a uma deficiência ou situação (por exemplo, um ambiente ruidoso ou a necessidade de poupar banda).

A teoria da acessibilidade multimídia do HTML5 é excelente. O autor original deve gerar um arquivo de legenda e colocá-lo no contêiner Ogg ou MP4 junto dos arquivos de multimídia, e o navegador oferecerá ao usuário uma interface onde o usuário possa obter aquelas legendas. Mesmo que o vídeo esteja "incorporado" em 1.000 sites diferentes (simplesmente utilizando uma URL externa como fonte do elemento video/audio), estes sites obtém a informação de legenda gratuitamente, então temos uma acessibilidade "escreva uma vez, leia em todo lugar".

Esta é a teoria. Na prática, ninguém sabe como fazer isto; a especificação é silenciosa, os navegadores não fazem nada. Isto está começando a mudar; no momento que este livro é escrito (maio de 2010), o WHATWG adicionou um novo elemento `<track>` à especificação, que permite a adição de vários tipos de informação, como legendas, descrição, títulos de capítulos e metadados.

A WHATWG está especificando um novo formato de texto temporizado chamado WebSRT (**www.whatwg.org/specs/web-apps/current-work/multipage/video.html#websrt**) para esta informação, motivo pelo qual este sombrio 29º elemento não está na versão W3C da especificação. O formato do elemento `<track>` é

```
<track kind=captions src=captions.srt>
```

Mas o que você pode fazer agora mesmo? Não há nenhum método único para o problema, mas aqui apresentaremos uma possível (embora improvisada) solução provisória.

Bruce fez uma prova de conceito que apresenta linhas individuais de uma transcrição, que recebeu marcações de tempo utilizando os novos atributos HTML5 `data-*`:

```
<article class=transcript lang=en>
<p><span data-begin=3 data-end=5>Hello, good evening and
¬ welcome.</span>
<span data-begin=7.35 data-end=9.25>Let's welcome Mr Last
¬ Week, singing his poptabulous hit &ldquot;If I could turn
¬ back time!&rdquot;</span>
</p>
...
</article>
```

JavaScript é utilizado para ocultar o `<article>` da transcrição, anexar no evento `timeupdate` da API video, e sobrepor spans como texto puro (assim sendo, estilizáveis com CSS) sobre (ou próximo) o elemento video, dependendo do tempo de reprodução atual do vídeo e as marcações de tempo dos spans individuais. Veja-a em ação em **http://dev.opera.com/articles/view/accessible-html5--video-with-javascripted-captions/**. Veja a **Figura 4.6**.

FIGURA 4.6 O script sobrepõe a legenda sobre o vídeo como um saboroso texto selecionável.

Os atributos data-* (atributos de dado personalizados)

O HTML5 permite atributos personalizados em qualquer elemento. Estes podem ser utilizados para passar informações a scripts locais.

Anteriormente, para armazenar dados personalizados em sua tag, os autores fariam algo irritante como utilizar classes: <input class=”spaceship Shields-5 lives-3 energy-75”>. Então seu script precisaria gastar tempo capturando estes nomes de classe, como Shields-5, e dividi-los em um delimitador (um hífen neste exemplo) para extrair o valor. Em seu livro *PPK on JavaScript* (New Riders, ISBN 0321423305), Peter Paul Koch explica como fazer isto e por que ele elegeu utilizar atributos personalizados em algumas páginas HTML 4, tornando o JavaScript mais limpo e simples de escrever, mas também tornando as páginas tecnicamente inválidas. Visto que é muito mais fácil utilizar data-shields=5 para passar pares nome/valor aos scripts, o HTML5 legitima e padroniza esta prática útil e real.

Estamos utilizando data-begin e data-end; eles poderiam legitimamente ser data-start e data-finish, ou (em um tipo diferente de vídeo) data-ooh-matron e data-slapandtickle. Assim como para escolher nomes de classes ou id, você deve selecionar um nome que se adeque as semânticas.

Atributos de dados personalizados são dedicados apenas a passar informações aos próprios scripts do site, para o que não há atributos ou elementos mais apropriados.

A especificação diz “Estes atributos não pretendem uso por software que seja independente do site que utiliza os atributos” e assim sendo, não pretendem passar informações aos crawlers ou interpretadores de terceiros. Este é um trabalho para microformatos, microdados e RDFa.

Quando os atributos data-* são totalmente suportados em um navegador, o JavaScript pode acessar as propriedades utilizando elemento.dataset.foo (onde o atributo data-foo contém o valor). O suporte pode ser emulado utilizando JavaScript estendendo-se o objeto HTMLElement, o que tipicamente não é possível no lançamento alfa do IE9 e anteriores, como você pode ver aqui: **http://gist.github.com/362081**. De outro modo, os scripts podem acessar os valores através de métodos get/setAttribute. A vantagem da propriedade dataset sobre setAttribute é que ele pode ser enumerado, mas também, quando totalmente implementado em navegadores, definir um atributo dataset automaticamente define o atributo content no elemento, dando a você uma sintaxe abreviada para definir dados personalizados.

Para mais informações, veja a especificação **http://dev.w3.org/html5/spec/Overview.html#custom-data-attribute**.

A BBC tem um experimento similar em **http://open.bbc.co.uk/rad/demos/html5/rdtv/episode2/** que extrai legendas a partir de um arquivo JavaScript externo **http://open.bbc.co.uk/rad/demos/html5/rdtv/episode2/rdtv-episode2.js**, que está mais próximo da visão do HTML5, mas não tem o efeito colateral de permitir que mecanismos de busca indexem o conteúdo da transcrição.

Silvia Pfeiffer, uma contratante para a Mozilla, tem algumas demos inteligentes utilizando vídeos HTML5 e algumas extensões adicionais (que não parte da especificação) em **www.annodex.net/~silvia/itext/**.

Resumo

Você viu como o HTML5 dá a você a primeira alternativa com credibilidade aos plug-ins de terceiros. O suporte incompatível de codecs atualmente torna a tarefa mais difícil que utilizar plug-ins para simplesmente incorporar vídeo em uma página e fazê-lo funcionar entre os navegadores.

No lado positivo, como o vídeo e áudio são agora elementos regulares nativamente suportados pelo navegador (ao invés de um plug-in "caixa preta") e oferecem uma poderosa API, eles são extremamente simples de controlar via JavaScript. Com nada mais que um pouco de conhecimento de padrões web, os desenvolvedores podem facilmente construir seus próprios controles personalizados, ou fazer todo tipo de manipulação louca de vídeo com apenas algumas poucas linhas de código. Como medida de segurança para navegadores que não colaborem, recomendamos que você também adicione links para baixar seus arquivos de vídeo fora do elemento `<video>`.

Já há um bom número de scripts prontos disponíveis para permitir que você facilmente alavanque as sinergias HTML5 em suas próprias páginas, sem ter de lidar você mesmo com todo o código. O Kaltura player (**http://www.html5video.org/**) é um player de vídeo de código aberto que funciona em todos os navegadores. O jPlayer (**http://www.happyworm.com/jquery/jPlayer/**) é um player de áudio jQuery licenciado com muita liberdade que degrada para o Flash em navegadores antigos, pode ser estilizado com CSS e pode ser estendido para permitir listas de execução.

Acessar vídeo com JavaScript é mais que escrever novos players. No capítulo seguinte, você aprenderá como manipular elementos de mídia nativos para alguns efeitos realmente fantásticos. Ou, pelo menos, nossas cabeças saltitando pela tela – e quem poderia imaginar algo mais incrível que isto?

CAPÍTULO 5

Canvas

Remy Sharp

SE O ELEMENTO VÍDEO é o garoto propaganda do HTML5, o elemento canvas é definitivamente o Han Solo do HTML5. É uma das maiores partes da especificação HTML5, e de fato a API canvas, o *contexto de desenho 2D*, foi separada em um documento à parte, embora o elemento canvas em si *ainda seja* parte da especificação oficial HTML5.

O elemento canvas fornece uma API para desenho 2D – linhas, preenchimentos, imagens, texto e por aí vai. Se você voltar no tempo e pensar na versão do MS Paint que veio com o Windows 95, pode imaginar parte das funcionalidades. De fato, o Paint foi reproduzido utilizando-se o elemento canvas, como mostrado na **Figura 5.1**. Aplicativos de desenho que visam se tornar aplicativos de desenho vetorial completos estão começando a surgir por toda a web (**Figura 5.2**). Visto que são baseados na tecnologia Open Web, eles funcionam em um navegador, e também em mais dispositivos. O aplicativo Harmony, mostrado na **Figura 5.3**, funciona até mesmo em dispositivos móveis, incluindo o iPhone e telefones celulares Android.

FIGURA 5.1 A reprodução do MS Paint utilizando-se o elemento canvas.

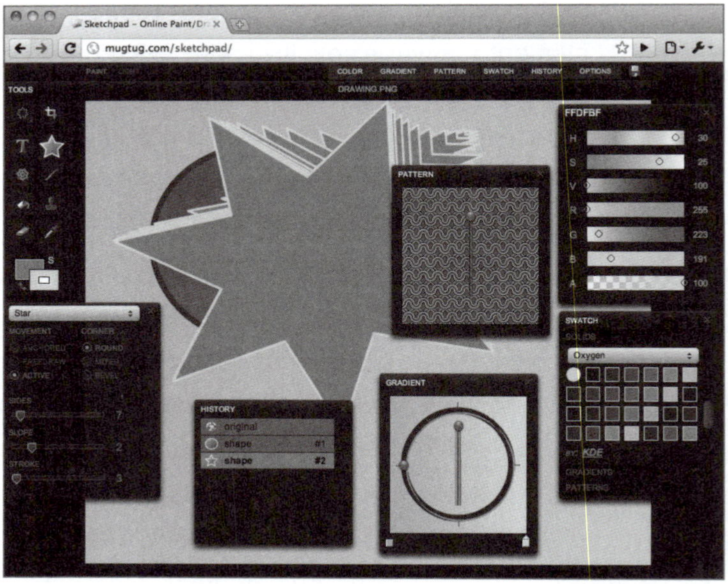

FIGURA 5.2 Aplicativos de desenho mais avançados estão emergindo com o uso do canvas.

FIGUURA 5.3 O demo de desenho canvas, Harmony, também funciona, sem modificações, em navegadores de celular.

A API já tem sido utilizada em uma enorme gama de aplicações, incluindo planos de fundo (interativos) para sites, elementos de navegação, ferramentas gráficas, aplicações completas, jogos e emuladores. Quem imaginaria que jogos do Super Mario baseados em canvas abririam os olhos de tantos desenvolvedores!

A API 2D é grande o suficiente para que eu suspeite que veremos livros inteiros dedicados ao assunto. Já que tenho apenas um capítulo para falar sobre ela, mostrarei a você os básicos. Mas também mostrarei algumas das coisas bacanas que se pode fazer com o elemento canvas, como capturar quadros de um vídeo ou processar pixels individuais de uma imagem dentro do canvas. Apresentarei até mesmo como exportar para arquivos prontos a serem salvos em seu desktop. Mostrarei também como criar sua primeira animação, que pode até mesmo remontar aos dias da computação BASIC.

Básicos do canvas

> **NOTA** `querySelector` e `querySelectorAll` é uma nova API DOM que aceita um seletor CSS e retorna os elementos que combinam. Atualmente disponível em todos os navegadores mais recentes, `querySelector` retorna o primeiro nó da DOM que ele encontra, enquanto `querySelectorAll` retorna um objeto `NodeList` sobre o qual você precisará iterar.

O `hello world` de qualquer demo de canvas começa colocando o elemento canvas em sua página. Inicialmente o canvas é completamente invisível e, por padrão, tem 300 pixels de largura por 150 de altura.

```
<!DOCTYPE html>
<title>canvas hello world</title>
<canvas></canvas>
```

Agora que o elemento canvas está no lugar, você precisa utilizar JavaScript para obter o contexto 2D que permita a você desenhar:

```
var ctx = document.querySelector('canvas').
getContext('2d');
```

Agora que você tem o contexto, você tem acesso a API completa para desenhar como quiser. Adicione formas simples em seu canvas (**Figura 5.4**).

```
ctx.fillRect(10, 20, 50, 50);
```

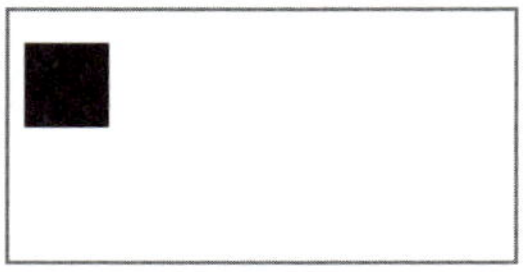

FIGURA 5.4 Um retângulo preenchido utilizando a configuração padrão do canvas.

E quanto ao suporte do navegador?

O suporte dos navegadores ao elemento canvas é relativamente bom; quatro dos cinco maiores navegadores suportam o canvas nas últimas versões do navegador (e, de fato, o suporte é relativamente bom também em versões anteriores dos navegadores). "E quanto ao IE?" é a pergunta que sempre é feita.

Para as versões do IE que não suportam canvas, você pode criar uma camada de suporte ao canvas de duas maneiras. A primeira é através do Silverlight e de uma biblioteca chamada html5canvas (**http://blogs.msdn.com/delay/archive/2009/08/24/using-one-plataform-to-build-another-html-5-s-canvas-tag-implemented-using-silverlight.aspx**); a segunda é utilizando o excanvas (**http://code.google.com/p/explorercanvas/**), que traduz a API canvas para a VML da Microsoft.

As duas bibliotecas não cobrem *toda* a API 2D, mas a maioria dos métodos comumente utilizados. Diversas demonstrações mostram comparações de exemplos diversos. Teoricamente, você *poderia* tentar misturar as duas camadas; caso o Silverlight não esteja disponível, deixe o suporte para o excanvas. Ainda não vi isto feito na prática, mas em teoria não vejo qualquer motivo para não funcionar, desde que você possa detectar o suporte ao Silverlight.

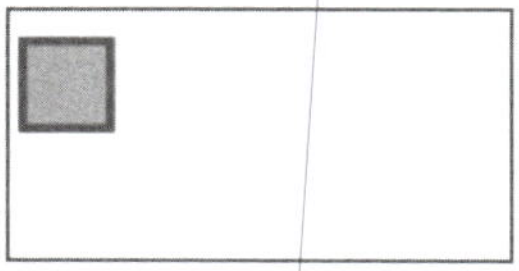

FIGURA 5.5 Utilizando estilos de preenchimento e traçados retangulares.

Os argumentos para `fillRect` são x, y, `width` e `height`. As coordenadas x e y começam no canto superior esquerdo. Como mostrado na Figura 5.4, a cor padrão é preta. Adicione alguma cor e desenhe também um traçado em torno do canvas, de modo que o canvas fique como na **Figura 5.5**:

```
ctx.fillStyle = 'rgb(0, 255, 0)';
ctx.fillRect(10, 20, 50, 50); // creates a solid square
ctx.strokeStyle = 'rgb(0, 182, 0)';
ctx.lineWidth = 5;
ctx.strokeRect(9, 19, 52, 52); // draws an outline
```

DICA Todo o sistema de coordenadas na API de desenho 2D funciona da mesma maneira que as coordenadas CSS, de forma que você trabalhe a partir do canto superior esquerdo para o canto inferior direito.

Na listagem de código anterior, você está desenhando duas vezes no canvas: uma com `fillRect` e uma com `strokeRect`. Quando você não está desenhando, está definindo a cor e o estilo do contexto 2D, o que deve ocorrer antes da utilização do preenchimento ou traçado, caso contrário, a cor padrão preta será utilizada. Junto das cores CSS sendo utilizadas em `fillStyle` e `strokeStyle` (por exemplo, RGB, hex, RGBA, e daí por diante), você também pode fazer uso de gradientes e padrões gerados utilizando-se a API 2D.

Pintando gradientes e padrões

Utilizando o objeto contexto, você pode gerar um estilo de preenchimento que pode ser um gradiente linear, um gradiente radial ou um preenchimento de padrão, que por sua vez podem ser utilizados como o `fillStyle` em um canvas. Gradientes e gradientes radiais funcionam de maneira similar aos gradientes CSS (atualmente disponível no WebKit e Firefox 3.6), de modo que você pode especificar um ponto de partida e paradas de cor para o gradiente.

Padrões, por outro lado, permitem que você aponte uma imagem fonte e então especifique como o padrão deve ser repetir, novamente similar ao processo de repetição de uma imagem de plano de fundo CSS. O que torna o `createPattern` realmente interessante é que a imagem fonte pode ser uma imagem, outro canvas ou um elemento de vídeo (embora no momento em que este livro foi escrito, o uso de vídeo como fonte ainda não estivesse implementado).

Criar um gradiente simples é fácil e até possivelmente mais rápido do que inicializar o Photoshop:

```
var canvas = document.querySelector('canvas'),
    ctx = canvas.getContext('2d'),
    gradient = ctx.createLinearGradient(0, 0, 0, canvas.
    ¬ height);
gradient.addColorStop(0, '#fff');
gradient.addColorStop(1, '#000');
ctx.fillStyle = gradient;
ctx.fillRect(0, 0, canvas.width, canvas.width);
```

FIGURA 5.6 Um gradiente vertical em um elemento canvas.

O código na listagem anterior utiliza o objeto de contexto 2D para gerar um objeto gradiente linear ao qual você então pode aplicar paradas de cor. Os argumentos são o ponto de partida do gradiente, x1 e y1, e então o ponto final do gradiente, x2 e y2. Neste exemplo, estou dizendo para o gradiente começar no canto superior esquerdo e terminar na base do canvas à esquerda. Isto cria um gradiente que corre verticalmente (**Figura 5.6**).

Gradientes radiais são muito similares, exceto que `createRadialGradient` recebe o raio após cada coordenada:

```
var canvas = document.querySelector('canvas'),
    ctx = canvas.getContext('2d'),
    gradient = ctx.createRadialGradient(canvas.width/2,
      canvas.height/2, 0,
      canvas.width/2, canvas.height/2, 150);
gradient.addColorStop(0, '#fff');
gradient.addColorStop(1, '#000');
ctx.fillStyle = gradient;
ctx.fillRect(0, 0, canvas.width, canvas.width);
```

FIGURA 5.7 Um gradiente radial que começa e termina no mesmo ponto, mas o raio final é muito maior, o que ocasiona em um gradiente circular suave.

A única diferença está no tipo de gradiente que você criou. Neste exemplo, eu movi o primeiro ponto do gradiente para começar no centro do canvas, começando com um raio de zero. O gradiente utiliza um raio de 150 radianos, mas perceba que ele também começa no mesmo lugar: `canvas.width/2`, `canvas.height/2`. É assim que meu exemplo cria um belo e suave gradiente circular (**Figura 5.7**).

Indo dos graus aos radianos

Todos os métodos de raio e arco utilizam radianos, então se você estiver acostumado a trabalhar com graus, precisará convertê-los em radianos. Aqui está o JavaScript que você precisa para ir de graus a radianos.

```
var radians = degrees * Math.PI / 180;
```

Também é comum passar 360 graus para os métodos de desenho, que é simplesmente `Math.PI * 2`, e igualmente 180 graus é `Math.PI`.

Os padrões são ainda mais simples de se utilizar. Você precisa de uma fonte, então você pode largar o elemento fonte no método `createPattern` e utilizar o resultado como `fillStyle`. A única precaução é que o elemento precisa ter terminado de carregar, no caso de imagens e vídeos, para capturar a fonte de maneira apropriada.

Para criar o efeito mostrado na **Figura 5.8** (uma imagem em mosaico através do fundo do canvas), estique o canvas para o tamanho da janela. Então crie dinamicamente uma imagem e quando ela disparar o evento load a utilize como fonte para um padrão repetitivo:

```
var canvas = document.querySelector('canvas'),
    img = document.createElement('img'),
    ctx = canvas.getContext('2d');
canvas.width = window.innerWidth;
canvas.height = window.innerHeight;
img.onload = function () {
  ctx.fillStyle = ctx.createPattern(this, 'repeat');
  ctx.fillRect(0, 0, canvas.width, canvas.height);
};
img.src = 'remysharp_avatar.jpg';
```

FIGURA 5.8 Fazendo mosaico de uma imagem em um canvas utilizando o método `createPattern`.

Neste exemplo criei uma imagem instantaneamente utilizando `document.createElement`, e apenas quando o evento `onload` dispara é que continuo e construo o preenchimento de padrão. Você precisa esperar até que todos os dados estejam carregados na imagem antes de começar a utilizá-la.

Agora que a imagem carregou, sou capaz de definir o `fillStyle` utilizando `createPattern`. Eu utilizei `createPattern(this, 'repeat')`, e `this` refere-se à imagem que disparou o evento load, mas posso facilmente utilizar outro canvas como fonte. A string `'repeat'` segue a mesma sintaxe do CSS `background-repeat`, no sentido de que `repeat-x`, `repeat-y` e `no-repeat` também funcionam.

Tenha em mente que quando você redimensiona o canvas (como feito no exemplo), seus conteúdos são esticados, assim como o Flash faria se fosse redimensionado (**Figura 5.9**). Este é o mesmo resultado da Figura 5.8, mas eu redimensionei a janela do navegador depois do desenho ter sido completado.

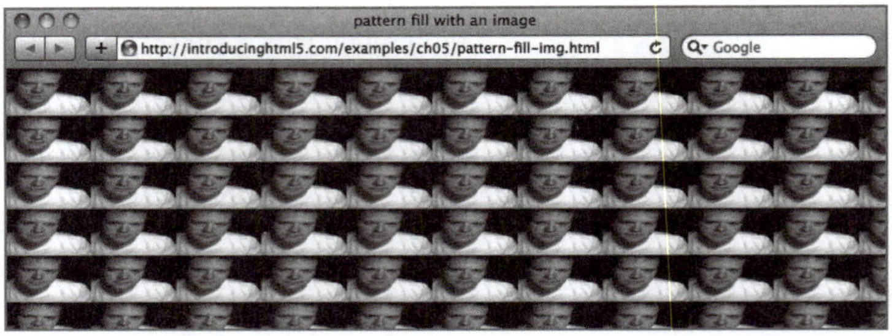

FIGURA 5.9 Quando um canvas é esticado após ter terminado de desenhar, o mesmo ocorre com os conteúdos do canvas.

Desenhando paths

FIGURA 5.10 Meu artificial boneco de palitinhos desenhado com uso da API path.

Dentro da API 2D está uma API path que permite que você se mova pelo canvas e desenhe linhas ou formas. O exemplo artificial na **Figura 5.10** mostra um boneco de palitinhos desenhado com uso da API path.

Não levarei você por todo o código utilizado para produzir o boneco de palitinhos, apenas pelos destaques, de modo que você veja que métodos utilizei. Para desenhar o boneco de palitinho, é necessário especificar as coordenadas x, y pelo canvas onde você quer desenhar, especificando cuidadosamente cada linha individual. Para desenhar a cabeça do boneco de palitinhos, execute o seguinte código:

```
ctx.beginPath();
ctx.arc(100, 50, 30, 0, Math.PI*2, true); // head
ctx.fill();
```

Isto lhe dá uma cabeça sólida e preenchida. Eu dei para as coordenadas x, y valores de 100, 50, respectivamente, e um raio de 30 pixels. Os argumentos seguintes são os pontos de início e fim em radianos. Neste exemplo, eu quero um círculo completo, então eu começo em zero e termino em `Math.PI*2`, que é igual a 360 graus. Finalmente, o sexto argumento é a direção na qual desenhar o arco: sentido horário ou anti-horário. Neste caso isto não importa, mas ainda assim é exigido.

Uma vez desenhada a cabeça, eu quero desenhar um rosto. O sorriso e os olhos estarão em vermelho. Quando eu desenho as feições faciais, preciso utilizar `beginPath` novamente. A **Figura 5.11**

FIGURE 5.11 Um exemplo de como um caminho contínuo provoca um erro em um desenho final

mostra a você o resultado caso eu não utilize `beginPath`. Isto acontece porque a linha do arco anterior que desenhei estaria inclusa no caminho final da face, mas também porque estou iniciando um novo arco para a boca, como você verá na listagem de código seguinte. Eu poderia corrigir a linha ligando a margem da cabeça com a boca utilizando `moveTo`, o que efetivamente significa *levantar a caneta* do canvas para começar a desenhar em outro lugar, mas não quero o contorno colorido em torno da cabeça.

```
ctx.beginPath();
// draw the smile
ctx.strokeStyle = '#c00';
ctx.lineWidth = 3;
ctx.arc(100, 50, 20, 0, Math.PI, false);
ctx.stroke();
```

A listagem de código anterior me dá um simpático semicírculo para o sorriso com uma nova cor e espessura de traçado. Para a cabeça eu utilizei `fill`, mas para o rosto estou usando `stroke`, que desenhará uma linha ao invés de uma forma sólida. Em seguida, os olhos:

```
ctx.beginPath();
ctx.fillStyle = '#c00';
// start the left eye
ctx.arc(90, 45, 3, 0, Math.PI*2, true);
ctx.fill();
ctx.moveTo(113, 45);
// draw the right eye
ctx.arc(110, 45, 3, 0, Math.PI*2, true);
ctx.fill();
ctx.stroke(); // thicker eyes
```

Eu comecei um novo caminho (em inglês, path) novamente, o que significa que posso começar a desenhar o arco dos olhos sem utilizar `moveTo` (como fiz quando fiz o sorriso). Entretanto, uma vez preenchido o arco, criando um olho sólido, eu *ergo* a caneta com `moveTo(113, 45)` para desenhar o olho direito. Perceba que eu movi para a direita o valor da primeira coordenada X do arco mais o valor radial para criar uma linha sólida, o que garante que o ponto do arco combine com onde baixei a caneta. Finalmente, utilizo o método `stroke` para dar aos olhos um pouco mais de espessura.

O código segue para mover o ponto de desenho e finalmente terminar com uma imagem do nosso boneco de palitinhos.

Também há uma variedade de outros métodos para caminhar, que estão além do escopo deste livro, que você pode utilizar para um controle mais preciso sobre as linhas e formas que desenha, incluindo `quadraticCurveTo`, `bezierCurveTo`, `arcTo`, `rect`, `clip`, e `isPointInPath`.

Canvas e SVG: quando utilizar cada um

O canvas e o SVG são duas APIs de desenho muito boas, mas por diferentes razões; e de qualquer forma, você quer a ferramenta certa para o trabalho. O SVG é uma *API de modo retido*, e a API canvas 2D é uma *API de modo imediato*.

O SVG mantém uma arvore que representa o estado atual de todos os objetos desenhados na tela, o que o torna uma API de modo retido. Como esta árvore está disponível, ela é uma ótima candidata para interatividade, pois você pode conectar objetos específicos na árvore e escutar eventos de clique e toque, e até mesmo detecção de colisão para jogos. Ela também tem um bom suporte em ferramentas desktop como Adobe Illustrator e Inkscape para importar e exportar gráficos SVG, ao invés de ter de brigar com o XML para criar sua imagem. O SVG é baseado em vetor, então ele manipula muito melhor com redimensionamento; o canvas é uma imagem baseada em bitmap – ele não redimensiona, simplesmente aumenta o zoom.

Se você precisa ser convencido de que o SVG é a ferramenta certa para o serviço, dê uma olhada no Raphaël, a biblioteca JavaScript de Dmitry Baranovskiy (**http://raphaeljs.com**). Ela utiliza exclusivamente o SVG e é capaz de criar alguns desenhos e animações muito impressionantes.

O canvas é muito bem recomendado para diversas animações e aplicativos altamente centrados em JavaScript. É uma API de nível inferior quando comparada com o SVG, o que significa que é ela melhor para quando *não há* interação de mouse, pois não há árvore mantendo o estado do canvas. Ele é útil para quando houver a necessidade de interação de teclado, como muitas demonstrações de jogos 8-bit que surgiram no último ano. Sendo o canvas centrado em JavaScript, em seu ciclo de processamento você pode lidar com eventos de teclado em nível de documento. Finalmente, o canvas é orientado por pixel, como ilustrado no exemplo do boneco de palitinhos da Figura 5.10, então é uma boa pedida para trabalhar com pixels.

Cada uma destas tecnologias tem vantagens e franquias. Como desenvolvedor, é seu trabalho compreender os requisitos de sua aplicação e escolher a correta. Boa sorte!

Utilizando transformadores: pixels disfarçados

Bem como ser capaz de mover a caneta pelo canvas utilizando métodos como `moveTo`, desenhando formas e linhas, você também pode ajustar o canvas *sob* a caneta utilizando transformações.

Os métodos de transformação incluem rotate, scale, transform e translate (todos similares as suas contrapartes CSS).

Na **Figura 5.12**, eu desenhei uma espiral; o objetivo é fazê-la girar em um círculo, dando um efeito similar ao de Além da Imaginação. De maneira ideal, eu manteria a função que desenha a espiral igual, não mudando qualquer posição, ponto de início ou qualquer outra coisa. Isto manteria o código muito mais simples de gerenciar. Então, para garantir que o código da espiral permaneça simples, eu posso rotacionar o canvas sob a caneta, e então redesenhar exatamente a mesma espiral, exceto que o resultado estará sutilmente rotacionado em uma direção.

FIGURA 5.12 Uma espiral animada girando, girando e girando.

O método `rotate` rotaciona a partir da posição superior esquerda (0, 0) por padrão. Isto não funcionaria, e caso eu girasse o canvas a partir desta posição, a espiral circularia para fora da tela, como se estivesse em um pêndulo. Ao invés disto, preciso rotacionar a partir do centro da espiral, que colocarei no centro do canvas. Assim sendo, preciso rotacionar a partir do centro do canvas.

O método `translate` pode me ajudar aqui. Ele move a coordenada 0, 0 para uma nova posição. A **Figura 5.13** mostra que desenhei um ponto, e mostra também os argumentos que passei para transladar. Cada vez que `translate` é executado, ele define as novas coordenadas 0, 0.

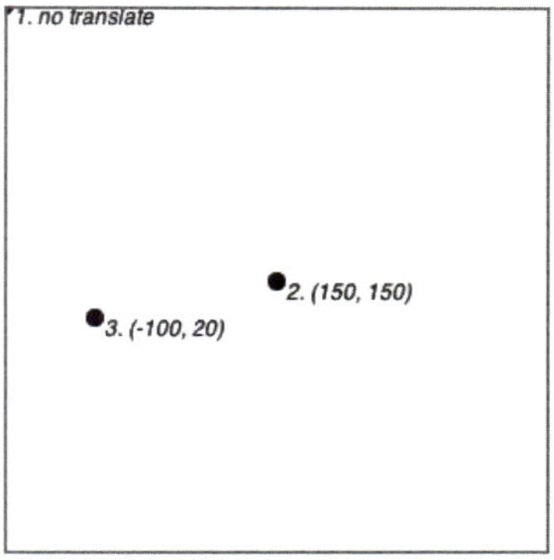

FIGURA 5.13 Exemplo de como translate pode mover os pontos de origem do canvas.

Agora, para obter minha espiral giratória, eu preciso inicializar o canvas utilizando `translate` e então utilizar `setInterval` para redesenhar minha espiral (perceba que `drawSpiral` é minha

DICA O objeto `context` possui um atributo chamado `canvas`, que tem uma referência inversa para o elemento canvas do qual faz parte. Você pode utilizá-lo para retornar ao canvas e ler a altura e largura – é útil para quando você só tem o contexto.

própria função, ao invés de nativa, que desenha o caminho para a espiral e utiliza `stroke` para desenhá-la no canvas):

```
ctx.translate(ctx.canvas.width/2, ctx.canvas.height/2);
drawSpiral(); // the complicated magic mathematics

setInterval(function () {
  ctx.clearRect(-ctx.canvas.width/2, -ctx.canvas.height/2,
                ctx.canvas.width, ctx.canvas.height);
  ctx.rotate(Math.PI / 180 * 0.5) // 1/2 a degree
  drawSpiral();
}, 10);
```

A única cautela com a qual tenho que manipular é limpar o canvas. Eu normalmente utilizaria `clearRect(0, 0, width, height)`, mas já que `translate` movem a posição 0, 0 para o centro do canvas, em preciso manualmente especificar o canto superior esquerdo, como você viu na listagem de código anterior.

Capturando imagens

Bem como desenhar linhas e formas, você pode também copiar imagens a partir de outras fontes, especialmente imagens, vídeos e outros elementos canvas. Eu já mostrei que você pode utilizar imagens como fonte de um preenchimento `createPattern`. Também pode desenhá-las diretamente em seu canvas. Pode até mesmo cortar imagens e as manipular na medida em que elas são copiadas.

Já que é possível capturar uma imagem a partir de um elemento vídeo, isto abre oportunidades interessantes. Já há muitas demos por aí, incluindo conteúdo dinamicamente introduzido em um vídeo, substituição de tela verde para vídeo e reconhecimento facial – tudo utilizando combinações de canvas e vídeo, totalmente escritas em JavaScript.

A captura e o desenho são feitos inteiramente através do método `drawImage`, que aceita as diferentes fontes de elemento HTML mencionadas anteriormente, e aceita os três seguintes conjuntos de argumentos.

- `drawImage(image, dx, dy)`
- `drawImage(image, dx, dy, dw, dh)`
- `drawImage(image, sx, sy, sw, sh, dx, dy, dw, dh)`

Onde `d` é a posição de destino e `s` é a fonte. Por exemplo, se eu pegasse o vídeo de sinergias do Bruce do Capítulo 4, e quisesse exibir uma miniatura repetitiva dele esmagando a banana no topo do meu site, eu poderia fazê-lo cortando e dimensionando, utilizando o método drawImage.

Os componentes de que preciso são:

- um canvas fixado ao longo do topo do meu site;
- um vídeo *escondido* rodando o vídeo de sinergias;
- uma forma de executar continuamente apenas a parte do vídeo que preciso;
- um método para capturar o que está no vídeo e transferir para meu canvas.

O motivo pelo qual estou utilizando um vídeo escondido é porque este será a fonte para meu canvas, mas eu não quero que ele seja visto. Quero apenas ficar capturando o quadro do vídeo e colocando-o no canvas.

Eu quero *apenas* parte do Bruce esmagando a banana com a marreta, então preciso dizer ao vídeo para reproduzir apenas aquela parte. Não há atributo de conteúdo que eu possa utilizar para dizê-lo para começar a partir de um ponto em particular, então vou simplesmente forçar o currentTime para 49 segundos. No evento timeupdate, forçarei o currentTime de volta para 49 caso ele passe de 52 segundos. Então meu intervalo de tempo é a janela entre 49 e 52 segundos do vídeo. Devido a alguns navegadores tentarem segurar os dados e a falta de suporte à propriedade video.seekable, para este exemplo irei utilizar um timer para tentar forçar o tempo de início.

```
var jumpTimer = setInterval(function () {
  try {
    // if the data isn't available, setting currentTime
    ¬will throw an error
    video.currentTime = start;
    clearInterval(jumpTimer);
    video.play();
  } catch (e) {}
}, 100);

video.addEventListener('timeupdate', function () {
 if (this.currentTime > 52) this.currentTime = 49;
}, false);
```

O código anterior continua tentando definir o valor video.currentTime, mas fazê-lo antes que os dados do vídeo estejam prontos causa um erro de JavaScript. Caso o erro seja disparado, o código não chega ao clearInterval. Caso tenha sucesso, o setInterval é reiniciado e o vídeo é tocado.

Agora que a execução contínua do vídeo está funcionando, posso começar a capturar quadros do elemento video. Eu *poderia* utilizar o evento `timeupdate` para desenhar o canvas, mas sei que o efeito não teria um desempenho tão bom quanto se eu executasse o desenho do canvas em seu próprio tempo. Eu poderia especular que isto é porque o navegador está tentando fazer o trabalho pesado de reproduzir o elemento vídeo; separando-o em um timer, ele dá ao navegador algum espaço para respirar.

Uma vez disparado o evento `loadeddata` no vídeo, irei inicializar o canvas, de modo que tenha a mesma largura da janela (caso contrário, nossa imagem iria distorcer, como você viu na Figura 5.9). Então silenciarei o vídeo (para evitar que seja muito irritante!) e calcularei a margem mais curta, pois quero cortar um quadrado do vídeo e repeti-lo pelo canvas.

```
video.addEventListener('loadeddata', function () {
  var size = 78; // thumbnail size
  canvas.width = window.innerWidth;
  video.volume = 0;
  shortestEdge = video.videoHeight > video.videoWidth ?
    video.videoWidth :
    video.videoHeight;

  // kick off our drawing loop
  setInterval(function () {
    for (var i = 0, w = canvas.width; i < w; i += size) {
  // arguments have been broken into multi lines
      ctx.drawImage(
        video,
        (video.videoWidth - shortestEdge)/2, // sx
        (video.videoHeight - shortestEdge)/2, // sy
        shortestEdge, // sw
        shortestEdge, // sh
        i, // dx
    0, // dy
    size, // dh
    size // dy
   );
  }
 }, 67); // 67 is approximately 15fps
}, false);
```

Toda a mágica está acontecendo dentro do `setInterval`, que dispara a cada 67 milésimos de segundo (já que o JavaScript mede segundos por 1000 milissegundos; assim sendo, 1000/15 = cerca de 67, ou aproximadamente 15 quadros por segundo), o que deve ser bom o suficiente para simular reprodução de vídeo. Uma vez dentro do `setInterval`, irei repetir a largura do canvas, incrementando pelo tamanho da miniatura que estou desenhando, de modo a preencher o canvas horizontalmente.

O mapeamento para estes argumentos ao método `drawImage` está mostrado na **Figura 5.14**.

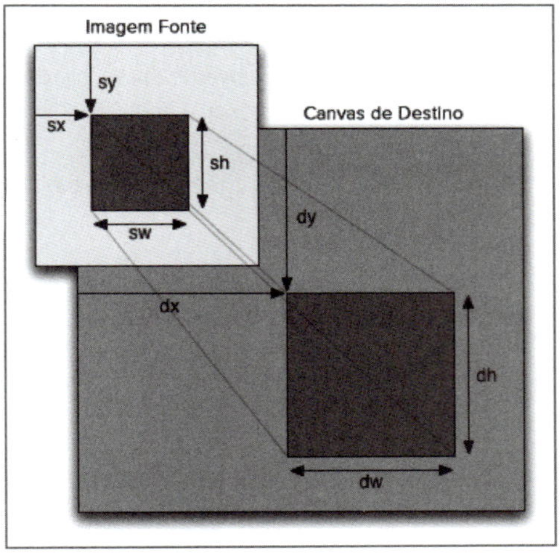

FIGURA 5.14 Uma representação visual dos argumentos passados ao `drawImage`.

Utilizando um corte simples para a altura e largura, e utilizando a margem mais curta, eu posso então facilmente dimensionar o corte para o tamanho da miniatura e deixar o canvas fazer todo o trabalho duro para mim. O resultado: Bruce esmagando uma banana ao longo do topo do meu site (**Figura 5.15**).

FIGURA 5.15 Um banner animado em meu site utilizando canvas e vídeo.

Empurrando pixels

Uma característica muito bacana da API canvas é a capacidade de interrogar pixels individuais, algo que não é possível com a tecnologia de desenhos alternativa, SVG. Você pode capturar cada pixel de um objeto contexto 2D, particionado em quatro canais de cor: vermelho, verde, azul e o canal alfa de transparência (rgba). Por exemplo:

```
var ctx = document.querySelector('canvas').
¬getContext('2d'),
    img = document.createElement('img');

// wait until the image has loaded to read the data
img.onload = function () {
  ctx.drawImage(img, 0, 0);
  var pixels = ctx.getImageData(0, 0, img.width,
  ¬img.height);
};
```

> **NOTA** Para utilizar a fonte de outra imagem no método `drawImage`, ela deve ser obtida através de http (não um sistema de arquivos local).

A variável `pixels` é um `CanvasPixelArray`, que contém as propriedades `height`, `width` e `data`. esta última é uma matriz dos dados dos pixels, composta da seguinte forma:

```
[ r1, g1, b1, a1, r2, g2, b2, a2, r3, g3, b3, a3, ... ]
```

onde `r1`, `g1`, `b1`, `a1` compõem o primeiro pixel, `r2`, `g2`, `b2`, `a2` compõem o segundo, e daí por diante. Isto significa que `data.length` é o número de pixels capturados de `getImageData` (no exemplo anterior, isto teria o mesmo tamanho da imagem) multiplicado por 4, visto que há 4 canais para cada pixel.

Já que você tem acesso a estes dados, você pode fazer processamento em nível de pixel. Logo, você *poderia* criar filtros de imagem personalizados para aplicativos como os editores de imagem mostrados na Figura 5.2, ou talvez rastrear a imagem em busca de uma gama de cores específicas, ou até mesmo escrever um aplicativo web que faça reconhecimento facial.

Paul Rouget e Tristan Notot, da Mozilla, mostraram uma demo no início de 2009 (veja a **Figura 5.16**) que utiliza um vídeo desenhado em um canvas e introduz conteúdo dinâmico na imagem vista no canvas. Cada quadro do vídeo é desenhado no canvas, os dados dos pixels são lidos e é feita uma busca de um bloco sólido de branco (onde o pixel seja 255, 255, 255), o qual é utilizado como ponto âncora para desenhar outro elemento visual no canvas. Na Figura 5.16, outro elemento canvas foi introduzido dinamicamente.

Você pode brincar com o demo aqui: **http://people.mozilla.com/~prouget/demos/DynamicContentInjection/play.xhtml**.

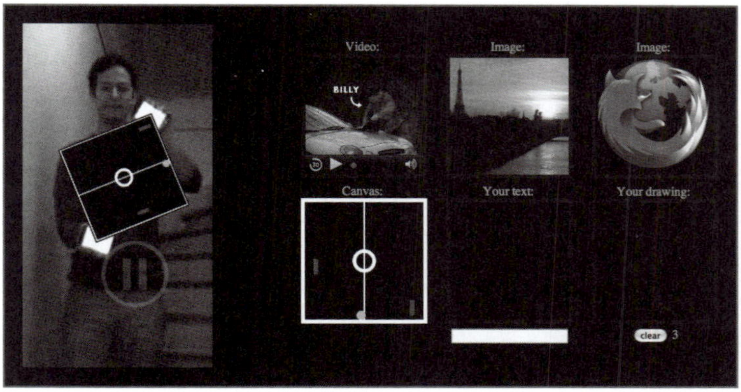

FIGURA 5.16 Rastreando um vídeo em busca de pixels claros para introduzir conteúdo dinâmico.

No código de exemplo seguinte, eu carrego uma imagem no canvas e inverto todos os pixels, criando uma estranha versão em raio-x do Bruce e eu (**Figura 5.17**).

```
var ctx = document.querySelector('canvas').
¬ getContext('2d'),
    img = document.createElement('img');

// wait until the image has loaded
img.onload = function () {
  ctx.canvas.width = img.width;
  ctx.canvas.height = img.height;
  ctx.drawImage(img, 0, 0);
  var pixels = ctx.getImageData(0, 0, img.width,
  ¬ img.height);

  for (var i = 0, n = pixels.data.length; i < n; i += 4) {
    pixels.data[i+0] = 255 - pixels.data[i+0]; // red
    pixels.data[i+1] = 255 - pixels.data[i+2]; // green
    pixels.data[i+2] = 255 - pixels.data[i+1]; // blue
    // i + 3 is the alpha channel which we don't need
  }
  ctx.putImageData(pixels, 0, 0);
};
img.src = 'authors.jpg';
```

Na listagem de código anterior, espero até que a imagem tenha carregado antes de tentar copiá-la para o canvas. Eu desenho-a no canvas e imediatamente leio os dados dos pixels para fazer meu ajuste de inversão neles.

No loop `for`, estou utilizando `i += 4`, que garante que estou iterando sobre *cada pixel* e não nos canais dos pixels. Definindo o pixel como 255 menos o valor atual, eu obtenho a cor inversa.

Finalmente, eu coloco a variável dos pixels de volta no canvas depois de fazer minhas mudanças utilizando `putImageData`, passando no objeto `CanvasPixelArray` e no ponto de início x/y.

FIGURA 5.17 Se você fizesse um raio-x de Bruce e Remy, veria que eles continuam estranhos.

NOTA O elemento canvas contém um flag interno origin-clean que está definida como true por padrão. Este flag mudará para false caso uma imagem ou vídeo seja utilizado cuja origem não seja a mesma do documento que possui o canvas. O mesmo vale para utilizar um canvas como fonte de imagem caso ele já tenha o flag origin-clean definida em false. Caso o flag seja false, significa que você não poderá utilizar os métodos `getImageData` ou `toDataURL`. Isto continua valendo mesmo que você mude o tamanho do seu canvas ou desenhe sobre o canvas depois do flag ser definida como false.

Salvando em arquivo

Você fez a melhor criação desde o pão fatiado? Quer salvar seu belo desenho em seu desktop? Você quer exportá-lo em múltiplos formatos? Sem problemas. O canvas cuida disto.

O elemento canvas (*não* o contexto 2D) suporta exportação do estado atual do canvas para uma URL de dados.

O que é uma URL de dados?

A maioria dos navegadores suporta a capacidade de ler recursos codificados em base64, como imagens. O esquema da URL se parece assim:

data:image/png;base64,iVBORw0KGgoAAAANSUhEUgAAAAoAAAAK... etc.

Ela começa com data, depois o tipo mime, depois a codificação, base64, e só então os dados brutos. Este dado bruto é o que foi exportado pelo elemento canvas, e os navegadores são capazes de decodificar os dados em um recurso real (infelizmente, isto não inclui o IE7 e encarnações anteriores do IE). Além disto, o IE8 suporta apenas URLs de dado até o tamanho de 32Kb – algo para se ficar de olho!

Exportar é muito fácil. O canvas tem o método `toDataURL`, que pode ser invocado com o formato no qual você quer sua imagem. Apenas o suporte PNG é requirido pela especificação canvas, mas os navegadores podem suportar outros tipos caso queiram. Por exemplo, o Safari suporta GIF, PNG e JPG. Tentar obter a URL de dados de um formato TIFF não suportado resulta exclusivamente em múltiplas repetições da letra "A" e nenhum `data:<mime-type>`. O Opera suporta apenas PNG, mas na requisição de um JPG ou GIF, ele ainda retorna um PNG (ignorando o formato de arquivo). O Firefox (em um Mac) suporta apenas PNG, lançando um erro em todos os outros tipos (o que é um pouco drástico, se você me perguntar). A lição aqui é que uma vez que você tenha sua URL de dados de volta, certifique-se de que ela comece com `data:<seu-tipo-mime>` para garantir que esteja de acordo e retorne o formato que você solicitou.

O exemplo seguinte gera um desenho similar a partir do desenho *hello world* e imediatamente salva-o em um PNG, redirecionando o navegador para a imagem reproduzida:

```
var ctx = document.querySelector('canvas').
¬ getContext('2d');
ctx.fillStyle = 'rgb(0, 0, 255)';
ctx.fillRect(0, 0, ctx.canvas.width, ctx.canvas.height);
ctx.fillStyle = 'rgb(0, 255, 0)';
ctx.fillRect(10, 20, 50, 50); // little square
window.location = ctx.canvas.toDataURL('image/png');
```

Finalmente, o `toDataURL` também recebe um segundo argumento opcional que está disponível apenas se `image/jpg` tiver sido implementado para permitir que você especifique o nível de qualidade da imagem gerada. Este valor estaria entre 00 e 1, com 1 sendo a maior qualidade disponível, e afeta o tamanho do dado base 64 gerado pelo `toDataURL`.

Animando suas pinturas no canvas

Você já viu algumas animações básicas utilizando canvas durante este capítulo, mas eu queria explicar alguns dos conceitos em detalhes aqui.

Animações são bem simples e manuais em um canvas. Se existe um área que você queira animar, você deve desenhar, limpar a área, desenhar de novo, e repetir a operação.

A biblioteca JavaScript Processing

Como você descobrirá, é uma labuta navegar pelo canvas com uma caneta desenhando linhas e preenchendo formas, mas já há algumas bibliotecas disponíveis que tornam o trabalho no canvas muito mais simples. Uma destas bibliotecas é chamada de processing.js (**http://processingjs.org/**), escrita pelo autor do jQuery, John Resig.

Ela não é realmente uma biblioteca projetada para facilitar o trabalho com canvas, mas ela de fato interpreta a linguagem de processamento em JavaScript, que por sua vez desenha no elemento canvas. De diversas maneiras, o processing.js é uma ótima ferramenta para visualização e elimina vários dos procedimentos de desenho e animação mais complicados da API de desenho 2D.

Animações simples tratam, em sua maioria, de simplesmente limpar o canvas atual e desenhar a coisa toda novamente. Como o canvas é uma API de desenho nativa, é muito rápido fazê-lo. Mostrarei a você uma demonstração que pega a cabeça saltitante do Bruce e a dispara pela área do canvas. Este exemplo está baseado em um tutorial de fuga de Bill Mill, mas eu apimentei um pouco com o retrato do Bruce quicando ao invés de uma bola preta sólida.

O código utilizado para a **Figura 5.18** é relativamente simples e se divide nas seguintes tarefas:

1. inicializar o canvas e os objetos que quero desenhar;
2. limpar o canvas;
3. desenhar a bola no canvas.

Para adicionar um tempero extra, eu irei rotacionar o rosto de Bruce em círculos enquanto ele quica por aí. Então também tenho de fazer algumas rotações no canvas.

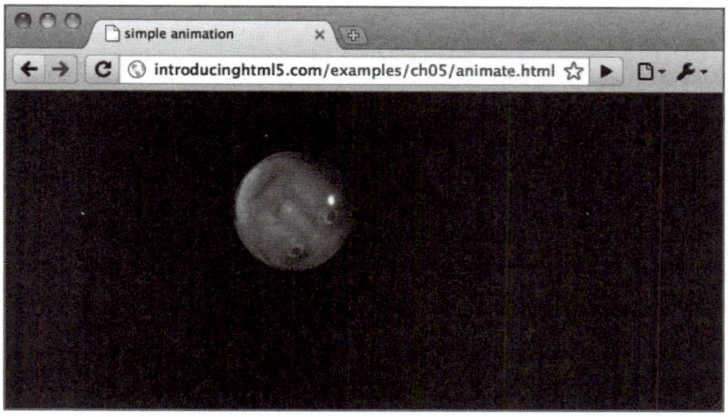

FIGURA 5.18 As horas passam enquanto você assiste a cabeça do Bruce quicando em uma animação no canvas.

Já que vou rotacionar o rosto de Bruce, deixarei *outro* canvas lidar com aquela tarefa (de modo que possa manter o canvas principal livre de rotações e translações). Deste modo mantenho minhas tarefas simples, de modo que em um canvas estou rotacionando a imagem de Bruce; no segundo, estou trabalhando a posição do rosto no canvas e desenho-o lá.

```
var ctx = document.querySelector('canvas').
¬getContext("2d"),
    ballctx,
    x = 100, // arbitrary start points
    y = 50,
    dx = 2,
    dy = 4,
    width = ctx.canvas.width,
    height = ctx.canvas.height;

// load the image
ballImg = document.createElement('img');
ballImg.src = 'bruce-ball.png';

// once loaded, start the ball bouncing
ballImg.onload = function () {
  var ball = document.createElement('canvas');
  ball.style.display = 'none'; // hide
  ball.height = 50;
  ball.width = 50;
  document.body.appendChild(ball);
  // has to be in the DOM to paint properly

  ballctx = ball.getContext('2d');
```

```
  // translate to centre to rotate properly
  ballctx.translate(25, 25);

  setInterval(draw, 10);
};


function draw() {
  ctx.clearRect(0, 0, width, height);

  ballctx.rotate(Math.PI/180*5); // 5 degrees

  // draw at the 0,0 position
  ballctx.drawImage(ballImg, 0, 0, ballImg.width,
  ¬ ballImg.height, -25, -25, 50, 50);

  // copy the rotated source
  ctx.drawImage(ballctx.canvas, x, y);

  if (x + dx > width || x + dx < 0)
    dx = -dx;
  if (y + dy > height || y + dy < 0)
    dy = -dy;

  x += dx;
  y += dy;
}
```

Toda a ação está acontecendo na função `draw`, mas apenas depois de eu terminar de preparar as coisas. A configuração cria dinamicamente o canvas da bola, esconde-o (porque não preciso que ele esteja visível na página – ele é apenas um utilitário para o efeito), e translado o canvas de modo que a rotação aconteça no centro do canvas. A partir do código você pode ver que criei um novo elemento canvas, mas não o coloquei dentro da DOM. Ainda posso utilizar o contexto 2D, mas apenas se eu definir a altura e largura. Se eu não fizer isto, a altura e largura se padronizam em zero, o que significa que não há área para pintar ou extrair os pixels dela, enquanto, se você inserir o canvas no DOM, ele automaticamente recebe a largura de 300px e a altura de 150px.

A função `draw`, então, corre a cada 1/100 de segundo (um centésimo de segundo, ou 10 millisegundos), constantemente incrementando a posição x e y, e redesenhando o canvas da bola no canvas principal, mas não antes da *limpeza* do canvas com `ctx.clearRect(0, 0, width, height)`, que está efetivamente limpando todo o efeito.

Então é isto. Animação. Provavelmente mais similar à animação de flip-book.

Salvando e restaurando o estado do desenho

Há um pouco mais de esperança incorporada na API 2D: estado de desenho. Há dois métodos no objeto context: `save` e `restore`, que gerenciam a pilha atual de estados de desenho. O método `save` *aciona* o estado atual para a pilha, enquanto `restore` *retira-o* do topo da pilha.

Os estados de desenho não cobrem *tudo* que você faz no canvas, mas incluem o seguinte:

- Transformações;
- Regiões de corte (não coberto neste livro);
- Os valores atuais dos seguintes atributos: `fillStyle`, `font`, `globalAlpha`, `globalCompositeOperation`, `lineCap`, `lineJoin`, `lineWidth`, `miterLimit`, `shadowBlur`, `shadowColor`, `shadowOffsetX`, `shadowOffsetY`, `strokeStyle`, `textAlign` e `textBaseline`.

Por exemplo, a parcela seguinte de código do tutorial de composição de canvas do Mozilla mostra como você desenharia 50 estrelas em um canvas em posições aleatórias. Ele define a posição utilizando o método `translate`. Mas no fim de cada iteração do ciclo, ele restaura o estado atual do canvas, movendo assim o canto superior esquerdo do canvas para o verdadeiro campo superior esquerdo, ao invés de na posição do último `translate`:

```
for (var j=1;j<50;j++){
  ctx.save();
  ctx.fillStyle = '#fff';
  ctx.translate(75-Math.floor(Math.random()*150),
                75-Math.floor(Math.random()*150));
  drawStar(ctx,Math.floor(Math.random()*4)+2);
  ctx.restore();
}
```

Perceba que salvar e restaurar não afetam os paths atuais ou os bitmaps no canvas (você não pode restaurar para um estado anterior da imagem no canvas).

Renderizando texto

O canvas permite a você renderizar texto no canvas e especificar fontes, tamanhos, alinhamento e linha base. Você também pode preencher o texto (como devem aparecer os textos normais) e traçar o texto (por exemplo, em volta do contorno). Bespin (**https://bespin.mozillalabs.com**) é um ótimo exemplo de como a reprodução de texto personalizado pode ser utilizada para criar um editor de código totalmente funcional inteiramente escrito com utilização da API canvas.

Desenhar texto exige a string e as coordenadas. Por exemplo, para mostrá-lo como utilizar `translate`, usei um canvas anotado (mostrado na **Figura 5.19** e também anteriormente no capítulo na Figura 5.13). Utilizei `fillText` para anotar o novo ponto central do canvas e rotular os pontos que coloquei no canvas (cuja altura e largura estão codificadas em 300x300 neste exemplo):

```
function dot(string) {
  ctx.beginPath();
  ctx.arc(0,0,5,0,Math.PI*2,true); // draw circle
  ctx.fill();
  ctx.fillText(string, 5, 10); // render text
}
```

Agora eu posso transladar o canvas e chamar a função `dot`, passando a string que eu queria impressas próxima ao ponto:

```
dot('1. no translate'); // show dot
ctx.translate(150, 150);
dot('2. (150, 150)'); // show dot
ctx.translate(-100, 20);
dot('3. (-100, 20)'); // show dot
```

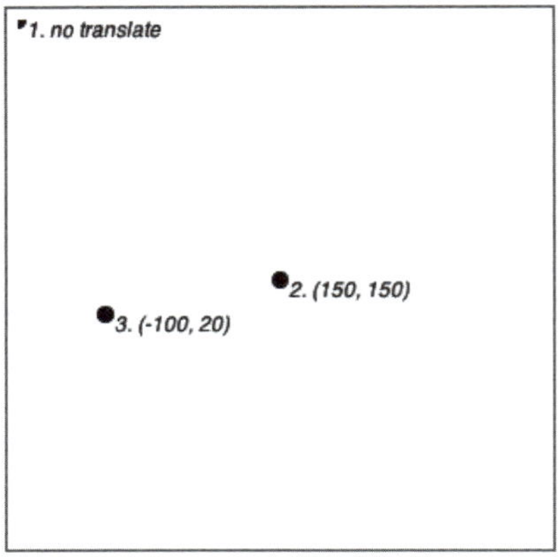

FIGURA 5.19 Utilizando `fillText` para anotar no canvas.

Por padrão, o método `fillText` utiliza sans-serif de 10px como fonte selecionada. Você pode alterá-lo com seu próprio estilo de fonte definindo a propriedade `font` no contexto, utilizando a mesma sintaxe das fontes CSS (por exemplo, `ctx.font = 'italic 400 12px/2 helvetica neue, sans-serif'`). Quando eu chamo `fillText`, o texto é reproduzido utilizando o mesmo `fillStyle` definido anteriormente (ou utiliza o padrão do canvas). Da mesma maneira, `strokeText` utiliza `strokeStyle`.

Acessibilidade dentro do elemento canvas

> **NOTA** JIT significa compilação Just In Time (Bem na Hora), uma técnica utilizada para aprimorar o desempenho de tempo de execução de um programa.

Um motivo pelo qual o canvas é tão rápido nos interpretadores JavaScript *JIT* é que ele não mantém um DOM. Assim, se você precisar de qualquer tipo de detecção de colisão, por exemplo, será necessário fazer todo o registro você mesmo. Não há uma representação que o JavaScript possa interrogar.

Isto também causa dificuldade para a acessibilidade. Se o seus jogos forem acessíveis a teclado e mouse, é um longo caminho até ir de encontro com as necessidades de muitos. Mas para usuários com dificuldades visuais, não há nada no que a tecnologia assistiva possa se conectar. O mesmo com o texto canvas: trazer um texto para o canvas significa que ele deixa de ser texto para ser apenas pixels. É ainda pior que um `<img>`, porque ao menos ele pode receber um texto alternativo. Embora o conteúdo do elemento (o texto entre as tags canvas) possa ser alterado com script para refletir o texto canvas que você está inserindo com JavaScript, não sou otimista quanto a que os desenvolvedores façam isto.

Uma força-tarefa de acessibilidade do HTML Working Group está buscando maneiras para aprimorar a acessibilidade no canvas. Não é impossível; o Flash 5 conseguiu adicionar funções de acessibilidade. Contudo, eu recomendo que por enquanto, canvas não deve ser utilizado para interfaces de usuário ou como a única maneira de comunicar informações. Algo como o plug-in jQuery Visualize, do Filament Group, é um bom exemplo do canvas sendo utilizado para suplementar informações acessíveis. Ele utiliza jQuery para introduzir um elemento canvas em uma página que grafa a informação a partir de uma tabela de dados que está no texto. As tecnologias assistivas tem acesso à tabela de dados brutos, enquanto a informação é suplementada com gráficos visuais para usuários que enxergam.

Resumo

A API canvas finalmente trás um dispositivo de desenho nativo ao navegador, sem a necessidade de pintar através de um aplicativo Flash. O canvas é especialmente poderoso para processamento em nível de pixel, e eu posso imaginar que aplicativos baseados em canvas estarão empurrando os limites daquilo que historicamente já vimos na web.

Entretanto, você deve ser cuidadoso ao escolher a tecnologia correta para o trabalho. O SVG definitivamente deve ser considerado antes de mergulhar de cabeça em seu próximo fantástico aplicativo 3.0.

CAPÍTULO 6

Armazenamento de Dados

Remy Sharp

ARMAZENAR DADOS ASSOCIADOS a uma aplicação é fundamental em quase todas as aplicações, na web ou no desktop. Isto pode incluir o armazenamento de uma chave única para registrar a impressão da página, salvar nomes de usuários, preferências e daí por diante. A lista é interminável.

Até então, o armazenamento de dados em um aplicativo web exigia de você armazená-lo no lado servidor e criar algum relacionamento entre o cliente e o servidor – o que significava que seus dados eram divididos entre locais – ou eles seriam armazenados em cookies.

Os cookies não valem nada. Não os comestíveis, mas aqueles do navegador. Eles são um lixo. Há diversas questões com cookies que tornam o trabalho com eles extenuante. Ao começar qualquer novo projeto que exija cookies, eu imediatamente caçarei a minha biblioteca de cookies JavaScript. Se não conseguir encontrá-la, irei ao Google encontrar o código de cookie de Peter-Paul Koch, e irei copiá-lo e colá-lo por aí.

NOTA Código de cookie de Peter-Paul Koch: **http://www.quirksmode.org/js/cookies.html**

NOTA A única salvação dos cookies, e o que os fazem funcionar, é o fato de que eles são compartilhados com o servidor através de um cabeçalho de requisição. Isto pode ser utilizado para evitar brechas de segurança; de outro modo, na maioria dos casos, eu descobri que o armazenamento web ignora os cookies!

Observando como os cookies funcionam, percebemos que eles são complicados demais. Definir um cookie em JavaScript se parece com isto:

```
document.cookie = “foo=bar; path=/”;
```

Este é um cookie baseado em sessão. Agora, se eu quiser armazenar algo por mais tempo, terei de defini-lo no futuro, e dá-lo um tempo de vida específico (e seu eu quiser que ele persista, terei de continuar configurando-o para durar *n* dias no futuro):

```
document.cookie = “foo=bar; path=/; expires=Tues,
¬13 Sept 2010 12:00:00”;
```

O formato de tempo também é importante, o que só causa mais dores de cabeça. Agora, a cobertura do horrível cookie: para deletar um cookie, preciso definir o valor dele como vazio:

```
document.cookie = “foo=; path=/”;
```

De fato, o cookie não é *realmente* deletado, eu apenas fiz com que o valor mudasse e defini a expiração para uma sessão, sendo assim quando o navegador fechar. Deletar deveria realmente significar deletar.

Os cookies não funcionam porque são uma dor de cabeça. As novas especificações de armazenamento contornam completamente esta abordagem de definir, obter e remover dados oferecendo uma API clara para tanto.

Opções de armazenamento

Há duas opções quando se trata de armazenar dados no lado cliente:

- Web Storage – suportado por todos os navegadores mais atuais;
- Web SQL Databases – suportado no Opera, Chrome e Safari.

Convenientemente, as Web SQL Databases são nomeadas deste modo para instantaneamente dar a você uma dica sobre como elas funcionam: elas utilizam sintaxe baseada em SQL para solicitar uma base de dados local.

O Web Storage é um sistema muito mais simples no qual você simplesmente associa uma chave com um valor. Nenhum aprendizado de SQL é necessário. De fato, o suporte à API Web Storage é muito melhor que à Web SQL Databases. Veremos ambas as APIs, como funcionam, e como depurar os dados em cada sistema.

Como guia de espaço, o Web Storage normalmente tem um limite de 5MB (mas o Safari, no entanto, solicitará confirmação do usuário caso mais de 5MB sejam utilizados, perguntando se ele permite que o site vá além do padrão atual).

Por outro lado, a especificação Web SQL Databases não fala de limites, e cabe ao autor tentar estimar uma ideia do tamanho total da base de dados quando criada.

Em ambos os casos, o navegador irá disparar um erro caso a API não possa escrever os dados, mas me concentrarei em aplicativos menores, onde os dados armazenados estão em torno da marca de 100Kb.

Web Storage

Em poucas palavras, API Web Storage são como cookies anabolizados. Uma vantagem chave desta API é que ela divide de maneira apropriada os dados de sessão e dados de longo prazo. Em contraposição, se você definir um cookie "de sessão" (isto é, sem uma data de expiração), o item de dados ficará disponível em todas as janelas que tenham acesso ao domínio até que o navegador seja fechado. Isto é bom, pois a sessão deve durar o tempo que a janela ficar aberta, não o tempo de duração do navegador. A API de armazenamento oferece dois tipos de armazenamento: `sessionStorage` e `localStorage`.

> **NOTA** Cookies anabolizados vs. cookies normais: o IE6 suporta apenas 20 cookies por domínio e um tamanho máximo de 4K por cookie. O Web Storage não tem um número máximo de itens que possa ser armazenado por domínio, e limita o tamanho agregado em até 5Mb.

Se você cria dados em `sessionStorage`, eles ficam disponíveis para uma janela até que ela seja fechada (por exemplo, quando a sessão tiver terminado). Se você abrir outra janela no mesmo domínio, ela não teria acesso aos dados daquela sessão. Isto é útil para manter uma sessão de compras dentro de uma mesma janela, enquanto os cookies permitiriam que a sessão "vazasse" de uma janela para outra, possivelmente causando uma transação adicional acidental por parte do visitante.

O `localStorage` está baseado em torno do domínio e abrange todas as janelas que estão abertas naquele domínio. Se você define alguns dados no armazenamento local, eles imediatamente se tornam disponíveis em outras janelas no mesmo domínio, mas também permanecem disponíveis até que sejam explicitamente deletadas, seja por você, como desenvolvedor web, ou pelo usuário. De outro modo, você poderia fechar seu navegador, reiniciar sua máquina, voltar dias depois, e os dados ainda estarem lá. Dados persistentes sem as complicações dos cookies: ter de redefinir a data de expiração várias e várias vezes.

Fique de olho na segurança de cookie do Firefox

O Firefox implementa uma segurança sutilmente diferente em torno do acesso ao armazenamento de sessão e local: caso os cookies estejam desabilitados, acessar `sessionStorage` ou `localStorage` lançará um erro de segurança. Neste caso, você precisa verificar se é capaz de definir cookies antes de tentar acessar uma destas duas APIs de armazenamento.

```
var cookiesEnabled = (function () {
  // the id is our test value
  var id = new Date().getTime();

  // generate a cookie to probe cookie access
  document.cookie = '__cookieprobe=' + id + ';path=/';

  // if the cookie has been set, then we're good
  return (document.cookie.indexOf(id) !== -1);
})();
```

Este código tenta definir um cookie e logo imediatamente lê-lo de volta. Caso falhe em ler o cookie, isto significa que a segurança está impedindo você de escrever, e assim sendo, você não pode acessar a `sessionStorage` ou `localStorage`. Caso os cookies não estejam habilitados, as implicações são de que ler o `sessionStorage` ou `localStorage` causará um alerta de segurança e quebrará seu JavaScript.

Uma visão geral da API

Uma vez que tanto `sessionStorage` quanto `localStorage` descendem da mesma API Web Storage, ambos tem exatamente a mesma API (da especificação):

```
readonly attribute unsigned long length;
getter DOMString key(in unsigned long index);
getter any getItem(in DOMString key);
setter creator void setItem(in DOMString key, in any data);
deleter void removeItem(in DOMString key);
void clear();
```

Esta API torna a definição e obtenção de dados muito fácil. O método `setItem` simplesmente recebe uma chave e um valor. O método `getItem` obtém a chave de dados que você quer e retorna o conteúdo, como mostrado aqui:

```
sessionStorage.setItem=('twitter', '@rem');
alert( sessionStorage.getItem('twitter') ); // shows @rem
```

Vale a pena notar que em todos os navegadores mais atuais o `getItem` não retorna "qualquer" tipo de dados. Os navegadores convertem o tipo de dado em uma string, independente do que estiver entrando. Isto é importante, pois significa que caso você tente armazenar um objeto, ele na verdade armazenará "[Object object]". Mais importante, isto significa que os números que estão sendo armazenados, na verdade são convertidos em strings, o que pode causar erros no desenvolvimento.

Para destacar possíveis problemas, aqui está um exemplo: digamos que Bruce mantém um site vendendo vídeos dele mesmo "desfilando" como professor de ciências. Você adicionou alguns destes vídeos em seu carrinho de compras porque está ávido por aprender mais sobre "sinergias". O valor total de sua compra é de $12, e este custo está armazenado em sessionStorage. Quando você chega à página de finalização da compra, Bruce tem de adicionar $5 de frete. Em um ponto anterior durante seu aplicativo, $12 foi armazenado em `sessionStorage`. É assim que seu código (fictício) se pareceria:

```
sessionStorage.setItem('cost', 12);

// once shipping is added, Bruce's site tells you the total
¬ cost:
function costWithShipping(shipping) {
 alert(sessionStorage.getItem('cost') + shipping);
}

// then it shows you the cost of the basket plus shipping:
costWithShipping(5);
```

> **NOTA** Onde a especificação disse que você poderia armazenar "qualquer dado", podemos na verdade armazenar apenas dados `DOMString`.

Se `sessionStorage` tivesse armazenado o valor como um número, você veria uma caixa de alerta mostrando 17. Ao invés disto, o custo de $12 foi salvo como uma string. Como o JavaScript utiliza o mesmo método de concatenação também para adição (por exemplo, o símbolo de adição), o JavaScript enxerga isto como *anexando* um número a uma string – então a caixa de alerta na verdade mostra 125 – muito mais do que provavelmente você estaria disposto a pagar para assistir qualquer vídeo do Bruce! O que está acontecendo aqui é *coerção de tipo*, onde ao guardar os dados na API de armazenamento, o tipo de dado é tipado em uma string.

Com isto em mente, a API é (atualmente), na verdade:

```
readonly attribute unsigned long length;
getter DOMString key(in unsigned long index);
getter DOMString getItem(in DOMString key);
setter creator void setItem(in DOMString key, in DOMString
¬ data);
deleter void removeItem(in DOMString key);
void clear();
```

Finalmente, vale a pena perceber que se a chave não existir quando você chamar `getItem`, a API de armazenamento retornará null. Se estiver planejando utilizar a API de armazenamento para inicializar valores, o que é bastante possível, você precisará testar por null antes de proceder, pois ele poderá jogar uma chave na engrenagem se você tentar tratar null como qualquer outro tipo de objeto.

Formas de acessar o armazenamento

Como já vimos, podemos utilizar `setItem` e `getItem` para armazenar e recuperar, respectivamente, mas há alguns outros métodos para acessar e manipular os dados sendo armazenados no objeto de armazenamento.

Utilizando expandos

Expandos são uma forma curta e expressiva de definir e obter dados do objeto de armazenamento, e como tanto `sessionStorage` quanto `localStorage` descendem da API Web Storage, ambos suportam a definição de valor diretamente no objeto de armazenamento.

Utilizando nosso exemplo de armazenar um nome de tela do Twitter, podemos fazer a mesma coisa utilizando expandos:

```
sessionStorage.twitter = '@rem';
alert( sessionStorage.twitter ); // shows @rem
```

Infelizmente, o método expando de armazenar valores também sofre com a "stringficação"* dos valores, como vimos no exemplo anterior sobre o site de vídeo do Bruce.

Utilizando o método key

A API também fornece o método key, que recebe um parâmetro de índice e retorna a chave associada. Este método é útil para enumerar os dados guardados no objeto de armazenamento. Por exemplo, se você quisesse mostrar todas as chaves e dados associados, você não saberia exatamente quais eram as chaves para cada item de dados, então faça um loop através do tamanho do objeto de armazenamento e utilize o método key para descobrir:

```
for (var i = 0; i < sessionStorage.length; i++) {
  alert( sessionStorage.key(i) + '=' +
  ¬ sessionStorage.getItem( sessionStorage.key(i) ) );
}
```

* NRT: Do inglês, "Stringifying", que significa transformar em string.

Outro aviso: é concebível que você possa estar armazenamento algum valor sob o nome de "key", então você poderia escrever algum código como o seguinte:

```
sessionStorage.setItem('key',
¬ '27152949302e3bd0d681a6f0548912b9');
```

Agora, há um valor armazenado sob o nome "key", e já temos um método chamado key no objeto de armazenamento: o alarme está tocando, certo?

Alguns navegadores, especificamente WebKit, sobrescrevem o método key com seu novo valor. O efeito em cadeia é de que as ferramenta de desenvolvimento no WebKit fazem uso do método key para enumerar e apresentar todos os dados associados dentro do objeto de armazenamento – então a visualização "Storage" para aquele tipo de armazenamento (`sessionStorage`, em nosso exemplo) agora estará quebrada até que o valor tenha sido removido.

NOTA Eu espero que, na medida em que os navegadores continuarem a se desenvolver, este tipo de bug desaparecerá – mas enquanto isto, eu diria que o melhor a fazer é evitar utilizar nomes que já existam na API de armazenamento.

Outros navegadores, como o Firefox, manterão o método key e seu valor key armazenados separadamente. Utilizar a sintaxe expando lhe dará o método; utilizar `getItem('key')` lhe dará o valor.

Removendo dados

Há duas formas de remover dados do objeto de armazenamento programaticamente: `removeItem e clear`. O método `removeItem` recebe uma chave, a mesma chave utilizada em `setItem` e `getItem`, e deleta a entrada daquele item em particular.

Utilizar `clear` remove todas as entradas, limpando o objeto de armazenamento inteiro. Por exemplo:

```
sessionStorage.setItem('bruce', "Think he's a professor of
¬ synergies");
sessionStorage.setItem('remy', "Think Bruce is a loony
¬ professor of synergies");
alert( sessionStorage.length ); // shows 2
sessionStorage.removeItem('bruce');
alert( sessionStorage.length ); // show 1
sessionStorage.clear();
alert( sessionStorage.length ); // shows 0
```

Armazenando mais que strings

> **NOTA** JSON (JavaScript Object Notation – Notação de Objeto JavaScript) é um texto baseado em padrão aberto para representar dados. A especificação encontrada em **http://json.org** é tão simples que atualmente cabe nas costas de um cartão de visitas.

Você pode contornar a "stringficação" de objetos fazendo uso do JSON. Visto que o JSON utiliza texto para representar um objeto JavaScript, podemos utilizá-lo para armazenar objetos e converter os dados armazenados de volta nos objetos, mas isto é realmente um wrapper para este bug. Ele depende se os navegadores pretendem suportar eventualmente *qualquer tipo* de armazenamento, mas isto é fácil de testar. Entretanto, isso exigiria colocar um wrapper nos métodos `set` e `get`, o que (dependendo de sua aplicação) pode ou não ser uma opção.

Todos os navegadores mais modernos (sejam versões finais ou noturnas, em inglês, nightly) suportam codificação JSON nativa utilizando os métodos `JSON.parse` e `JSON.stringify`. Para aqueles navegadores que não tem suporte JSON, podemos incluir a biblioteca JSON de Douglas Crockford (disponível em **http://www.json.org/json2.js**).

Agora você pode envolver `setItem` e `getItem` como segue:

```
var videoDetails = {
  author: 'bruce',
  description: 'how to leverage synergies',
  rating: '-2'
};

sessionStorage.setItem('videoDetails', JSON.
¬ stringify(videoDetails) );

// later on, as in page reloads later, we can extract the
¬ stored data
var videoDetails = JSON.parse(sessionStorage.getItem
¬ ('videoDetails'));
```

Como comecei na seção de visão geral da API, caso a chave não exista no objeto de armazenamento, ela então retornará null. Isto não é um problema para os interpretadores JSON nativos, pois `JSON.parse(null)` retorna null – como você esperaria. Entretanto, para a versão JavaScript de Douglas Crockford, passar null disparará um erro. Então se você souber que é possível que a biblioteca JavaScript JSON de Douglas esteja sendo carregada, proteja-se deste erro utilizando o seguinte:

```
var videoDetails = JSON.parse(sessionStorage.getItem
¬ ('videoDetails') || 'null');
```

Isto garante que se null for retornado pelo método `getItem`, você passa uma versão de null codificada para o JSON, e então o interpretador JSON baseado em JavaScript não falha.

Utilizando ferramentas de depuração

Embora haja um bom suporte para a API Web Storage, os depuradores ainda estão amadurecendo. Então, salvo a introspecção do `sessionStorage` ou o `localStorage`, não há muitas ferramentas disponíveis.

> **NOTA** Para habilitar o menu de desenvolvimento no Safari (versão em português, vá em Preferências e a partir da aba Avançado, marque a caixa Mostrar Menu de Desenvolvimento na Barra de Menu. Na versão em inglês, Preferences na aba Advanced, marque a caixa Show Developer Menu in Menu Bar.

FERRAMENTAS DE DESENVOLVIMENTO DO WEBKIT

Embora eu me refira ao WebKit, nesta seção estarei cobrindo o Safari, compilação noturna do Safari (WebKit) e o Google Chrome. As ferramentas de desenvolvimento WebKit permitem-nos visualizar os valores armazenados em `localStorage` e `sessionStorage`, como mostrado na **Figura 6.1**. A partir daqui, você pode modificar as chaves e valores e deletar entradas.

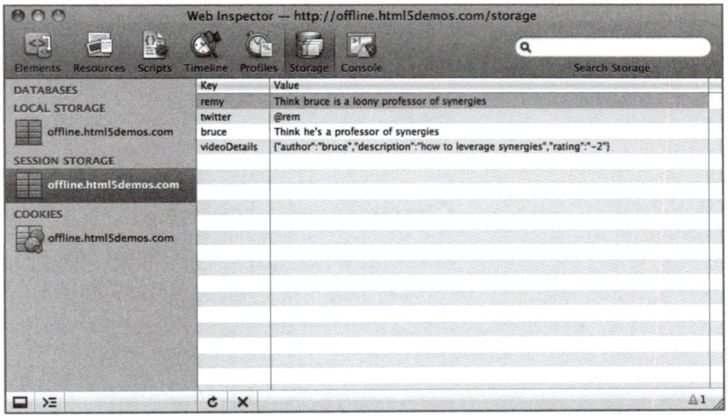

FIGURA 6.1 O depurador de armazenamento WebKit.

FIREBUG DO FIREFOX

Utilizando o plug-in Firebug para Firefox você pode facilmente fazer a introspecção dos objetos de armazenamento. Se você inserir "sessionStorage" ou "localStorage" no comando do console e executar o código, o objeto de armazenamento poderá então ser clicado e seus detalhes, vistos (**Figura 6.2**).

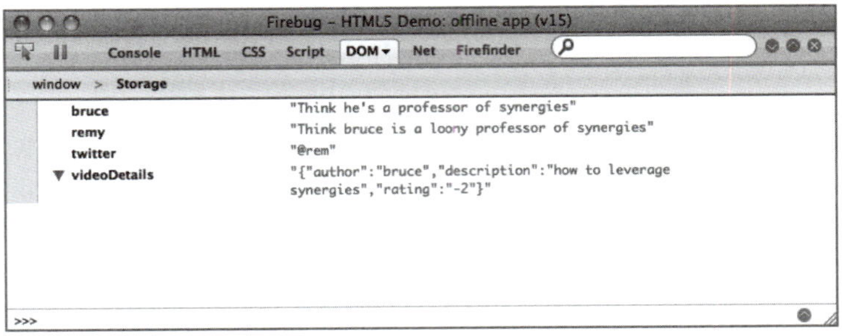

FIGURA 6.2 Introspecção de armazenamento do Firebug.

DRAGONFLY DO OPERA

O DragonFly acompanha o Opera, e a partir da aba Storage você pode acessar todos os dados armazenados em associação com a página atual. Em particular, há abas separadas para Armazenamento Local e Armazenamento de Sessão (em inglês, Session Storage), para inspecionar todos os dados conectados com estes armazenamentos de dados (**Figura 6.3**).

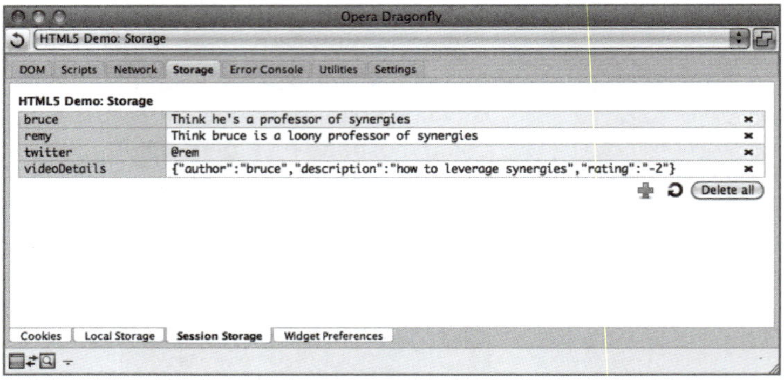

FIGURA 6.3 O depurador DragonFly, do Opera, para inspecionar o armazenamento.

Opções de retorno

Como a API de armazenamento é relativamente simples, é possível replicar sua funcionalidade utilizando-se JavaScript, o que pode ser útil caso a API de armazenamento não esteja disponível.

Para `localStorage`, você pode utilizar cookies. Para `sessionStorage`, você pode utilizar uma artimanha que faz uso da propriedade `name` no objeto `window`. A listagem seguinte mostra como você pode replicar a funcionalidade `storageSession` (e garantir que os dados permanecem bloqueados na janela atual, ao invés de vazarem como fariam os cookies) manualmente implementando cada método da API Storage. Perceba que o código seguinte espera que você tenha suporte JSON em seu navegador, seja nativamente ou carregando a biblioteca de Douglas Crockford.

```
if (typeof sessionStorage === 'undefined') {
  sessionStorage = (function () {
     var data = window.top.name ? JSON.parse(window.top.
    ¬name) : {};

    return {
      clear: function () {
```

```
        data = {};
        window.top.name = '';
      },
      getItem: function (key) {
        return data[key] || null;
      },
      key: function (i) {
        // not perfect, but works
        var ctr = 0;
        for (var k in data) {
          if (ctr == i) return k
          else ctr++;
        }
      },
      removeItem: function (key) {
        delete data[key];
        window.top.name = JSON.stringify(data);
      },
      setItem: function (key, value) {
          data[key] = value+''; // forces the value to a
        ¬ string
        window.top.name = JSON.stringify(data);
      }
    };
  })();
}
```

O problema com implementar manualmente o `sessionStorage` (como mostrado na listagem de código anterior) é que você não seria capaz de escrever `sessionStorage.twitter = '@rem'`. Embora tecnicamente o código funcionasse, ele não seria registrado de maneira apropriada em nosso objeto de armazenamento, e `sessionStorage.getItem('twitter')` não traria um resultado.

Com isto em mente, e dependendo de quais navegadores esteja visando (isto é, dependendo de que você precise fornecer um retorno manual ao armazenamento), você pode querer garantir a concordância com sua equipe de desenvolvimento quanto ao uso de `getItem` e `setItem`.

Web SQL Databases

> **NOTA** A Mozilla e a Microsoft estão hesitantes quanto a implementação do suporte às bases de dados SQL. A Mozilla está buscando uma especificação chamada Indexed Database API, que está apenas nos primeiros betas do Firefox 4 e além do escopo deste capítulo. Mas vale a pena ficar de olho nela no futuro.

As Web SQL Databases são outra maneira de armazenar e acessar dados. Como insinua o nome, esta é uma base de dados real que você é capaz de consultar e unir resultados. Se estiver familiarizado com SQL, então você deve se sentir como um pato na água com a API database. Dito isto, caso não esteja familiarizado com SQL, em particular com o SQLite, não ensinarei isto neste capítulo: há livros maiores e mais feios sobre o assunto, e o site SQLite é uma fonte de recursos em **http://sqlite.org**.

A especificação está um pouco nebulosa em torno dos limites de tamanho destas bases de dados. Quando se cria uma nova base de dados, você, o desenvolvedor, tem de sugerir um tamanho máximo estimado. Então eu poderia *estimar* 2Mb ou poderia estimar 20Mb. Se você tentar criar uma base de dados maior que o tamanho de armazenamento padrão no Safari, ele solicita ao usuário permissão para a base de dados ir além do tamanho de base de dados padrão. Tanto o Opera quanto o Google Chrome simplesmente permitem que a base de dados seja criada, independentemente do tamanho. Eu sugiro fortemente que você penda para o lado do cuidado com tamanhos de bases de dados. Geralmente, os navegadores estão limitando, por padrão, as bases de dados em 5Mb por domínio. Agora que você está adequadamente preocupado com SQL e tamanhos de bases de dados, uma característica realmente bacana da API Web SQL Databases é que todos os métodos permitem que você passe uma chamada de retorno que será executada uma vez que a mágica do SQL esteja completa. Chamadas de retorno são uma característica comum em bibliotecas JavaScript como o jQuery. Caso você não esteja familiarizado com esta sintaxe, ela se parece um pouco como a seguinte (mas não se preocupe, eu levarei você pela mão nos exemplos a diante):

```
transaction.executeSql(sql, [], function () {
 // my executed code lives here
});
```

Dada a natureza do sistema de chamada de retorno, isto também significa que a API database é *assíncrona*. Isto significa que você precisa ser cuidadoso quando criar o JavaScript que manipula o banco de dados, para garantir que a sequência de eventos ocorra corretamente. Entretanto, as declarações SQL são enfileiradas e executadas em ordem, então esta é uma pequena vantagem que tem sobre a ordem de processamento: você pode criar tabelas e saber qual tabela estará no lugar antes de executar solicitações nas tabelas.

Colocando de maneira simples, se você quer que seu código seja executado depois de uma interação com o banco de dados ter sido completado, utilize a chamada de retorno. Se você não precisar esperar, e quiser que seu código continue de qualquer maneira, continue após a chamada da API database.

Esteja atento às versões!

Atualmente, a implementação das Web SQL Databases suportam uma versão um pouco mais antiga da API Web SQL Databases, e mais especificamente o modelo de versão.

Embora a especificação descreva como você pode gerenciar e migrar de diferentes versões do banco de dados, isso não foi muito bem implementado. O modelo exige que você saiba ao banco da base de dados na máquina do usuário para poder abri-la. O problema é que se você tiver migrado através de múltiplas versões, não há como determinar em qual versão o usuário visitante está, e abrir o banco de dados com o número errado de versão dispara um `INVALID_STATE_ERROR`. Você pode envolver (ou empacotar) cada tentativa de abrir o banco de dados com um try/catch, mas você precisaria de um para cada versão de sua base de dados, algo que pode ficar bastante desorganizado depois de alguns anos de atualizações.

Utilizando a API Web SQL Database

O uso típico da API database envolve abrir o banco de dados e então executar algum SQL. Perceba que se eu estivesse trabalhando com um banco de dados no lado servidor, eu normalmente fecharia a conexão com o banco de dados. Isso não é obrigatório na API database, e de fato, não há método para fazê-lo. Dito tudo isto, você pode abrir uma base de dados múltiplas vezes.

Abrindo e criando bancos de dados

Ao abrir um banco de dados pela primeira vez, o banco de dados é criado. Você só pode ter uma versão de seu determinado banco de dados no domínio por vez, então se a versão 1.0 foi criada, você não pode abrir a 1.1 sem a versão do banco de dados ter sido especificamente alterada por sua aplicação. Pelo resto deste capítulo, irei ignorar o controle de versão e me manterei a uma única versão, pelo aviso anteriormente citado.

```
var db = openDatabase('mydb', '1.0', 'My first database',
¬ 2 * 1024 * 1024);
```

A última versão da especificação de banco de dados SQL inclui um quinto argumento ao openDatabase, mas ele não é suportado em nenhum dos navegadores no momento. Ele oferece uma chamada quando o banco de dados é criado pela primeira vez. Você criou agora um novo banco de dados chamado “mydb”, versão 1.0, com uma descrição textual “My first database”, e você definiu o tamanho dos dados em 2Mb (isto precisa ser definido em bytes, por isto eu multipliquei 2 * 1024 * 1024). Para garantir que nossa aplicação funcione e detecte o suporte à API Web SQL database, você deve também testar o suporte do navegador ao banco de dados, então você envolve nosso código com o teste `openDatabase`:

```
var db;
if (window.openDatabase) {
 db = openDatabase('mydb', '1.0', 'My first database',
 ¬2 * 1024 * 1024);
}
```

É simples assim. A próxima coisa a ser feita é configurar uma nova tabela no banco de dados, que irá passar os métodos exatamente como a seleção e atualização de tabelas: via `executeSql`.

Criando tabelas

Na criação de tabelas (e em qualquer outra transação no banco de dados) você deve começar uma "transação" do banco de dados e, dentro da chamada, criar a tabela. A chamada de transação recebe um argumento contendo o objeto de transação, que é aquilo que permite executar declarações SQL e executar o método `executeSql` (`tx` no exemplo seguinte). Isto é feito utilizando-se o objeto do banco de dados que foi retornado de `openDatabase` e chamando o método de transação assim:

```
var db;
if (window.openDatabase) {
   db = openDatabase('tweetdb', '1.0', 'All my tweets',
  ¬2 * 1024 * 1024);
  db.transaction(function (tx) {
    tx.executeSql('CREATE TABLE tweets (id, date, tweet)');
  });
}
```

O método `executeSql` recebe quatro argumentos, dos quais apenas o primeiro é obrigatório:

1. SQL
2. Argumentos ao SQL (como valores de campo)
3. Chamada de sucesso (em inglês, sucess callback)
4. Chamada de erro (em inglês, erros callback)

No exemplo anterior, você utiliza apenas o parâmetro SQL. É claro que, se a declaração para criar uma tabela executar e nossa tabela já existir, há realmente um erro sendo disparado, mas visto que você não o captura e ele não afeta o fluxo de nosso programa, neste caso você não precisa se importar.

Entretanto, o próximo passo deste aplicativo é carregar o banco de dados com tweets do Twitter, e isto tem de acontecer tão logo a tabela esteja no lugar (devido à natureza assíncrona da API Web SQL Database), você terá de capturar os tweets na chamada completa. Aqui está o problema: se a tabela existir, a transação falhará e não irá disparar a chamada de sucesso. O código executará corretamente na primeira vez, mas não na segunda. Então, para contornar isto, você dirá para criar a tabela apenas se a tabela não existir; deste modo, a chamada de sucesso dispara se a tabela for criada e se a tabela já existir, e a chamada de erro só é chamada se houver algum outro problema.

```
var db;
if (window.openDatabase) {
  db = openDatabase('tweetdb', '1.0', 'All my tweets',
  ¬2 * 1024 * 1024);
  db.transaction(function (tx) {
    tx.executeSql('CREATE TABLE IF NOT EXISTS tweets
    ¬(id, date, tweet)', [], function () {
      // now go and load the table up with tweets
    });
  });
}
```

Inserindo e consultando

Agora, digamos que você acesse o Twitter para uma solicitação de busca por todas as menções de HTML5, armazene todos aqueles tweets em seu banco de dados, e então permita ao usuário selecionar um intervalo de tempo dos últimos 5 minutos, 30 minutos, 2 horas e então todo o tempo. A seleção de intervalo de tempo será com botões de rádio e manipuladores de clique, e executará sua consulta para mostrar apenas os tweets daquele intervalo de tempo.

O ponto crucial desta aplicação está dividido entre armazenar os tweets em seu banco de dados e apresentar os tweets dependendo do intervalo selecionado.

Antes de executar qualquer código, primeiro você deve criar a tabela do banco de dados e de tweets, que incluirá uma coluna de data cujo tipo seja un número inteiro – o que é importante para permitir a você solicitar o banco de dados, mais tarde, em sua aplicação.

```
function setupDatabase() {
  db = openDatabase('tweets', '1.0', 'db of tweets',
  ¬2 * 1024 * 1024);
  db.transaction(function (tx) {
    tx.executeSql('CREATE TABLE tweets (id unique,
    ¬screen_name, date integer, text)');
  });
  getTweets();
}
```

Algumas coisas para se perceber sobre o código são:

1. Estou utilizando uma variável db global (estou usando a global apenas para o exemplo fictício; global geralmente é ruim em JavaScript).
2. Estou dizendo o banco de dados tweets que a coluna `id` é única. Isto significa que se houver uma tentativa `INSERT` duplicada, o `INSERT` falha.
3. Caso `CREATE TABLE` falhe, não há problemas, pois falhará apenas porque a tabela já existe, e você não está fazendo mais nada nesta transação.
4. Uma vez terminado, eu chamo `getTweets`, que fará a solicitação de API ao Twitter, que por sua vez chama a função de armazenamento.

> **NOTA** Você está criando uma nova transação para cada tweet armazenado. Eu explicarei as transações com mais detalhes na seção seguinte, mas envolvendo declarações `INSERT` individuais, você está garantindo que todos os novos tweets sejam armazenados, independentemente de você já tê-los em seu banco de dados.

O método `forEach` no código seguinte é um novo método JavaScript disponível em todos os navegadores mais recentes, permitindo que você faça um loop através de um array. O site da Mozilla fornece um código simples para implementá-lo em navegadores que não o tenham originalmente: **https://developer.mozilla.org/en/Core_JavaScript_1.5_Reference/Global_Objects/Array/forEach**. Uma vez completada a chamada da API Twitter, ela chamará `saveTweets`, que fará o armazenamento de cada tweet:

```
function saveTweets(tweets) {
  tweets.results.forEach(function (tweet) {
    db.transaction(function (tx) {
      var time = (new Date(Date.parse(tweet.created_at))).
      ¬getTime();
      tx.executeSql('INSERT INTO tweets (id, screen_name,
      ¬date, text) VALUES (?, ?, ?, ?)', [tweet.id,
      ¬tweet.from_user, time / 1000, tweet.text]);
      // div 1000 to get to seconds
    });
  });
}
```

A declaração INSERT é a parte mais importante, e agora você pode visualizar como funcionam os argumentos de campo:

```
tx.executeSql('INSERT INTO tweets (id, screen_name, date,
¬text) VALUES (?, ?, ?, ?)', [tweet.id, tweet.from_user,
¬time / 1000, tweet.text]);
```

Cada "?" na declaração INSERT mapeia um item no array que é passado como segundo parâmetro para executeSql. Então, o primeiro "?" mapeia para tweet.id, o segundo tweet.from_user, e daí por diante.

Você também pode perceber que eu dividi o tempo por 1000; isto porque o tempo do JavaScript é contado em milissegundos, enquanto o do SQLite não. O SQLite conta em segundos inteiros. Isto só é importante para sua solicitação mais tarde no código, onde os tweets com mais de 5 minutos são mostrados. Isto importa porque você está armazenando datas como números inteiros, e um segundo utilizando o método JavaScript getTime nos dá 1000, enquanto um segundo utilizando SQLite nos dá 1. Então você divide por 1000 para armazenar segundos ao invés de milissegundos.

Finalmente, quando os botões de rádio são clicados, você chama a função show com a quantidade de tempo como argumento:

```
var tweetEl = document.getElementById('tweets');
function show(amount) {
  db.transaction(function (tx) {
    tx.executeSql('SELECT * FROM tweets' + (amount !=
    ¬'all' ? ' WHERE date > strftime("%s", "now", "-' +
    ¬amount + ' minutes")' : ''), [], function
    ¬(tx, results) {
      var html = [],
          len = results.rows.length;

      for (var i = 0; i < len; i++) {
        html.push('<li>' + results.rows.item(i).text +
        ¬ '</li>');
      }
      tweetEl.innerHTML = html.join('');
    });
  });
}
```

Em uma revisão inicial, este código pode parecer complicado, mas realmente há apenas uma sequência de coisas acontecendo aqui:

1. Inicia uma nova transação.
2. Executa uma única declaração SQL, cuja estrutura está determinada por você querer "tudo" ou não.

3. Execute um loop através dos resultados construindo o HTML, e então definindo-o para o `tweetEL` (um elemento `<ul>`) `innerHTML`.

Há dois estados em que a declaração SQL pode estar, seja:

```
SELECT * FROM tweets
```

ou

```
SELECT * FROM tweets WHERE date > strftime("%s", "now",
¬"-5 minutes")
```

Onde coloquei -5 minutes, pode ser mudado para -30 minutes ou qualquer número que seja passado para a função `show`. A função `strftime` SQLite está gerando o número de segundos de 1-Jan-1970 até "agora" menos *N* minutos. Já que o campo "date" está sendo armazenado como um número inteiro, você agora é capaz de capturar todas as linhas que foram twitadas dentro dos últimos *N* minutos.

Agora você utilizou o terceiro argumento para o método `executeSql`, a chamada de sucesso. Ela recebe um objeto de transação (assim como a chamada de transação, de modo que você poderia executar outro `executeSql` se quisesse), e mais importante, o conjunto de resultado. O conjunto de resultado contém três atributos.

1. `insertID` (definindo apenas se você tiver inserido uma linha ou linhas) – eu não o utilizo neste exemplo
2. `rowsAffected` – já que esta é uma declaração SELECT, este valor é 0.
3. `rows` – Isto *não é* um array, é uma coleção, então *contém* o tamanho e um método de obtenção de item. Você faz uso do objeto rows, e executa um loop `for` desde `0` até o tamanho das linhas, e utiliza `results.rows.item(i)` para obter as linhas individuais. A linha individual é um objeto representando os diferentes nomes de coluna, então `results.rows.item(0).screen_name` nos dá o campo `screen_name` da primeira linha.

Finalmente, uma vez que você tenha executado o loop através de todas as linhas que coincidem, você pode definir um elemento `<ul>` ao HTML que construiu. Neste exemplo, o `<ul>` está armazenado na variável chamada `tweetEl`.

Aqui está a listagem de código completa, que inclui a detecção de suporte ao banco de dados e o código de manipulação de clique para os botões de rádio:

```
<!DOCTYPE html>
<html lang="en">
<head>
<meta charset=utf-8 />
```

```
<title>HTML5 tweet time range</title>
<style>
  body { font-family: helvetica, arial;}
</style>
</head>
<body>
  <form>
    <fieldset>
    <legend>Select a time range of recent HTML5 tweets</
    ¬ legend>
   <input type="radio" value="5" id="t5m" name="timerange"
    ¬ /><label for="t5m">5 minutes</label>
    <input type="radio" value="30" id="t30m" name=
    ¬ "timerange" /><label for="t30m">30 minutes</label>
    <input type="radio" value="120" id="t2h" name=
    ¬ "timerange" /><label for="t2h">2 hours</label>
    <input type="radio" value="all" id="tall" name=
    ¬ "timerange" checked="checked" /><label for="tall">
    ¬ all time</label>
    </fieldset>
  </form>
  <ul id="tweets"></ul>
<script>
var tweetEl = document.getElementById('tweets');
var db;

function setupDatabase() {
  if (!window.openDatabase) {
    tweetEl.innerHTML = '<li>Web SQL Database API is not
    ¬ available in this browser, please try nightly Opera,
    ¬ Webkit or Chrome.</li>';
    return;
  }
   db = openDatabase('tweets', '1.0', 'db of tweets',
  ¬ 2 * 1024 * 1024);
  db.transaction(function (tx) {
        tx.executeSql('CREATE TABLE tweets (id unique,
    ¬ screen_name, date integer, text)');
  });
  getTweets();
}

function getTweets() {
```

```
  var script = document.createElement('script');
     script.src  =  'http://search.twitter.com/search.
 ¬ json?q=html5 -RT&rpp=100&callback=saveTweets';
  document.body.appendChild(script);
}

// our Twitter API callback function
function saveTweets(tweets) {
  tweets.results.forEach(function (tweet) {
    db.transaction(function (tx) {
      var time = (new Date(Date.parse(tweet.created_at))).
      ¬ getTime();
      tx.executeSql('INSERT INTO tweets (id, screen_name,
      ¬ date, text) VALUES (?, ?, ?, ?)', [tweet.id,
      ¬ tweet.from_user, time / 1000, tweet.text]);
      ¬ // divide by 1000 to get to seconds
    });
  });
}


function show(amount) {
  db.transaction(function (tx) {
    tx.executeSql('SELECT * FROM tweets' + (amount !=
    ¬ 'all' ? ' WHERE date > strftime("%s", "now", "-' +
    ¬ amount + ' minutes")' : ''), [], function
    ¬ (tx, results) {
      var html = [],
          len = results.rows.length;

      for (var i = 0; i < len; i++) {
        html.push('<li>' + results.rows.item(i).text +
        ¬ '</li>');
      }
      tweetEl.innerHTML = html.join('');
    });
  });
}

// bind the click handlers for the radio buttons
[].forEach.call(document.querySelectorAll('input
¬ [type=radio]'), function (el) {
  el.onclick = function () {
    show(this.value);
```

```
  }
});

// go!
setupDatabase();

</script>
</body>
</html>
```

Criando transações - e para que elas são boas

Eu ignorei as transações até então. Elas são mais do que parecem. Não são apenas uma maneira de executar consultas; elas servem a um propósito útil em particular. As transações são como ambientes fechados nos quais você pode executar consultas. Você pode executar apenas uma consulta ou um grupo de consultas dentro de uma transação. De fato, você *não pode* executar uma consulta *sem* estar dentro de uma transação, já que o método `executeSql` está disponível *apenas* a partir do objeto `SQLTransaction`.

Possivelmente, o aspecto mais importante da transação é este: se algo falhar dentro da transação (código básico ou declarações SQL), então toda a transação é revertida. É como se todo código do bloco de transação nunca tivesse acontecido.

O método `transaction` recebe dois argumentos: o primeiro é o conteúdo da transação; o segundo, opcional, é o manipulador de erro caso disparado. Abaixo está um exemplo fictício que mostra a você como uma transação reverterá sua transação que falhou:

```
var db = openDatabase('foo', '1.0', 'foo', 1024);
db.transaction(function (tx) {
  tx.executeSql('CREATE TABLE foo (id unique, text)');
  tx.executeSql('INSERT INTO foo (id, text) VALUES
  ¬(1, "foobar")');
});

db.transaction(function (tx) {
  tx.executeSql('DROP TABLE foo');

  // known to fail - so should rollback the DROP statement
  tx.executeSql('INSERT INTO foo (id, text) VALUES
  ¬(1, "foobar")');
}, function (error) {
  // error.message is "no such table: foo"
```

```
    alert('Rollback triggered, the table "foo" was never
  ¬dropped due to: ' + error.message);
});

db.transaction(function (tx) {
  tx.executeSql('SELECT * FROM foo', [], function (tx,
  ¬results) {
    alert('found ' + results.rows.length + ' row');
  }, function (tx, error) {
    // this will never execute
    alert('something went wrong: ' + error.message);
  });
});
```

O que você está fazendo no código anterior é:

1. Começando uma transação que cria uma tabela foo e depois insere uma linha única.
2. Iniciando uma transação que dropa (remove) a tabela foo e então, incorretamente, tenta inserir uma nova linha em foo.
3. Esta transação falhará, e irá reverter as declarações (é como se o passo 2 nunca tivesse acontecido).
4. Começando uma transação que seleciona todas as linhas de foo e alerta o número de linhas.
5. A solicitação SQL tem sucesso e mostra "found 1 row".
6. As transações são utilizadas para garantir que um bloco atômico de solicitações seja executado e, caso qualquer parte falhe, seja revertido.

Resumo

Neste capítulo, você aprendeu sobre duas APIs diferentes para armazenar dados localmente no navegador que nocauteiam o uso de cookies (e há mais especificações de armazenamento sendo trabalhadas com a API Indexed Database).

Estas APIs de armazenamento permitem armazenar muito mais dados do que o cookie tradicional, e tornam a programação associada muito mais simples que antes. Além disto tudo, a API Web Storage tem um suporte realmente bom nos navegadores mais atuais (e em navegadores mais antigos pode ser suportada com uso de JavaScript), o que significa que você pode largar os terríveis e lentos cookies de hoje!

CAPÍTULO 7

Offline

Remy Sharp

QUANTAS VEZES estive trabalhando em um trem, tentando desesperadamente obter uma conexão 3G com meu dispositivo barato, e falhei em navegar em uma aplicação web que estava utilizando porque estávamos passando por um túnel (e assim, perdendo toda a conectividade)? Muitas e muitas vezes. A computação sem Internet ou com uma conexão particularmente ruim geralmente significa computação móvel, mas também pode significar que você simplesmente queira trabalhar offline. Igualmente, o usuário pode não ter optado por ficar offline. Na medida em que nos tornamos mais móveis com nossos computadores, ser capaz de continuar a utilizar um site fora do alcance do sinal se torna cada vez mais importante.

Estamos acostumados a criar aplicações web que dependem absolutamente da Web. Nossos sites rodam em navegadores, que são projetados para serem uma janela de visualização para dentro da Web. A parte da especificação HTML5 para aplicações Web offline tiram o "web" da "aplicação web". O navegador gerenciará um cache local, de modo que nossa aplicação funcionará sem uma conexão de Internet.

Puxando o plug: ficando offline

> **NOTA** No contexto da especificação offline, o manifesto é uma lista de arquivos que define quais arquivos devem ser incluídos para sua aplicação offline.

Para trabalhar offline, uma aplicação precisa apenas de um *manifesto* dizendo ao navegador o que ele precisa armazenar em seu cache local. O manifesto pode ser simples como uma lista de arquivos e estará pronto. Uma vez que o navegador tenha armazenado o cache de recursos, CSS, JavaScript, imagens e etc, quando a página for recarregada, o navegador utiliza estes recursos locais para acionar o site.

Além de dizer ao navegador o que armazenar, também poderá dizer o que *não* armazenar, garantindo que solicitações para aquela URL, em particular, sejam sempre via Web. Finalmente, o HTML5 oferece uma maneira para gerenciar casos de retorno. Em situações onde você está atualmente sem uma conexão e tente acessar um recurso que não esteja em seu cache local (offline), o retorno pode ser utilizado para apresentar um recurso *diferente*. Por exemplo, ir para a seção de conversação de sua aplicação pode causar um retorno para uma página dizendo que esta função está disponível apenas enquanto online.

A primeira parte de uma aplicação offline cabe ao manifesto, que diz ao navegador o que armazenar (ou o que não armazenar, em alguns casos). A segunda parte está no `applicationCache`. Este objeto contém métodos para disparar atualizações e substituir o cache mais recente no navegador. Ele também tem eventos disparando que o autor pode utilizar para notificar o usuário de que a aplicação pode ser atualizável.

O manifesto de cache

O manifesto é a coisa que diz ao navegador quando e o que extrair para funcionar offline, da Web, ou retornar caso recursos estejam ausentes. Uma vez que o manifesto tenha sido carregado ou atualizado, ele dispara uma atualização no objeto `applicationCache`. Para dizer ao navegador para procurar um manifesto é simples: você adiciona o atributo manifesto ao elemento `<html>`, e o aponta para o arquivo contendo o manifesto de seu aplicativo:

```
<!DOCTYPE html>
<html lang="en" manifest="/time.manifest">
<!-- my awesome time app lives here -->
</html>
```

Minha aplicação de exemplo, em toda sua glória, exibirá o horário em sua máquina e o horário em meu servidor. Não é tão complexo quanto a aplicação Google Docs, mas suficiente para demonstrar que, enquanto ao conexão não está disponível, ao invés de mostrar o horário do servidor – que ele não pode obter – ele mostrará a você a aplicação funcionando, mas com o horário do servidor marcado como indisponível. A **Figura 7.1** mostra a aplicação em seu primeiro carregamento e ainda online.

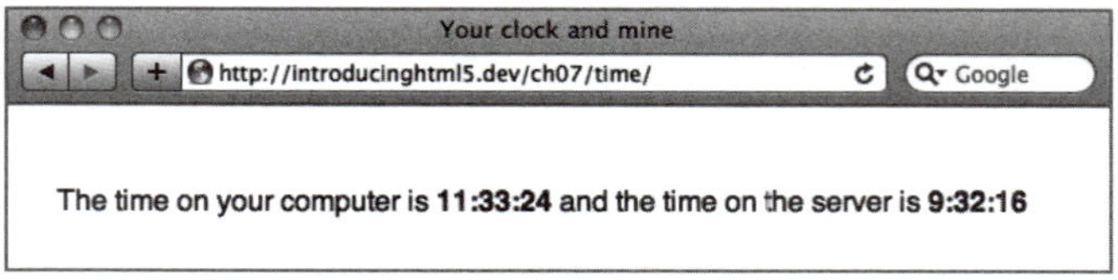

FIGURA 7.1 Sai da frente, Google Apps: nosso aplicativo nos diz o horário!

Minha aplicação completa exige

- A página do aplicativo: `index.html` neste caso;
- `time.js`: o código para atualizar o relógio;
- `time.css`: estilos simples para minha aplicação;
- `server-time.js`: neste exemplo, digamos que isto é gerado a cada minuto pelo meu servidor.

Tudo, com exceção do arquivo `server-time.js`, será armazenado no manifesto. Por fim, complementando, em adição, preciso de um arquivo que será apresentado no lugar do `server-time.js` caso estejamos offline. Este será

- `fallback-server-time.js`: contém um aviso sobre estar offline.

É assim que está o conteúdo de meu `time.manifest`:

```
CACHE MANIFEST
index.html
time.js
time.css

FALLBACK:
server-time.js fallback-server-time.js

# version 8
```

O formato do arquivo é importante. Você verá que a primeira linha é `CACHE MANIFEST`. Isto diz ao navegador que o que segue é a fonte do arquivo manifesto. Dentro do manifesto, os arquivos são listados sob categorias, também conhecidos como espaços de nome (em inglês, namespaces). A categoria padrão é `CACHE`, e caso não seja declarada, todos os nomes de arquivo encontrados são colocados nesta categoria até que o navegador encontre uma nova. Então, com isto em mente, eu poderia ter escrito meu arquivo da seguinte maneira – e ele teria exatamente o mesmo efeito:

```
CACHE MANIFEST

CACHE:
index.html
time.js
time.css

FALLBACK:
server-time.js fallback-server-time.js

# version 9
```

> **NOTA** A página web que inclui o manifesto (na tag `<html>`) também está implicitamente inclusa no manifesto de cache. Por este motivo, eu recomendo incluir explicitamente o arquivo, `index.html` neste caso, no manifesto, de modo que você não se confunda durante o desenvolvimento de seu projeto.

Você também pode repetir uma categoria. Para incorporar novos arquivos a serem adicionados no cache, inclua-os no fim do arquivo, de modo que o manifesto fique: cache, fallback, cache. Isto também é perfeitamente válido.

O FALLBACK diz ao navegador que, se qualquer coisa combinar com a URL na esquerda, em meu caso `server-time.js`, e ela não estiver no manifesto e não puder ser acessada com a conexão existente, então servir o arquivo especificado no lado direito, em meu caso `fallback-server-time.js`. O arquivo de retorno `fallback-server-time.js` é incluso nos arquivos a serem armazenados pelo navegador, assim como os arquivos na categoria CACHE.

O FALLBACK também permite que você utilize caminhos de URL, de modo que você pode utilizar o seguinte:

```
FALLBACK:
server-time.js fallback-server-time.js
/ offline.html
```

Isto diz ao navegador que se `server-time.js` for solicitado e não estiver disponível, então sirva o `fallback-server-time.js`. Caso qualquer outro caminho seja solicitado, como `/foo.html`, e não estiver disponível (seja por você estar offline ou ele não estar no cache), então sirva `offline.html`. Esta técnica pode ser utilizada para permitir que toda a sua aplicação funcione offline e bloqueie as áreas que exijam a web e notifique seu usuário através da página `offline.html` que ele precisa estar online para acessar esta seção em particular. A **Figura 7.2** mostra minha aplicação de tempo quando a aplicação não tem conexão com o site, e o `server-time.js` solicitado retorna para `fallback-server-time.js`, mostrando uma mensagem completamente diferente.

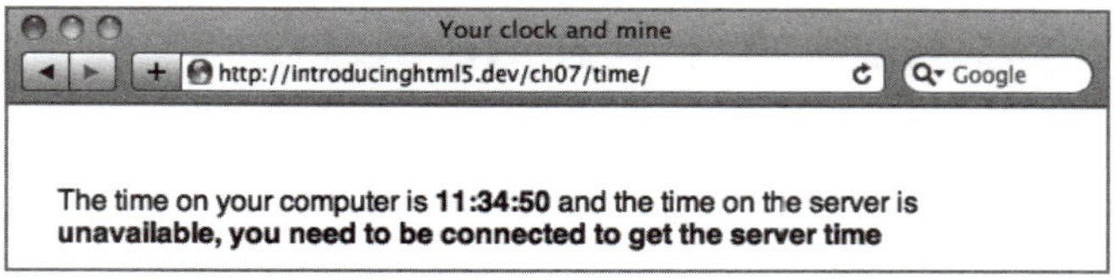

FIGURA 7.2 Minha aplicação de tempo continua a funcionar enquanto offline, extraindo recursos diferente para o arquivo JavaScript server-time.

> **NOTA** Cachebusting significa utilizar uma técnica forçada para impedir que os recursos sejam armazenados. No exemplo do manifesto, isto é obtido alterando-se seus conteúdos.

> **NOTA** Os navegadores gostam do manifesto e não deixam seu cache ir facilmente. Certifique-se de incluir um comentário que tenha um número de versão, revisão ou tag de tempo, que você possa alterar e forçar uma atualização do manifesto do navegador.8

Finalmente, inclui um comentário no arquivo, começando com o símbolo # (perceba que os comentários também devem estar em suas próprias linhas). Isto me diz o número da versão e é importante para fazer o *cachebust* do manifesto.

Não precisa ser um número ou qualquer coisa em particular, mas para dizer para o navegador recarregar os conteúdos do manifesto você precisa alterar o conteúdo do arquivo, e não apenas a tag de tempo, para forçar uma recarga. Estou utilizando um número de versão aqui, este poderia ser uma ID de revisão de seu sistema de controle de revisão favorito, ou poderia ser uma tag de tempo (em inglês, datetime stamp), ou algo que seja único e mude quando você queira recarregar.

Além das categorias `CACHE` e `FALLBACK`, há a categoria `NETWORK`, que não precisei em meu exemplo. A categoria `NETWORK` é uma categoria de "lista branca", dizendo ao navegador que todas as solicitações para os arquivos ou caminhos nesta categoria devem ser via Web e não devem ser armazenadas. Por exemplo

```
NETWORK:
live-time.php
/realtime-stuff/
```

diz ao navegador que ele deve estar na Web para acessar `live-time.php`, mas também qualquer coisa que combine com o caminho absoluto `http://mysite.com/real-timestuff/`. Da mesma maneira, você pode utilizar a categoria `NETWORK` para declarar explicitamente que qualquer coisa que não esteja armazenada deva passar via Web com a utilização de um coringa* (perceba que este é um comportamento padrão caso omitido):

```
CACHE MANIFEST
index.html
time.js
time.css

FALLBACK:
server-time.js fallback-server-time.js

NETWORK:
*

# version 10
```

Como servir o manifesto

> **NOTA** Alterar os tipos mime em seu servidor web está além do escopo deste livro, mas entre em contato com sua companhia de hospedagem e eles irão lhe apontar a direção correta.

Há um último obstáculo a ser superado antes que você possa tornar sua aplicação completamente offline: você precisa servir o arquivo manifesto de maneira apropriada, o que significa que ele deve ter a extensão `.manifest` e deve ter o tipo mime correto.

Se estiver utilizando um servidor web comum como o Apache, será preciso adicionar o seguinte em seu arquivo mime.types:

```
text/cache-manifest manifest
```

Isto garante que o Apache envie o cabeçalho de arquivo `text/cache-manifest` quando você solicitar qualquer arquivo com a extensão `.manifest`. Você pode testar isto verificando os cabeçalhos do arquivo solicitado utilizando uma ferramenta como o `curl` e o `-I` (i maiúsculo):

```
curl -I http://mysite.com/time.manifest
```

Isto deve retornar (algo) assim:

```
HTTP/1.1 200 OK
Date: Thu, 04 Mar 2010 12:59:30 GMT
Server: Apache/2.2.13 (Unix) mod_ssl/2.2.13 OpenSSL/0.9.8l
¬DAV/2 PHP/5.3.0
Last-Modified: Mon, 01 Mar 2010 16:20:24 GMT
Accept-Ranges: bytes
Content-Length: 113
Content-Type: text/cache-manifest
```

Agora que seu servidor está enviando os cabeçalhos corretos, e seu arquivo manifesto está pronto para ser utilizado, cumprimente-se. Vamos dar olhada nisto em ação.

O processo navegador - servidor

Quando se trabalha com aplicações offline, é útil compreender o processo de comunicação entre o navegador e o servidor. Se possível, eu recomendo executar os comandos seguintes em seu servidor para *acompanhar* seus logs de acesso enquanto recarrega sua página utilizando o manifesto de cache, para visualizar exatamente o que está sendo obtido. Isto mostrará se os arquivos do seu manifesto estão realmente sendo solicitados e servidos por seu servidor:

```
tail -f logs/access_log
```

Quando você visita uma página web que faz uso do manifesto de cache, como meu exemplo de tempo, aqui está o que acontece:

1. Navegador: solicita **http://introducinghtml5.com/examples/ch07/time/**
2. Servidor: retorna `index.html`
3. Navegador: interpreta `index.html` e solicita todos os recursos na página, imagens, CSS, JS e o arquivo manifesto
4. Servidor: retorna todos os recursos selecionados
5. Navegador: processa o manifesto e solicita todos os itens do manifesto, independentemente de ter acabado de solicitá-los. Isto pode, efetivamente, ser uma solicitação duplicada para sua aplicação, caso esteja armazenando todos os recursos.
6. Servidor: retorna os recursos do manifesto solicitados
7. Navegador: cache da aplicação foi atualizado, dispara um evento declarando isto

Cuidado com a esquiva raposa! (em inglês, dodgy foxes)

O Firefox declara suporte para aplicações offline, mas não funciona de maneira apropriada e tem permanecido historicamente buggado. Se você estiver testando com o Firefox, certifique-se de também verificar o que realmente está sendo solicitado de seu servidor monitorando seus logs do servidor. Em particular, o manifesto deveria ser solicitado uma vez o navegador esteja utilizando o manifesto de cache. Atualmente, o Firefox 3.6 não solicita o manifesto, o significa que você está preso àquela versão do seu código, o que é ruim! Há esperanças! Você pode dizer ao navegador para nunca armazenar o arquivo manifesto adicionando o seguinte código na configuração do seu servidor, ou no arquivo `.htaccess` (ou similar).

Se você está usando `mod_expires` para Apache, você precisa incluir o trecho abaixo no seu `httpd.conf`:

```
<IfModule mod_expires.c>
  ExpiresActive on
  ExpiresByType text/cache-manifest "access plus 0 seconds"
</IfModule>
```

Você também pode enviar cabeçalhos personalizados nas requisições por arquivos .manifest e envia um cabeçalho `no-cache`:

```
Header set Pragma "no-cache"
```

Agora o navegador carregou totalmente o cache utilizando os arquivos listados no manifesto. Caso o manifesto não tenha sido alterado e o navegador seja recarregado, aqui está o que acontece:

1. Navegador: solicita novamente **http://introducinghtml5.com/examples/ch07/time/**
2. Navegador: detecta que ele tem um cache local para esta página e a serve localmente

3. Navegador: interpreta `index.html` e todos os recursos no cache local são servidos localmente
4. Navegador: solicita o arquivo manifesto do servidor
5. Servidor: retorna um código 304 notificando ao navegador que o manifesto não foi alterado

Uma vez que o navegador tenha seu cache dos recursos, ele o serve localmente primeiro, e então solicita o manifesto. Como mostrado na **Figura 7.3**, o Safari está carregando todos os recursos para minha aplicação de tempo, mas ao mesmo tempo estou monitorando o log de acesso para a aplicação, onde podemos visualizar que *apenas* `time.manifest` e `server-time.js` estão sendo solicitados através da conexão.

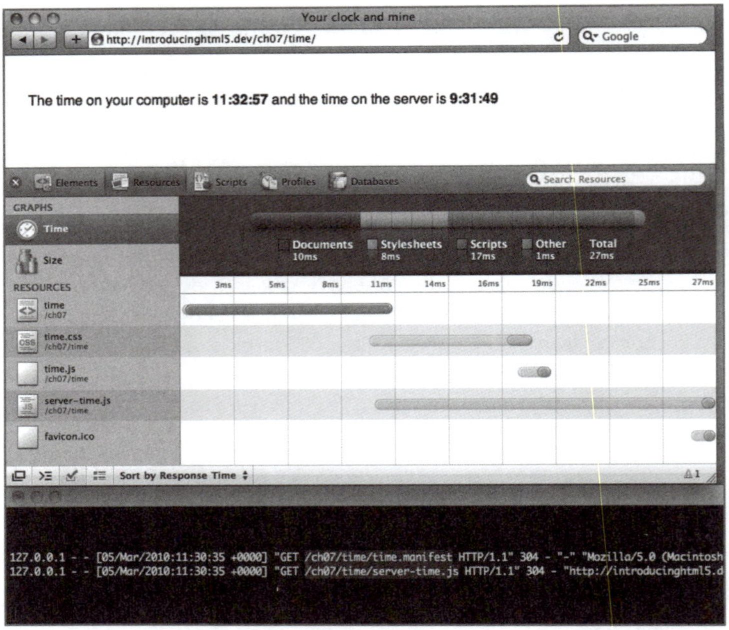

FIGURA 7.3 O Safari faz uma solicitação para o carregamento da aplicação utilizando o cache local e solicitando apenas o manifesto e o server-time do servidor. Desta vez, você solicitou novamente a aplicação – mas o manifesto mudou. Se o manifesto tiver mudado, o processo dos passos 1 até 4 são exatamente os mesmos, mas em seguida o navegador precisa recarregar o cache.

1. Navegador: solicita novamente **http://introducinghtml5.com/examples/ch07/time/**
2. Navegador: detecta que ele tem um cache local para esta página e o serve localmente
3. Navegador: interpreta `index.html` e todos os recursos no cache local são servidos localmente
4. Navegador: solicita o arquivo manifesto do servidor
5. Servidor: retorna o arquivo manifesto atualizado

6. Navegador: processa o manifesto e solicita todos os itens do manifesto
7. Servidor: retorna os recursos solicitados do manifesto
8. Navegador: o cache da aplicação foi atualizado, disparando um evento declarando isto

Entretanto, é importante saber que embora os recursos possam ter mudados, qualquer recurso previamente carregado não mudará (por exemplo, imagens não mudarão repentinamente, as velhas funções JavaScript não mudarão). De fato, neste ponto da vida da aplicação, nada do novo cache está disponível. Apenas quando a página for recarregada é que os novos recursos armazenados entram em jogo e se tornam disponíveis.

Veremos como podemos colocar nossas mãos nestes novos recursos observando o objeto `applicationCache`.

applicationCache

O `applicationCache` é o objeto que notifica as mudanças do cache local, mas também permite que você dispare manualmente uma atualização no cache. Apenas se o manifesto tiver sido alterado é que o `applicationCache` receberá um evento dizendo que ele foi atualizado.

Na lista de processos da seção anterior, uma vez que o navegador tenha terminado de carregar o cache com os arquivos do manifesto, o evento de atualização dispara no `applicationCache`. Você poderia utilizar este evento para dizer aos usuários que a aplicação que eles estão utilizando foi atualizada e que eles devem recarregar a janela do navegador para obter a última e melhor versão de sua aplicação. Você pode fazer isto utilizando um ouvinte de evento simples e uma notificação:

```
applicationCache.onUpdateReady = function () {
  // the cache manifest has changed, let's tell the user to
  // reload to get whizz bang version 2.0
  notifyUserOfUpgrade();
};
```

Entretanto, e se você quisesse dizer ao usuário o que mudou? Ou talvez até mesmo tentar recarregar dinamicamente parte da funcionalidade. Falando de maneira restrita, é possível, mas pode ser complicado dependendo de sua aplicação. De toda maneira, para carregar o cache download recente na memória, você pode utilizar o método `applicationCache.swapCache()`:

```
applicationCache.onUpdateReady = function () {
  applicationCache.swapCache();

  // the cache manifest has changed, let's tell the user to
  // reload to get whizz bang version 2.0
  notifyUserOfUpgrade();
};
```

Embora a troca de cache remova o cache antigo e carregue o novo cache, ele não altera imagens ou recarrega qualquer parte do seu código. Isto só acontece se o recurso for manualmente recarregado ou toda a janela for recarregada. Entretanto, você pode forçar uma recarga manual em um destes recursos criando dinamicamente um novo nó DOM para um script ou imagem que você queira recarregar.

Por exemplo, digamos que você tem um arquivo em seu manifesto que tem a última descrição de versão em `version.js`. Caso o navegador tenha uma atualização pronta (que você detectou através do evento de atualização pronta), dentro da função `notifyUserOfUpgrade` você carregará o arquivo `version.js` e será capaz de mostrar aos usuários a lista mais recente de mudanças caso eles recarreguem o aplicativo.

Eu penso que, falando de maneira geral, o `swapCache` tem uso prático muito limitado. Mas o evento de atualização pronta é muito útil para dizer aos usuários que eles podem querer recarregar o navegador para obterem o código do aplicativo atualizado, um pouco como uma aplicação normal de desktop nos dizendo que uma nova atualização está pronta para ser baixada. Exceto que neste caso, a atualização já foi baixada para nós nos bastidores.

Utilizando o manifesto para detectar conectividade

Parte do HTML5 inclui uma propriedade no objeto navigator que *supostamente* serve para nos dizer se o navegador está online ou offline, através do

```
navigator.onLine
```

Entretanto, esta propriedade apenas muda através do menu do aplicativo sendo alterado para “Work Offline” (no Opera, IE e Firefox). Isto não parece uma maneira muito boa de trocar de modo, então você pode utilizar a categoria `FALLBACK` do manifesto de cache para detectar a conectividade. Incluindo uma regra `FALLBACK` em nosso manifesto, você pode extrair uma peça de JavaScript e detectar se você está online ou offline.

Seu manifesto:

```
CACHE MANIFEST

FALLBACK:
online.js offline.js
O online.js contém:
setOnline(true);
O offline.js contém:
setOnline(false);
```

Em sua aplicação você tem uma função chamada `testOnline`, que dinamicamente cria um elemento de script que *tenta carregar* o arquivo JavaScript `online.js`. Caso tenha sucesso, o código `setOnline(true)` é executado. Se você estiver offline, nos bastidores o navegador retorna ao arquivo JavaScript `offline.js`, que chama `setOnline(false)`. A partir daí, você pode querer disparar o `applicationCache.update`:

```
function testOnline(fn) {
  var script = document.createElement('script')
  script.src = 'online.js';

  // alias the setOnline function to the new function that was
  // passed in
  window.setOnline = function (online) {
    document.body.removeChild(script);
    fn(online);
  };

  // attaching script node trigger the code to run
  document.body.appendChild(script);
}

testOnline(function (online) {
  if (online) {
    applicationCache.update();
  } else {
    // show users an unobtrusive message that they're
    ¬disconnected
  }
});
```

Matando o cache

Como mencionei anteriormente neste capítulo, os navegadores ficam bastante apegados ao cache. É fácil ficar preso em um ciclo onde você não possa limpar o cache para testar uma mudança que tenha feito. Até então, a especificação não tem um método para programaticamente limpar o cache (por exemplo, você não pode fazê-lo a partir do objeto `applicationCache`).

Com isto em mente, durante o desenvolvimento eu recomendo fortemente que você evite utilizar o manifesto de cache. Certifique-se de que o desenvolvimento de sua aplicação esteja completamente finalizado, e apenas então siga adicionando o atributo manifest. Dito isto, uma vez o cache no lugar, como você faz para limpá-lo?

Manualmente. Atualizar para um novo cache deveria ser simples como alterar os conteúdos do arquivo manifesto. Como dito antes, utilize um comentário que inclua um número de versão ou similar. E se você quiser começar novamente, ou se quiser remover completamente o atributo manifest? Você só será capaz de fazer isto durante o desenvolvimento, pois isto exige que você limpe o cache do navegador (e dependendo do navegador, ele está colocado em diferentes lugares).

> **NOTA** Quando você limpar o cache, certifique-se de que não haja janelas ainda abertas com sua aplicação que usem o manifesto.

Para navegadores baseados em WebKit, você precisa esvaziar (ou limpar) o cache. Por *cache* eu quero dizer qualquer coisa que tenha sido armazenada para ajudar a acelerar sua experiência de navegação. Por *WebKit*, quero dizer Safari para desktop, Safari mobile, e Chrome.

O WebKit limpa o cache de tudo, exceto aquela janela em particular, então quando você recarregar, ainda tem o manifesto de cache incluso. Isto vale para o iPhone também.

Para o Firefox, você precisa abrir as preferências, ir à aba Advanced, e selecionar a aba Network. A partir daí você pode limpar o cache de domínios individuais.

Resumo

No passado, o funcionamento do site frequentemente falhava quando os usuários não estavam conectados na Internet. Os navegadores agora estão começando a suportar esta capacidade, e este capítulo mostrou a você como fazer seus aplicativos Web funcionarem sem a Web.

CAPÍTULO 8

Arrastar e Soltar

Remy Sharp

ENTÃO CHEGAMOS ao capítulo ovelha negra de nosso livro: Arrastar e Soltar. Ele não é a ovelha negra no sentido legal, como a versão do Darth Vader do Imperial Tie Fighter; não, infelizmente é o tipo de ovelha negra que você quer deixar sozinha no campo, e deixá-la fazer o que lhe compete. Alguns homens melhores que eu, tem coisas ainda piores a dizer sobre a especificação.

Então por que está aqui? Por que esta é uma especificação HTML5 – e sim, o arrastar e soltar é realmente parte da verdadeira especificação HTML5. Bem, está aqui porque o Microsoft Internet Explorer adicionou o arrastar e soltar em 1999 no IE5 – sim, faz este tempo todo. Desde então, o Safari implementou a API do IE, então Ian Hickson, editor do HTML5, fez a engenharia reversa da API, fez todo o trabalho duro de compreender exatamente o que estava acontecendo (descrevendo a documentação MSDN como tendo uma "descrição vaga e desleixada), e documentou a API.

NOTA Detalhes da investigação de Ian podem ser vistos aqui: **http://ln.hixie.ch/?start=1115899732&count=1**.

Agora estamos em uma posição onde o Firefox, Safari, Chrome e IE suportam esta API. Não é uma boa API – na verdade, provavelmente é a pior API – mas tem algumas boas implementações, então vale a pena compreender do que ela é capaz.

Através deste capítulo, perdoaremos você por gritar "Que diabos?" enquanto trilhamos o caminho através do buraco de coelho que é a API de arrastar e soltar. Por que estamos incluindo um capítulo sobre este tópico? Porque há algumas funcionalidades interessantes que podem ser obtidas com a API. A API, como insinua o nome, permite que você arraste itens e solte-os em qualquer lugar do navegador. Mas esta funcionalidade não está limitada ao navegador. Você pode arrastar elementos do navegador para aplicativos externos – como outra janela de navegador, o Photoshop ou um editor de texto – e o aplicativo pode preparar os dados arrastados de modo que sejam compatíveis com o alvo. Isto se presta muito bem à ideia de que o HTML5 é uma especificação para Aplicações Web, e dá a nós, desenvolvedores, mais funcionalidades que tomam emprestados da computação desktop.

Entrando no arrasto

Vamos começar com o mínimo absoluto exigido para se obter a maravilha que é o arrastar e soltar. Por padrão, todos os links, nós de texto (ou seções), e elementos de imagem são arrastáveis. Isto significa que você não precisa fazer nada para dizer ao navegador que eles podem ser arrastados pela página.

Nossa demonstração simples terá uma zona de liberação e um punhado de imagens que você pode arrastar para este local. E quando você a solta lá, a fonte da imagem aparecerá na zona de liberação (veja a **Figura 8.1**).

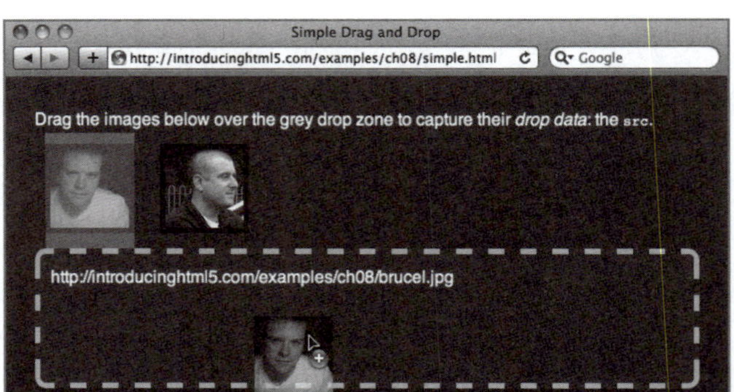

FIGURA 8.1 Todas as imagens e links são arrastáveis por padrão. Com um pouco mais de código, você também pode torná-las soltáveis.

Já que não há nada a ser feito para ter imagens arrastáveis, você só precisa anexar a zona de liberação, que precisa dos seguintes manipuladores de evento:

1. Drag over: diz ao navegador que *este* é um elemento que aceita a ação de saltar dados.
2. On drop: uma vez que *algo* tenha sido solto sobre o elemento, faça algo com os dados soltos (em inglês, dropped data).

Estou explicando absolutamente o mínimo necessário para obter o arrastar e soltar, mas este método só funcionará no Safari. Então levarei você pelos ajustes exigidos para fazê-lo funcionar no Firefox, Chrome e IE.

Outra coisa importante de mencionar é que a especificação em **http://dev.w3.org/html5/spec/editing.html#dnd** diz que há *três* eventos que você precisa para manipular o arrastar e soltar. Este não é o caso, ou certamente não é quando se fala na prática. Você precisa de três eventos para fazê-lo funcionar em todos os navegadores, mas não no Firefox e no Safari.

Vamos deixar toda esta cautela de lado por um minuto e quebrar a nossa demonstração. A listagem seguinte é a fonte über minimalista que você precisa para ver a API arrastar e soltar em ação:

```
<!DOCTYPE html>
<title>Simple drag demo</title>
<style>#drop { height: 100px; border: 5px solid #ccc; }
</style>
<img src=”http://img.tweetimag.es/i/rem” alt=”@rem” />
<img src=”http://img.tweetimag.es/i/brucel” alt=”@brucel”
/>
<div id=”drop”></div>
<script>
  var drop = document.getElementById(‘drop’);
  drop.ondrop = function (event) {
    this.innerHTML += ‘<p>’ + event.dataTransfer.
    ¬getData(‘Text’) + ‘</p>’;
  };
  drop.ondragover = function () { return false; };
</script>
```

Estou utilizando o mínimo HTML necessário somente para manter as coisas curtas. Você pode ver no código anterior que estou capturando uma referência para o elemento `div#drop` e então definindo dois manipuladores de eventos em linha: `ondrop` e `ondragover`.

Quando *algo* é solto sobre o elemento de liberação, ele dispara o evento drop, e você pode ler o objeto `event.dataTrasnfer`. O tipo de dado padrão é *Texto*, então você pode utilizar o método getData e solicitar o tipo de dado de texto. No caso de uma imagem, o texto será a origem da imagem (normalmente, o IE nos dá null para o tipo de dado de texto, mas consertaremos isto mais tarde). Para links, o href é o conjunto de dados, e para texto puro que tenha sido selecionado e arrastado, o próprio texto é o conjunto de dados.

Aqui é onde as coisas começam a ficar um pouco estranhas. Para dizer ao navegador que o elemento de liberação pode aceitar itens sendo soltos sobre ele, você precisa *cancelar* o evento `dragover`. Já que estou utilizando um manipulador de evento em linha (chamado `oneventname`), ele pode retornar false. Isto evita a ação padrão do navegador. Qual *é* a ação padrão? Não está claro na especificação, mas seria justo dizer que a ação padrão seria deixar o objeto sob controle do navegador. Se eu estivesse utilizando `addEventListener`, eu teria de usar `event.preventDefault()`.

Então, para ficar completamente claro – pois, francamente, isto não é incrivelmente óbvio – aqui está uma citação da especificação:

> *"Caso a ação de soltar deva ser aceita, então este evento (dragover) tem de ser cancelado".*

Então, agora que você tem funcionando seu primeiro arrastar e soltar, e quanto àqueles ajustes que mencionei? Vamos corrigir o Firefox primeiro; isto é fácil. Quando você solta a imagem na zona de liberação no Firefox, ele na verdade redireciona o navegador para o valor de `getData('Text')` para você caso se pareça com um link – isto é, as fontes de imagem e links `href`. Então é fácil: no evento soltar, você impede a ação padrão do navegador. Caso você esteja utilizando manipuladores em linha, você retornará false, ou `event.preventDefault()`, de modo que nosso manipulador de soltura se pareça com isto agora:

```
drop.ondrop = function (event) {
  this.innerHTML += '<p>' + event.dataTransfer.getData
  ¬('Text') + '</p>';
  return false;
};
```

Agora, o IE. Fazer isto funcionar no IE não é, na verdade, tão doloroso quanto poderia ser. Isto é principalmente porque *eles* vieram com a API em primeiro lugar. O IE não escuta o evento dropover, e sim o evento dropenter – e é *este* evento que você precisa cancelar para o IE entrar no jogo. Então, vamos adicionar outro manipulador de evento e retornar false, também. Já que você está fazendo a mesma coisa, eu criei uma função para retornar false:

```
function cancelEvent() { return false; }
drop.ondragenter = cancelEvent;
drop.ondragover = cancelEvent;
```

Novamente, já que você está fazendo funcionar no IE, o IE não passa o objeto event para nosso manipulador em linha, então você precisa mudar o manipulador de evento soltar para capturar o objeto de evento global caso você não receba um.

```
drop.ondrop = function (event) {
  event = event || window.event;
  this.innerHTML += '<p>' + event.dataTransfer.getData
  ¬('Text') + '</p>';
  event.cancelBubble = true;
  return false;
};
```

Você também precisa impedir o evento de borbulhar no DOM para evitar a abertura de novas janelas. Normalmente, `return false` deveria manipular isto (como faz em outros navegadores), mas o IE precisa de uma ajuda com o `event.cancelBubble=true`.

Uma questão final para resolver: quando você solta a imagem no IE ou Chrome, você obtém "null" como o texto em nossa zona de liberação. Para corrigir isto, você precisa definir alguns dados sob o tipo de dado Text uma vez que o elemento comece a ser arrastado, utilizando o evento `dragstart`:

```
var imgs = document.getElementsByTagName('img'),
    i = imgs.length;
while (i--) {
  imgs[i].ondragstart = function (event) {
    event = event || window.event;
     event.dataTransfer.setData('Text', this.getAttribute
    ¬('alt'));
  };
}
```

Agora, você pode ver que eu defini alguns dados onde o tipo é "Text" com base no atributo `alt` da imagem. Agora, quando a imagem for solta, e o tipo de dado Text for lido, você terá os nomes de tela do Twitter ao invés da fonte da imagem. Esta demonstração de arrastar e soltar funciona no IE5 e posteriores, Firefox, Chrome e Safari. Mais importante, é o método `setData` que realmente mostra as possibilidades do modelo de arrastar e soltar, mas, igualmente, expõe alguns potenciais problemas na especificação.

Interoperabilidade dos dados arrastados

Utilizando os métodos setData e getData no objeto dataTransfer, você pode passar dados de elementos dentro da nossa aplicação para outras páginas de nossa aplicação, ou entre janelas do navegador – como prototipou o 280 Slides, quando se arrasta um slide de uma janela para outro documento completamente separado (**Figura 8.2**). Finalmente, você também pode aceitar ou enviar dados para aplicativos nativos do desktop.

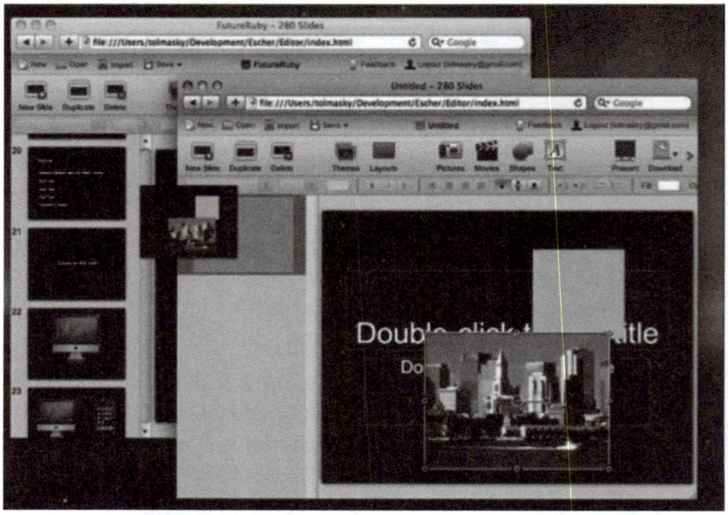

FIGURA 8.2 Um protótipo inicial de como arrastar e soltar poderia funcionar no 280 Slides.

Arrastando dados para outros aplicativos

Desde que você conheça o que são os tipos de conteúdos aceitos, você pode definir o tipo de dado para este tipo de conteúdo, e quando você arrasta conteúdo de sua aplicaçãopara aquele aplicativo. Por exemplo, em um Macintosh, o desktop aceita que sejam arrastadas parcelas de texto. Eu posso construir meu próprio conteúdo, definir o tipo como text/plain, e então quando eu arrasto para o desktop (utilizando o Chrome ou Safari), uma parcela de texto é criada com meu conteúdo (**Figura 8.3**):

```
img.ondragstart = function (event) {
  event = event || window.event;
  // here be one long line
  event.dataTransfer.setData(‘text/plain’,
    ‘This is the screen name for ‘ + this.getAttribute
    ¬(‘data-screen_name’) +
    ‘, whose image can be found here: ‘ + this.src);
};
```

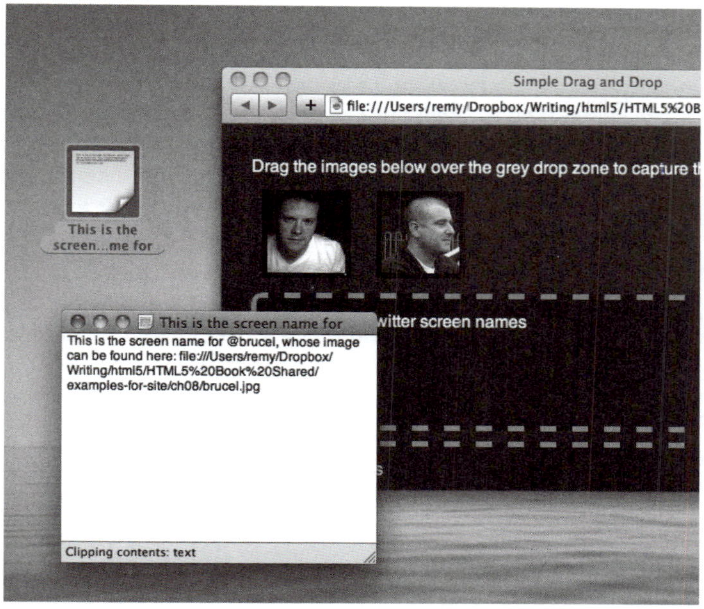

FIGURA 8.3 O conteúdo arrastado de minha página web cria uma parcela de texto no desktop.

Uma nota final sobre o `setData`: ele só aceita strings. Isto significa que você não pode armazenar um objeto JavaScript "complexo" em um tipo de conteúdo. Entretanto, há uma solução simples o suficiente para contornar isto: `JSON.stringify`.

Todos os navegadores mais recentes acompanham codificação JSON nativa (`stringify`) e decidificação (`parse`), então você pode stringificar nosso objeto completo e defini-lo contra um tipo de conteúdo. Para os navegadores mais antigos, você pode incluir a biblioteca JSON **http://json.org/json2.js** (entretanto, hospede-o você mesmo, visto que há uma pequena caixa de alerta que você precisa ser removida e que previne hotlink), que adicionará o suporte ao `stringify` e `parse` do JSON.

Problemas com a definição dos dados arrastados

Aplicativos nativos do desktop têm arrastado e soltado por algum tempo já e tiveram anos para acertar suas APIs. Uma enorme vantagem que os aplicativos nativos têm é que a definição dos dados não acontece realmente, ou executa, quando o usuário começa a arrastar. Ela acontece quando o usuário solta.

Há um motivo importante para isto: quando solta, você só precisa de um tipo de conteúdo.

> **NOTA** No total, há sete eventos de arrastar e soltar. Você viu `dragenter`, `dragover`, `drop` e `dragstart`. Além destes há dragend (o complemento de `dragstart`), `dragenter` e dragleave. Os eventos enter e leave disparam na zona de liberação quando itens arrastados entram no elemento.

Ter de construir diferentes tipos de conteúdo no evento `dragstart` o faz, possivelmente, executar código desnecessário. Por exemplo, se eu fosse permitir que o usuário arrastasse um elemento do canvas para o Photoshop, eu iria querer codificá-lo como um arquivo compatível com o Photoshop e armazená-lo no tipo de conteúdo correto. Mas e se eu estivesse suportando outros formatos além do Photoshop? Eu teria de fazer toda a codificação no ponto em que o evento `dragstart` dispara, mas o usuário irá, na melhor das hipóteses, soltá-lo em apenas um único aplicativo. E se ele estivesse arrastando o elemento por aí só para se divertir? Você ainda roda toda a execução, um enorme desperdício de poder de processamento para aplicativos mais complicados. Caso sua aplicação seja simples, você pode não perceber nenhum problema de desempenho; mas se for uma aplicação completa, você terá de considerar suas opções. Talvez você não suporte todos aqueles formatos. Talvez você suporte apenas um formato compatível. Talvez você sequer suporte arrastar e soltar.

Há propostas para corrigir isto (junto a propostas para riscar todo o modelo de arrastar e soltar e recomeçar do início), mas em médio prazo, este é um problema que você terá de contornar.

Como arrastar *qualquer* elemento

É aqui que a especificação HTML5 adicionou alguns conteúdos novos na API. Permitir que qualquer elemento seja arrastado é incrivelmente fácil. Pegue sua div e adicione o novo atributo: `draggable`. Por exemplo:

```
<div draggable="true">This element be draggable</div>
```

Claro que eu disse *incrivelmente*. Bem, funciona no Firefox; qualquer elemento que tenha o atributo draggable pode agora ser arrastado pelo navegador. Claro, sendo que isto é uma nova adição no HTML5, não vem como padrão no IE, então esqueça fazê-lo funcionar no IE. Talvez funcione no IE9 ou posterior. Mais incrível ainda é fazê-lo funcionar no Safari 4.

Embora seja impressionantemente simples permitir que qualquer elemento seja arrastável com a utilização do atributo `draggable`, por razões que estão além deste autor e de muitos outros blogueiros, para fazer qualquer elemento ser arrastado no Safari 4 você precisa dar a ele um estilo CSS específico. Isto mesmo, para habilitar um *comportamento*, você precisa definir um atributo *presentacional*. Isto foi corrigido no Safari 5, então o CSS não é exigido, mas para funcionar em versões mais antigas do Safari você precisará do CSS. Você deve adicionar o seguinte CSS aos elementos alvo com o atributo `draggable`:

```
[draggable] { -webkit-user-drag: element; }
```

Ele utiliza o seletor de atributo CSS (os colchetes) para encontrar todos os elementos com a propriedade habilitada, e então aplica o comportamento para permitir que os usuários arrastem o elemento.

Fora o remendo CSS que você precisa adicionar para dar vida ao Safari 4, arrastar qualquer elemento não é muito difícil, e significa que agora você pode criar objetos complicados na DOM que o usuário pode mover e soltar em outras janelas ou aplicativos.

Adicionando ícones de arrasto personalizados

Você pode adicionar seu próprio ícone de arrasto personalizado quando arrastar um elemento. No evento `dragstart`, você pode utilizar o método `setDragImage` para associar sua própria imagem com o cursor com um deslocamento específico em relação ao cursor.

Há, obviamente, uma pequena ressalva: não funciona no IE, e no Safari você não pode substituir o cursor caso esteja arrastando texto, imagens ou links. Mas estamos otimistas – vamos criar nosso próprio ícone personalizado de arrasto.

```
var dragIcon = document.createElement('img');
// set the drag icon to the mini twitter logo
dragIcon.src = 'http://img.tweetimag.es/i/twitter_m';
// later in the code...
element.ondragstart = function (event) {
  event.dataTransfer.setDragImage(dragIcon, -10, -10);
 // and do some other interesting stuff with dataTransfer
};
```

O resultado é um pequeno ícone personalizado que representa melhor o dado que está sendo movido (**Figura 8.4**).

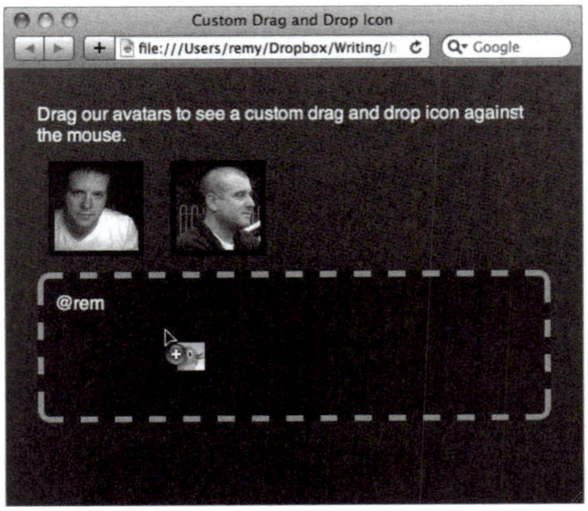

FIGURA 8.4 Criamos um cursor personalizado do Twitter para quando se arrasta dados relacionados ao Twitter.

Acessibilidade

Se você chegou até aqui, indiferente aos alertas e cadáveres através da especificação, então felizmente a aplicação com arrastar e soltar que você está implementado surgirá sob o questionamento da acessibilidade. A API arrastar e soltar é acessível, ou podemos torná-la acessível?

Bem, como seria de esperar com esta especificação, há uma boa intenção. Sim, a API foi projetada com a acessibilidade em mente. Não é terrivelmente clara, mas definitivamente imagina que o usuário deva ser capaz de controlar o arrastar e soltar utilizando atalhos de teclado no modelo de copiar e colar.

O processo supunha-se ser: navegue até o elemento que você quer arrastar, copie-o para a área de transferência utilizando os atalhos de teclado, então navegue até a zona de liberação, e cole-o usando o teclado.

Como você provavelmente já adivinhou, nenhum navegador implementou isso (ainda).

Entretanto, você pode preparar suas demonstrações de arrastar e soltar para incluir o suporte ARIA. Você precisará definir atributos ARIA no `dragstart` para indicar que o elemento está sendo arrastado. Também precisamos, agora, conectar o evento `dragend` para remover o atributo ARIA. Também devemos utilizar dicas visuais para indicar ao usuário que elementos podem ser arrastados e *onde* eles podem ser liberados. Não cobrirei isto em detalhes, mas Gez Lemon escreveu um detalhado artigo sobre a adição de ARIA e acessibilidade geral para arrastar e soltar não nativo, onde as práticas ainda se aplicam ao arrastar e soltar nativo: **http://dev.opera.com/articles/view/accessible-drag-and-drop/**

```
var drop = document.getElementById('drop'),
    boxes = document.getElementsByTagName('div'),
    i = boxes.length;

while (i--) {
  if (boxes[i].getAttribute('draggable') != undefined) {
    boxes[i].ondragstart = function (event) {
      event = event || window.event;
      this.setAttribute('aria-grabbed', 'true');
      // set the drop targets up for ARIA support
      drop.tabIndex = 0; // for keyboard support
```

```
      drop.setAttribute('aria-dropeffect', 'copy');

      // then do something fancy with dataTranfer.setData
    };

    boxes[i].ondragend = function () {
      this.setAttribute('aria-grabbed', 'false');

      // reset the drop targets
      drop.tabIndex = -1; // for keyboard supportZ
      drop.removeAttribute('aria-dropeffect');
    };

    boxes[i].tabIndex = 0; // for keyboard support
    boxes[i].setAttribute('aria-grabbed', 'false');
  }
}
```

No código anterior, você está buscando pelas divs que tenham o atributo draggable. Então, você adiciona o suporte ARIA começando no evento dragstart. Uma vez que o elemento comece a ser arrastado, você define o atributo `aria-graddeb` como true, de modo que o dispositivo assistido possa dar um retorno. Agora você também está tornando a zona de liberação um elemento que pode aceitar foco de teclado utilizando `tabIndex = 0` e finalmente, você está dizendo que o efeito de soltar deve ser 'copiar'. Você pode espelhar o `allowedEffect` e `dropEffect` no arrastar e soltar nativo, mas, por agora, ele permanecerá concentrado no suporte ARIA.

Em seguida, adicione o novo manipulador de evento dragend, e uma vez que o elemento não esteja mais sendo arrastado, remova o atributo `aria-grabbed` e redefina os atributos da zona de liberação, isto é, sem `tabIndex` e sem `dropEffect`. Finalmente, inicialize o elemento `draggable`, definindo o `tabIndex` e a flag grab.

Com este código completo, seus usuários podem se mover através de sua aplicação e pelos seus componentes de arrastar e soltar, e seus leitores de tela (caso suportem ARIA) poderão dar o retorno do estado atual da operação.

Entretanto – e este é um grande *entretanto* – já que nenhum navegador implementou o suporte para teclado para o arrastar e soltar, você terá de considerar, muito provavelmente, gerar seu próprio arrastar e soltar utilizando JavaScript para manipular tudo (ao invés de depender da funcionalidade de arrastar e soltar nativa) – um fim bastante triste para o que é uma operação particularmente comum na web.

Resumo

A API arrastar e soltar não está em um ótimo estado e pode ser difícil de implementar por todos os navegadores que sua aplicação possa suportar. De fato, você pode descobrir que precisa retornar à solução baseada em JavaScript onde o suporte for carente.

Entretanto, o arrastar e soltar nativo, combinado com as novas APIs, como a API File (fora do escopo deste livro, mas permite que o navegador leia arquivos sem o lado servidor), permite que os usuários arrastem arquivos diretamente ao navegador. Estes tipos de funções estão aparecendo como funções beta em aplicações como o Gmail, permitindo que usuários com navegadores que suportem a API de arrastar e soltar mais avançada, se é que isto existe, experimente a tecnologia mais recente.

Você terá de pesar cuidadosamente se o arrastar e soltar nativo é a escolha certa para sua aplicação.

CAPÍTULO 9

Geolocation

Remy Sharp

A API GEOLOCATION é uma daquelas APIs que não tem absolutamente nada a ver com a especificação HTML5, e foi criada pela W3C ao invés da WHATWG. De fato, ele nunca sequer fez parte da especificação Web Applications original (embora agora faça referência à especificação HTML5), mas ela é tão legal que tínhamos de incluí-la neste livro. Na verdade, trata-se de uma API crucial quando se fala de aplicações e adiciona algumas incríveis – isto mesmo, incríveis – interações sociais.

A API é incrivelmente simples de se trabalhar, e você pode facilmente aprimorar suas aplicações web caso façam qualquer uso de dados geográficos aplicando esta API na aplicação e poupando seus visitantes de terem de apontar ou rolar por todo o mapa para se encontrarem.

Atualmente o Firefox 3.5, Chrome 5, Safari 5 e o Opera 10.60 suportam a API Geolocation – o que não é ruim para uma tecnologia avançada. Além disto, muitos novos telefones celulares e navegadores móveis estão suportando a API Geolocation, particularmente através da implementação móvel WebKit. O Fennec, navegador móvel da Mozilla também suporta geolocalização, que pode ser utilizada em dispositivos Android, por exemplo. Além disto, se você estiver utilizando tecnologias Open Web para construir suas aplicações, o PhoneGap, framework para apresentar aplicações móveis Open Web fornece a API geolocation.

Colocando uma tachinha em seu visitante

A API geolocation nos dá uma forma de localizar a posição exata de seu visitante. Já há muitos aplicativos que fazem uso desta API, variando desde mapeamento, como visto no Google Maps na **Figura 9.1**, até redes sociais baseadas em localização como a Gowalla e o Google Buzz.

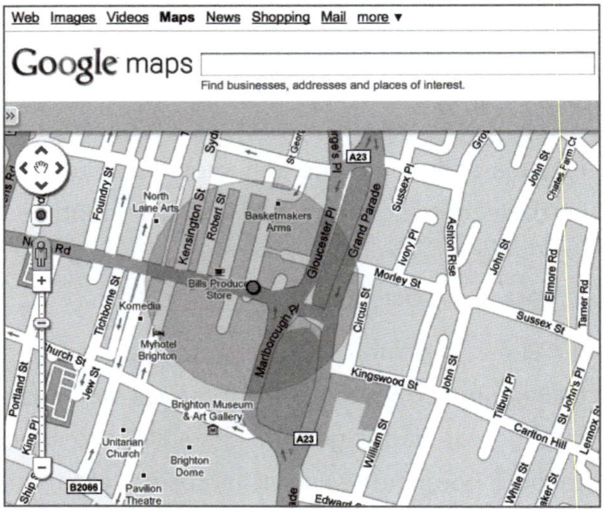

FIGURA 9.1 O Google Maps detecta o suporte ao geolocation e adiciona a funcionalidade "locate me".

A API geolocation oferece dois métodos para obter informações geográficas de seu usuário.

1. `getCurrentPosition` é um método de única tentativa para obter a localização atual do usuário.
2. `watchPosition` fica observando a posição dele e continua a extraí-la em intervalos regulares para ver se a localização mudou. `watchPosition` imita a funcionalidade do `getCurrentPosition`, mas, adicionalmente, caso a posição do usuário mude, ele dirá ao seu código.

Tanto `getCurrentPosition` quanto `watchPosition` funcionam assincronamente para verificar a localização do usuário. Há uma exceção a esta regra: caso seu usuário esteja visitando seu site pela primeira vez e o navegador force um diálogo modelo solicitando permissão para compartilhar sua localização. Quando se utiliza qualquer um destes métodos, a maioria dos dispositivos alertará o usuário e perguntará se ele quer compartilhar sua localização com a aplicação. Caso ele não concorde em compartilhar sua localização, e você disser à API geolocation para passar erros para uma função específica, ela será chamada com os detalhes do erro.

A especificação diz:

> *"Os agentes não devem enviar informações de localização para sites sem permissão expressa do usuário".*

Então, cabe ao navegador alertar os usuários para avisá-los de que estamos tentando obter sua posição atual. Diferentes navegadores lidam com isto de formas distintas. O Firefox, por exemplo, oferece um alerta não modal e não intrusivo perguntando aos usuários se eles querem compartilhar sua localização (veja a **Figura 9.2**). Isto significa que sua aplicação continua a executar.

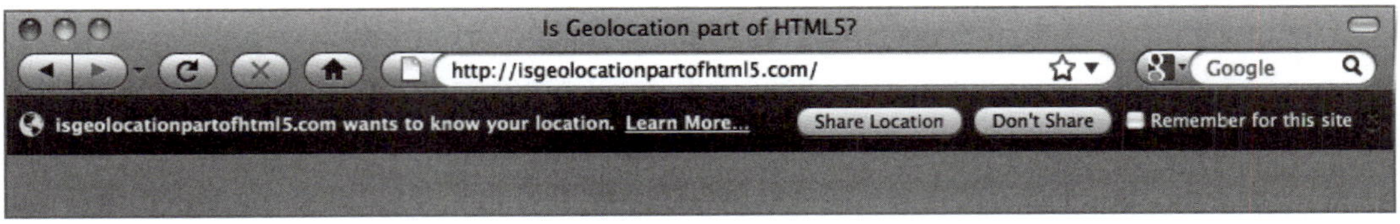

FIGURA 9.2 O Firefox solicitando autorização para compartilhar a localização do usuário.

Outros navegadores, como o Mobile Safari, solicitam ao usuário com um diálogo modelo, interrompendo toda a execução do código até que o usuário responda (**Figura 9.3**).

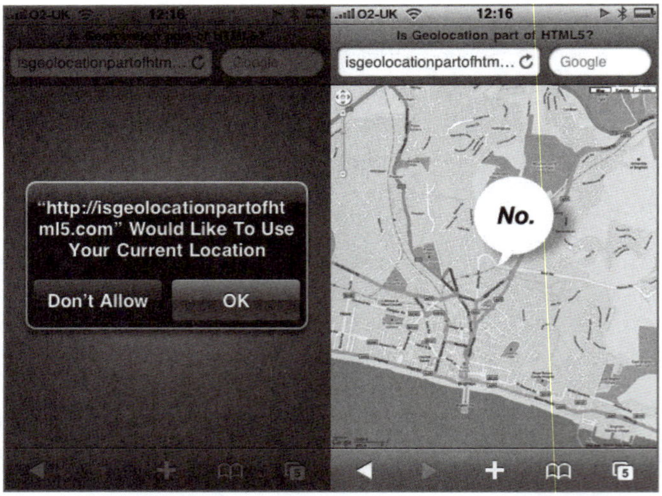

FIGURA 9.3 O Mobile Safari com um diálogo modelo, impedindo a aplicação de continuar.

Métodos da API

A API geolocation existe dentro do objeto navigator e contém apenas três métodos:

- `getCurrentPosition`
- `watchPosition`
- `clearWatch`

Os métodos `watchPosition` e `clearWatch` são pareados. Os métodos watch e clear funcionam da mesma forma que `setInterval` e `setTimeout`. `watchPosition` retorna um identificador único que é passado ao `clearWatch` para limpar aquele item sendo observado, em particular.

Como mencionei antes, tanto `getCurrentPosition` quanto `watchPosition` imitam um ao outro e recebem os mesmos argumentos:

- manipulador de sucesso
- manipulador de erro
- opções de geolocalização

Um uso simples da API geolocation seria passar um manipulador de sucesso ao método `getCurrentPosition`:

```
navigator.geolocation.getCurrentPosition(function (position) {
  alert('We found you!');
  // now do something with the position data
});
```

Peguei você: o manipulador de sucesso

Se o usuário permitir que o navegador compartilhe sua geolocalização e não haja qualquer outro erro, o manipulador de sucesso será chamado, que é o primeiro argumento de `getCurrentPosition` e `watchPosition`.

O manipulador recebe um objeto `Position` contendo duas propriedades: o objeto `coords` (contendo as informações de coordenadas) e um `timestamp`. O objeto de coordenadas é onde estão as coisas interessantes. Há, na verdade, dois níveis de dados no objeto de posicionamento. O primeiro nível está aparecendo em todos os navegadores com suporte ao geolocation: Chrome 5, Firefox 3.5+, Mobile Safari & Safari 5, e Android 2.0:

- `readonly attribute double latitude`
- `readonly attribute double longitude`
- `readonly attribute double accuracy`

Perceba que accuracy é a medida da precisão da latitude e longitude em metros. Você pode utilizar isto para mostrar um raio de precisão se estiver mapeando a posição do usuário.

O segundo nível de dados dentro do objeto de coordenadas são suportados, mas atualmente eles não têm valores associados. Eles serão `null`, `0` ou `NaN` em todos os navegadores que atualmente suportam geolocalização nativa:

- `readonly attribute double altitude`
- `readonly attribute double altitudeAccuracy`
- `readonly attribute double heading`
- `readonly attribute double speed`

Utilizando os dados de coordenadas, você pode facilmente mapear a atual posição do usuário em algo como um Google map:

```
if (navigator.geolocation) {
  navigator.geolocation.getCurrentPosition(function
  ¬ (position) {
    var coords = position.coords;
    showMap(coords.latitude, coords.longitude,
    ¬ coords.accuracy);
  });
}
```

Em muitas aplicações, é provável que seja oferecido ao usuário uma forma manual de definir sua posição atual. Caso o método de geolocalização esteja disponível, o site pode oferecer a funcionalidade avançada, aprimorando a página ou toda a experiência progressivamente.

Um exemplo pode ser visto em **http://owlsnearyou.com.** Ao visitar o site, se a geolocalização estiver disponível, ele recarrega a página com a sua posição atual carregada (veja a **Figura 9.4**), mostrando onde você pode ir para caçar corujas, caso esta seja sua atividade favorita depois de um dia de desenvolvimento HTML5. Caso a geolocalização não esteja disponível, ele simplesmente pede a você para inserir sua localização.

FIGURA 9.4 Um exemplo de aprimoramento progressivo utilizando geolocalização.

Geo 404: o manipulador de erro

O segundo argumento dos métodos `getCurrentPosition` e `watchPosition` é o manipulador de erro. Isto é particularmente importante caso você queira fornecer algum método alternativo de localização (manualmente, por exemplo), ou quiser notificar o usuário de qualquer erro na obtenção de sua posição. O manipulador de erro pode disparar caso o usuário negue fornecer sua posição, mas pode ser que o usuário tenha dado permissão e agora que você está observando a posição dele em um dispositivo móvel, o telefone saiu da área de recepção. Isto também faria disparar o manipulador de erro.

O manipulador de erro recebe um único argumento contendo um objeto de erro de posicionamento contendo duas propriedades:

- `readonly attribute unsigned short code`
- `readonly attribute DOMString message`

A propriedade do código será uma das seguintes:

- PERMISSION_DENIED (valor numérico 1)
- POSITION_UNAVAILABLE (valor numérico 2)
- TIMEOUT (valor numérico 3)

A propriedade message é útil para desenvolver e depurar, mas não seria apropriado mostrá-la ao usuário. A propriedade message nem sempre está disponível (como não está atualmente no Firefox 3.6+).

Por exemplo, se você utilizou o seguinte código e elegeu não compartilhar sua posição, a página anuncia “Permissão negada: significa que não conseguimos determinar sua posição”.

```
if (navigator.geolocation) {
  navigator.geolocation.getCurrentPosition(function
  ¬(position) {
    var coords = position.coords;
    showMap(coords.latitude, coords.longitude,
    ¬coords.accuracy);
  }, function (error) {
    var errorTypes = {
      1: 'Permission denied',
      2: 'Position is not available',
      3: 'Request timeout'
    };

    alert(errorTypes[error.code] + ": means we can't
    ¬determine your position");
  });
}
```

O erro alternativo: no sucesso

Uma alternativa ao manipulador de erro é se o accuracy em uma chamada de sucesso for um número enorme. Quando uma vez visitei uma página que supostamente devia detectar minha localização, enquanto trabalhava de casa em Brighton, na costa sul da Inglaterra, o mapa me colocou bem no centro de Londres. Quando verifiquei sob o capô utilizando o log do console Firebug, eu pude ver que a precisão da solicitação de geolocalização estava configurada em 140.000 metros; como raio, isto é incrivelmente impreciso! Era compreensível que o site não soubesse exatamente onde eu estava. Eu recomendaria fortemente que enquanto estivesse desenvolvendo aplicações que utilizem a geolocalização, você também verifique a precisão da chamada de sucesso. Caso a precisão seja um valor tão grande, pode valer a pena ignorar completamente os dados e permitir aos usuários dizerem manualmente sua própria localização.

Configurando a geolocalização

Finalmente, o terceiro argumento tanto para `getCurrentPosition` quanto `watchPosition` são as opções de geolocalização. Todas são *opcionais*, como você viu, e são formadas como segue:

- `enableHighAccuracy` (booleano, padrão false);
- `timeout` (em milissegundos, padrão infinity/0);
- `maximumAge` (em milissegundos, padrão 0).

Por exemplo: para solicitar alta precisão, um tempo de expiração de dois segundos, e nunca utilizar dados geográficos antigos, chame `getCurrentPosition` utilizando as seguintes opções (onde `success` e `error` são funções predefinidas):

```
navigator.geolocation.getCurrentPosition(success, error, {
  enableHighAccuracy: true,
  timeout: 2000,
  maximumAge: 0
});
```

O `enableHighAccuracy` diz ao dispositivo para tentar obter uma leitura mais precisa na latitude e longitude. Em um dispositivo móvel, isto pode ser para que se utilize o GPS do telefone, o que pode consumir mais bateria do dispositivo celular. Normalmente, você quer que a bateria dure tanto quanto possível, e por isto é que `enableHighAccuracy` está definindo como false por padrão.

O timeout diz à busca do geolocation por quanto tempo ela deve esperar antes de desistir e disparar o manipulador de erro (mas ele não começa a contar caso esteja esperando o usuário aprovar a solicitação). Caso o tempo expire, o código de erro é definido como 3 (`TIMEOUT`). Definir um tempo zero (o padrão atual) diz ao navegador para nunca expirar.

Finalmente, `maximumAge` pode ser utilizado para dizer ao navegador se ele deve utilizar dados de posicionamento armazenados recentemente. Caso haja uma solicitação que esteja dentro do `maximumAge` (em milissegundos), ela é retornada ao invés de solicitar uma nova posição. O `maximumAge` também pode ser `Infinity`, que diz ao navegador para sempre utilizar uma posição armazenada. Definir o maximumAge para zero (o valor padrão) significa que o navegador deve buscar uma nova posição a cada requisição.

Como funciona sob o capô: é mágica

A API geolocation utiliza algumas técnicas diferentes para obter sua posição. A maioria delas é magia negra para boa parte das pessoas, incluindo eu, mas vale a pena ter uma ideia do que está rolando sob o capô, visto que afetará a precisão dos dados de posicionamento.

O GPS é um dos métodos óbvios para obter dados de posicionamento. Cada vez mais dispositivos computacionais estão sendo equipados com GPS, variando desde telefones celulares até laptops. Assumindo que haja uma linha clara o suficiente até uma estação de solo GPS (que capta suas leituras dos satélites e triangula sua posição – sim, mais magia negra), então você terá uma leitura muito precisa de sua posição. O GPS também deve ser capaz de lhe dar a altitude, que vimos no segundo nível de propriedades do objeto de coordenadas. Até agora, estes dados não aparecem nos navegadores, mas espero que se tornem disponíveis logo, visto que a computação móvel evolui rapidamente.

Outro método utiliza informações de rede, que seria típica caso manipulada por meio de um navegador desktop como o Firefox. As informações de rede poderiam usar a triangulação wifi e endereços IP para adivinhar sua localização. O desenvolvedor faz um chamado para a API geolocation do navegador, que por sua vez faz um chamado para um serviço terceiro como o Skyhook ou Google. Embora isto possa não ser preciso como o GPS (em termos de metragem), pode ser um ótimo suporte visto que o GPS não funciona bem em ambientes fechados ou em locações urbanas com prédios altos.

No geral, não é terrivelmente importante saber o que faz o geolocation funcionar, mas se precisar obter alta precisão, você pode querer estar ciente de utilizar dispositivos que consomem muita energia como o GPS, e estar ciente de estar matando a bateria de seu usuário.

Por fim, é uma magia negra bastante legal.

Resumo

No Reino Unido, quando as caixas de telefone vermelhas ainda eram comuns de se avistar, dentro de cada uma delas tinha uma nota impressa como endereço de onde você estava ligando. Isto era para que se você tivesse de chamar a polícia ou uma ambulância, você saberia sobre sua localização. Claro, isto também ajudava após uma nebulosa noite de sexta-feira, ligando para casa em busca de uma carona porque você não sabia onde estava.

Os navegadores agora vêm equipados com esta função incorporada, e ela é uma das APIs mais simples disponíveis para implementação. Caso seu site precise de qualquer informação baseada na localização de seu usuário, então você pode ver que é "mamão com açúcar" aprimorar progressivamente sua página para suportar esta nova API. É apenas uma questão de tempo até que alguém construa um site que você acesse, e ele instantaneamente aponte a cafeteria ou casa de curry mais próximas, tudo inteiramente dependente de sua localização e horário atuais.

CAPÍTULO 10

Mensagens, Workers e Sockets

Remy Sharp

WEB MESSAGING, Web Workers e Web Sockets são todas APIs diferentes, mas todas tem a mesma API de comunicação, que é o motivo pelo qual mostro todas as três juntas. Apenas a API Messaging é parte da especificação HTML5 oficial, mas todas as três APIs são valiosas adições a qualquer aplicativo web.

O Messaging permite enviar mensagens de um domínio para outro, algo que as políticas de segurança Ajax impedem há muito tempo – por boas razões – mas agora está começando a se abrir com as medidas de segurança corretas posicionadas.

> **NOTA** O novo objeto XML-HttpRequest nível 2 (**http://www.w3.org/TR/XML-HttpRequest2/**), fora do escopo deste livro mas já no WebKit e Firefox, suporta solicitações entre domínio (com o nível correto de segurança de servidor). Ele também inclui eventos de progresso para monitorar envios.

Os navegadores são, efetivamente, aplicações de *processo único* (em inglês, single threaded applications), no sentido de que quando o JavaScript está sendo executado ou talvez sendo interpretado, a página não está sendo reproduzida. Igualmente, quando o JavaScript está executando uma função longa e complicada, todo o navegador pode parecer travar. O que o Web Workers faz é introduzir uma ideia simplificada de *processos* (threads) para navegador. Um worker me permite cercar um bloco particular de código e ele irá executá-lo sem afetar o navegador como um todo, como se eu tivesse criado um novo processo de operação permitindo que o processo principal do navegador continue sem interrupção.

Finalmente, os sockets são uma forma de criar um fluxo conectado para seu servidor (para os entendidos de servidores por aí: uma conexão TCP), e permitir comunicação de duas vias em tempo real entre o servidor e o cliente. A aplicação típica de *Olá Mundo* é um cliente de chat, mas as possibilidades de usos são intermináveis. Os Sockets percorrem um longo caminho em direção a substituir o código baseado em Comet. O Comet utiliza uma variedade de técnicas para obter fluxo de dados em tempo real de um servidor. Os Web Sockets simplificam este processo no lado cliente, como veremos mais tarde neste capítulo.

Bate-papo com a API Messaging

Eu queria mostrar a você a API Messaging primeiro porque as duas APIs seguintes, Web Workers e Web Sockets, utilizam este método comum de comunicação. Então pense nisto como sua suave cartilha sobre comunicação.

A API Messaging tem suporte muito bom entre todos os navegadores (sim, inclusive o IE) e oferece uma API simples para postar mensagens de texto simples de uma origem (ou domínio, para mim e você) para outra. Por exemplo, se você quisesse enviar alguma informação para um widget em um iframe, você pode fazê-lo utilizando a API Messaging. Isto ainda funcionará caso a widget esteja em um domínio completamente diferente daquele do site hospedando o iframe.

Enviando mensagens entre domínios

Se Bruce tivesse um documento que quisesse se comunicar com meu documento, digamos um iframe ou talvez uma janela popup, ele precisa de uma referência para o objeto `window` (de meu documento) e pode então chamar o método `postMessage` para passar alguma mensagem. O JavaScript no documento de Bruce se parecerá assim:

```
var t = document.getElementsByTagName('iframe')[0];
t.contentWindow.postMessage('favourite instrument?',
¬ 'http://brucelawson.co.uk');
```

O argumento alvo de origem sendo passado para `postMessage` é obrigatório. Este deve combinar com a origem em seu objeto `contentWindow` (a janela-alvo, meu documento neste exemplo) e ele deve ser fornecido. Caso as origens não combinem, um erro de segurança será disparado, interrompendo a continuação do script. Caso a origem não seja passada, o JavaScript disparará um erro de sintaxe – não útil, mas algo para ficar de olho caso você esqueça. Uma última dica: lembre-se de esperar o alvo terminar de carregar. O alvo ainda é um documento que precisa ser interpretado e carregado. Caso o navegador não tenha carregado o documento e você tente enviar a ele uma mensagem, o JavaScript falhará inteiramente com um erro de sintaxe similar.

> **NOTA** A listagem de código anterior utiliza `addEventListener` ao invés de `onmessage` porque o Firefox não parece responder ao onmessage no objeto `window`. Esta, de todo modo, é a melhor prática, mas significaria que também precisamos conectar o IE utilizando `attachEvent`, que eu não inclui em meu exemplo.

Meu documento está sendo referenciado via um iframe na página de Bruce, e ele contém o seguinte JavaScript:

```
window.addEventListener('message, function (event) {
  if (event.data == 'favourite instrument?') {
    if (event.origin == 'http://remysharp.com') {
      event.source.postMessage('brand new clarinet',
      ¬ event.origin);
  } else if (event.origin == 'http://brucelaweson.co.uk') {
      event.source.postMessage('rusty old trombone',
      ¬ event.origin);
    }
  }
}, false);
```

Meu script define um ouvinte de evento atento a mensagens sendo passadas para o `window`. Dento do objeto `event` está uma propriedade `data`, há inúmeras outras propriedades úteis dentro do evento: `origin` e `source`.

O `event.origin` me dá o domínio do qual a mensagem veio. Eu posso utilizar isto, como fiz na listagem de código anterior, para determinar se quero processar a mensagem. Esta é a política de controle em um nível muito rudimentar.

O `event.source` aponta de volta ao objeto window fazendo a chamada original para meu documento, isto é, o documento de Bruce. Isto é útil para ser capaz de comunicar para frente e para trás. Claro, seu manipulador de evento `onmessage` pode fazer muito mais, como uma solicitação Ajax ao servidor no mesmo domínio.

E quanto a enviar mais que strings?

Nos exemplos que mostrei até agora, passei apenas strings em mensagens para frente para trás. E se você quisesse enviar mais que apenas uma string? E se você tivesse um objeto com propriedades e valores?

Bem, a boa notícia é que a especificação descreve o que se supõe que deva acontecer quando um navegador tenha de enviar dados seguramente de uma fonte para outra. Ela descreve como clonar os dados e como eles devem ser tratados.

Entretanto... a maioria dos navegadores não suporta este processo. De fato, a maioria dos navegadores simplesmente coage o objeto em uma string. Isto é ruim para mim e para você. Significa que ao invés de um objeto bem construído, você obterá `[object Object]` na propriedade `event.data`. De fato, vimos isto antes no Capítulo 6, "Armazenamento de Dados", onde tentamos armazenar objetos em `localStorage`. Assim, da mesma maneira que contornamos o problema com `localStorage`, você pode utilizar `JSON.stringify` para converter seu objeto JavaScript em uma string, passá-la ao `postMessage` e então, no lado receptor, convertê-la de volta em um objeto nativo JavaScript utilizando `JSON.parse`.

A utilização `JSON.stringify` e `JSON.parse` serão métodos úteis para transferir objetos mais complicados de window para alvo, como veremos nas seções seguintes sobre Web Workers e Web Sockets.

Aplicando processos utilizando Web Workers

Web Workers são parte de uma especificação à parte da especificação HTML5, mas são uma característica-chave na construção de aplicações web.

Um Worker é uma maneira de executar um bloco discreto de JavaScript em um processo em segundo plano ao navegador principal. Isto é efetivamente uma *thread* (processo). O que isto significa é que o Worker executa no plano de fundo sem interferir com o processo principal do navegador.

O navegador já está responsável pela solicitação e interpretação de arquivos, reprodução de visualização e execução do JavaScript, e qualquer coisa que consuma o tempo de processamento do navegador faz com que os outros trabalhos tenham de esperar. É aí que os Web Workers vêm para o resgate.

Por que utilizar um worker?

Se você já escreveu um JavaScript duvidoso que tenha dado errado, fazendo com que seu navegador começasse a "soltar fumaça" como se estivesse prestes a explodir, então você já experimentou o processamento único do navegador. Eventualmente, se o navegador for esperto, ele lhe dará a opção de exterminar o código duvidoso, algo como a **Figura 10.1**.

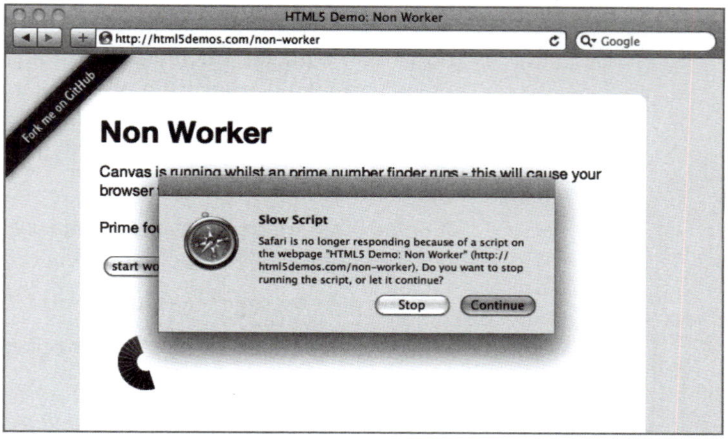

FIGURA 10.1 Alguns navegadores interromperão o JavaScript que ficou fora de controle, e lhe darão a opção de mandá-lo para o espaço.

Mais preocupantes são as questões muito mais sutis. Digamos que você escreveu a mais moderna e maior aplicação que faz as mais incríveis manipulações fotográficas. Você está utilizando todas as habilidades *l33t* que aprendeu com este livro – canvas, armazenamento, aplicações offline – mas quando se trata de adicionar um filtro fotográfico, ele leva 30 segundos. Não são os 30 segundos que são um problema; é o fato de que eles não podem fazer *nada* no navegador durante estes 30 segundos. E se o usuário mudou de ideia e quer cancelar o filtro? Obviamente é uma situação que você quer evitar.

Este cenário é perfeito para um Web Worker, pois todo o processo de filtragem pode acontecer em segundo plano, e a janela de navegação principal fica em paz para continuar a ser receptiva às solicitações de seu visitante.

Criando e trabalhando com workers

Você pode testar o suporte ao Web Worker verificando se o objeto está indefinido:

```
if (typeof Worker != "undefined") {
  // do the jazzy stuff
}
```

Agora que sabemos que temos suporte (Safari, Chrome, Opera e o Firefox atualmente suportam Web Workers), podemos tratar de criar um novo worker:

```
var worker = new Worker('my_worker.js');
```

Um novo objeto worker é disparado, lê meu arquivo JavaScript `my_worker.js` e agora está sendo alegremente executado e pronto para ser utilizado. Neste ponto, você será perdoado por pensar que pode chamar métodos dentro do worker a partir de seu documento, e de fato que os dados podem ser retornados do worker para seu documento. Bobagem! Não, de fato, para trabalhar com um worker, tudo precisa ser comunicado através de postagens de mensagens entre o worker e seu documento. Como algumas cenas de *Romeu e Julieta*, trocando cartas de amor entre o navegador e o worker.

A *única* maneira para enviar informações para o worker é via `postMessage`:

```
worker.postMessage('hello worker!');
```

A única maneira de receber informações do worker é via manipulador de evento `onmessage`:

```
worker.onmessage = function (event) {
  alert('The worker just sent me this: ' + event.data);
};
```

Você deve agora estar reconhecendo a combinação `postMessage/onmessage` da API Messaging anterior deste capítulo. Você se lembra que podemos enviar e receber apenas strings na API Message? Você não ficará surpreso, então, em saber que o Web Workers tem a mesma limitação.

> **NOTA** Uma pegadinha: os Web Workers supostamente são capazes de enviar objetos, assim como a API Messaging, mas a maioria dos navegadores coage o objeto em uma string. Entretanto, o Firefox implementou um `JSON.stringify/JSON.parse` nos bastidores do envio e recebimento de mensagens para e a partir dos workers, de modo que você não precise fazê-lo. Então, há esperança de que outros navegadores acompanhem e nos permitam enviar objetos através do sistema de mensagens.

Igualmente, o código *dentro* do worker também deve se comunicar utilizando a combinação `postMessage/onmessage`. Entretanto, um Web Worker não tem o mesmo acesso que seu documento normal: ele está bem isolado e tem acesso apenas a algumas poucas APIs e funções selecionadas, como mostrarei na seção seguinte.

O único outro método disponível através do objeto worker é o terminate, que faz exatamente o que promete. O worker deixa de funcionar e o objeto worker se torna inerte e inútil. Em particular, você não pode restaurar o worker; precisa criar um novinho.

O que você pode fazer dentro de um worker

Dentro de um Web Worker você não tem acesso a tais privilégios como a DOM. De fato, caso necessite fazer qualquer coisa com a DOM, você precisará *preparar* o trabalho no worker, então passá-lo ao documento pai para fazer a real manipulação da DOM.

> **NOTA** Atualmente não há implementações Web Worker que suportem acesso às Bases de Dados Web SQL, embora haja correções sendo trabalhadas.

Entretanto, há um número de coisas que podem ser feitas em um worker (de acordo com a especificação):

- `postMessage` e escutar mensagens oriundas via onmessage
- `close`, para finalizar o worker atual
- Definir ouvintes de eventos
- `XMLHttpRequest`, para solicitações Ajax
- Timers, como em `setTimeout`, `setInterval` e suas contrapartes de limpeza
- Todas as principais funções `JavaScript: eval`, `isNaN`, `escape` e etc.
- Objetos de localização, o href do script worker
- Web Sockets (que discutiremos na seção final deste capítulo)
- Web SQL Databases
- Web Workers
- `importScripts`

O código seguinte é tudo que preciso em meu `my_worker.js` para comunicar com o documento da listagem de código anterior:

```
onmessage = function (event) {
  if (event.data == "hello worker!") {
    postMessage("hello there, right back at you");
  } else {
    postMessage("Can't you see I'm busy, leave me alone");
  }
};
```

É útil saber que, em um documento normal, a palavra-chave `this` se referiria ao escopo global, o objeto `window`. Aqui no worker, o escopo global é a instância do worker. Isto também sinifica que a palavra-chave `this` dentro de `setTimeout` e `setInterval` é a instância worker (onde isto, em outra situação, seria o objeto `window`).

Nestes exemplos até então, nosso worker não fez nada particularmente especial. Que tal um worker que busca números primos? Isto exige um loop super firme em JavaScript constantemente girando em busca de valores que combinem com um primo. Tudo isto e ao mesmo tempo permitindo que seu visitante desenhe em um canvas enquanto sua aplicação busca números primos? Talvez seja um estranho caso de uso, mas temos os workers para vir em seu resgate.

O documento principal manipulará a inicialização do worker e o desenhará no canvas. O único código carregado pelo worker é a busca por números primos.

```
var worker = new Worker('prime.js'),
    prime = document.getElementById('prime');
worker.onmessage = function(event) {
  prime.innerHTML = event.data;
};
```

A página continua a lidar com eventos mousedown, move e up para desenhar em um canvas na página. Dentro do script `prime.js` temos:

```
onmessage = function (event) {
  // doesn't matter what the message is, just start the job
  run();
};

function run() {
  var n = 1;
  search: while (true) {
    n += 1;
    for (var i = 2; i <= Math.sqrt(n); i += 1)
      if (n % i == 0)
       continue search;
    // found a prime!
    postMessage(n);
  }
}
```

Quando o worker `prime.js` recebe qualquer mensagem, ele começa a busca por números primos. Quando você executa esta extravagante aplicação, tudo é executado tranquilamente, e você é capaz de criar seu perfeito trabalho artístico enquanto também busca números primos, como visto na **Figura 10.2**.

FIGURA 10.2 Tudo que você sempre precisou: números primos e desenho executados sem interrupção, graças ao Web Workers.

Bonecas Matrioskas: workers dentro de workers

Se você tivesse um olhar atento, teria percebido que a partir do interior de um worker também se pode criar novos workers. Atualmente apenas o Firefox suporta-o, mas é parte da especificação, então você deve esperar que outros navegadores sejam atualizados para incluir esta função.

Isto significa que você poderia gerar um worker, que então seguiria e dividiria seu trabalho em diversos pequenos trabalhos delegados e os passaria aos subworkers. Vamos retornar ao exemplo da aplicação de um filtro completo em uma foto em sua super atraente aplicação web online de fotografia. Para acelerar o processamento da imagem – e caso faça sentido no filtro – você poderia dividir a imagem em regiões e passar cada região dos dados da imagem para um subworker.

Na medida em que cada worker dá retorno, você reduz a contagem de pendências e uma vez terminados todos os workers, o worker principal retorna os dados da imagem final processados para o documento pai. Algo assim (eu deixei de fora da listagem algumas funções, visto que isto é só para demonstrar a ideia):

```
var pendingWorkers = 0,
    results = {},
    workingWidth = 100;

onmessage = function (event) {
```

```
  var imageData = JSON.parse(event.data),
      worker = null;

  pendingWorkers = getNumberOfWorkers(imageData.width
  ¬ / workingWidth);
  // reset any old results
  results = {};

  for (var i = 0; i < pendingWorkers; i++) {
    worker = new Worker('photofilter.js');
    worker.postMessage(JSON.stringify({
      imageData: imageData,
      x: i * workingWidth,
      width: workingWidth
    }));
    worker.onmessage = storeResult;
  }
};

function storeResult(event) {
  var result = JSON.parse(event.data);

  buildUpImageData(result);

  pendingWorkers--;
  if (pendingWorkers <= 0) {
    postMessage(JSON.stringify(results));
  }
}
```

Quando a mensagem é recebida do subworker, o worker principal acima decresce o número de subworkers pendentes. Uma vez que todos os subworkers tenham retornado seu pedaço dos dados da imagem, o resultado final é retornado ao documento pai.

O subworker, o worker `photofilter.js`, iria conter o seguinte código para manipular o processamento de apenas uma pequena região dos dados da imagem:

```
onmessage = function (event) {
  var data = JSON.parse(event.data);

  // perform some amazing feat of image processing
  var imageData = amazingImageProcess(data.imageData,
  ¬ data.x, data.width);
  postMesage(JSON.stringify({
```

```
    imageData: imageData,
    x: data.x
  }));

  // self close
  close();
};
```

Perceba também como o `photofilter.js`, uma vez terminadas as suas tarefas, chama o método `close()`. Isto permite ao worker terminar, visto que ele não é mais requerido para uso.

Importando scripts e bibliotecas em seu worker

Os Web Workers tratam em grande parte da modularização de um bloco de código ou funcionalidade e de executá-los em um ambiente independente (isto é, o próprio worker). Web Workers também podem carregar arquivos JavaScript externos e bibliotecas via método `importScripts`.

Este é um dos poucos métodos específicos para workers. Ele aceita uma lista de URLs e as carrega sincronizadamente no worker. Você pode carregar um script por vez, ou pode carregar múltiplos scripts de dentro do worker.

```
importScripts('xhr.js');
importScripts('prime.js', 'number_crunch.js',
¬ 'captain_crunch.js');
```

Cada script é processado um de cada vez. O script deve ter a mesma origem do worker – o mesmo domínio, cname e etc. O worker então carrega sincronizadamente o JavaScript em si, retornando para continuar apenas depois do script ter terminado de processar.

Compartilhando carregamento com SharedWorkers

Outro tipo de Web Worker é o `SharedWorker`, atualmente suportado apenas no Chrome e WebKit (ao invés do Safari). Um worker compartilhado (Shared Worker) é muito similar ao Web Worker comum, exceto que múltiplos documentos podem acessar a mesma instância única do worker. Isto significa que caso você tenha diversos popups ou diversos iframes, todos estes documentos podem acessar este único worker compartilhado e este pode servir a todos estes documentos.

Isto seria útil para aplicações, por exemplo, como o Gmail ou Facebook, onde pode haver alguns dados no lado cliente que precisam ser mantidos, tais como mensagens para o usuário, e você tem diversas janelas diferentes abertas.

O worker pode acessar e manter os Web SQL Databases de lado cliente do site (discutidas no Capítulo 6) e também pode manter a conexão com o servidor, manipulando todos os dados que estão chegando de e para, ou até mesmo via um Web Socket com o servidor, de modo que os dados sejam manipulados em tempo real. O worker compartilhado pode então manter todas as mudanças na base de dados de mensagens no lado cliente e então enviar todas estas atualizações via `postMessage` para cada popup, iframe e daí por diante.

Isto significa que não há dados fora de sincronização ou condições de corridas (em inglês, race condition) caso cada um dos popups, iframes e etc, estiver conectado individualmente ao servidor e tentando cada um gerenciar o lado cliente, já que o worker compartilhado é o ponto único de contato para todos neste tipo de trabalho.

O `SharedWorker` funciona de maneira sutilmente diferente quanto se trata da comunicação. Para começar, há o conceito de portas – este é um objeto similar a um array que contém uma referência para cada canal de comunicação que o worker compartilhado tenha. Adicionalmente, caso você conecte ao evento de mensagem utilizando `addEventListener`, você precisa manualmente iniciar o worker, o que mostrarei no exemplo de código seguinte.

Além disto, dentro do worker o evento `connect` dispara quando o `SharedWorker` é criado, o que pode ser utilizado para rastrear quantas conexões o worker tem com outros documentos.

Os documentos que criam o `SharedWorker` têm o seguinte código:

```
var worker = new SharedWorker('messages.js');
worker.port.addEventListener('message', function(event) {
  var messages = JSON.parse(event.data);
  showNewMessages(messages);
}, false);
worker.port.start();
```

No exemplo anterior, você pode ver que estamos acessando o worker via a propriedade `port`. É assim que você interage e, de fato, diferencia entre workers compartilhados e não compartilhados. Como o exemplo conecta o evento de mensagem utilizando addEventListener, o worker deve ser conectado manualmente utilizando o método `.start()`. O código não precisaria disto se estivesse usando `onmessage`. Em seguida está o worker `messages.js`:

```
importScripts('xhr.js');
importScripts('database.js');

var connections = [];

onconnect = function(event) {
  connections.push(event.ports[0]);
}

var xhr = new XHR('/get-new-messages');
xhr.oncomplete = function (messages) {
  database.updateMessages(messages);

  for (var i = 0; i < connections.length; i++) {
    connections[i].postMessage(JSON.stringify(messages));
  }

  xhr.send(); // causes us to loop forever
};
xhr.send();
```

Quando um documento cliente se conecta ao worker, o evento connect é disparado, o que me permite capturar a porta de conexão. Ele é coletado através da referência `event.ports[0]`, mesmo que não haja mais de um item dentro da propriedade ports. Entretanto, a referência do worker está dentro disto, então podemos utilizá-lo para postar e receber mensagens.

Como você vê no exemplo anterior, quando a função completa do Ajax é executada, eu faço um loop através de todas as portas conectadas e envio a cada uma delas uma mensagem das novas mensagens de e-mail que chegaram. Deste modo os clientes conectados agem como terminais burros, alheios a qualquer trabalho real acontecendo no armazenamento de mensagens na base de dados do lado cliente.

Fazendo debugging em um worker

Chegamos a um ponto no desenvolvimento web em que as ferramentas para depuração estão muito melhores do que há 10 anos. Todos os navegadores mais atuais acompanham seus próprios depuradores JavaScript (embora o Firefox ainda exija o Firebug como plug-in); é um paraíso de depuração comparado com os desagradáveis e velhos tempos da utilização de caixas de alerta na esquerda, direita e centro.

DICA O Chrome recentemente adicionou uma forma de permitir que você faça depuração de workers a partir da aba script no Web Inspector, mas o que ele realmente está fazendo é executar os worker scripts através de iframes; isto significa que as linhas do console.log aparecem realmente no console. Muito útil para fazer depuração de uma caixa-preta fechada.

Visto que agora, com um Web Worker, você está trabalhando em um ambiente isolado, não há acesso aos console de depuração. Não há forma nativa de fazer `console.log("who's the daddy?")` em um worker. Para complicar ainda mais a bagunça, não há sequer uma caixa de alerta que possamos utilizar.

Para depurar um Web Worker, você pode ter de criar seus próprios métodos de depuração.

Já que você pode mover mensagens de e para o documento pai, pode criar algum sistema para postar mensagens que deveriam ser enviadas para o log do console. Entretanto, com isto você precisa criar um sistema que não simplesmente processe strings, precisa ter alguma linguagem de concordância entre seus workers e seu documento principal, e isto dependerá inteiramente de sua aplicação. Por exemplo, você pode iniciar mensagens de depuração com a palavra chave "log:":

```
importScripts('xhr.js');

var xhr = new XHR('/someurl');
xhr.oncomplete = function (data) {
  log('data contains ' + data.length + ' items');
};
xhr.send();

function log(msg) {
  postMessage('log ' + msg);
}
```

Perceba que xhr.js é meu script `XMLHttpRequest` construído que me retorna alguns dados JSON – você terá de criar o seu próprio!

Na página principal no evento `onmessage`, buscarei mensagens com o prefixo e aplicarei a ação nelas:

```
var worker = new Worker('xhr_thang.js');
worker.onmessage = function (event) {
  var data = event.data.split(' '),
      action = data.shift(), // grab the first word
    msg = data.join(' '); // put the message back together

  if (action == 'log') {
    console.log(msg);
  } else {
    // some other action
  }
};
```

Neste exemplo, minha gramática acordada é de que todas as mensagens recebem o prefixo de uma ação. Isto poderia ser log, set, run e etc. O que é importante é que agora tenho uma maneira de inspecionar os dados que estão dentro do worker enviando dados para minha função log.

> **NOTA** É possível para um worker ser abortado ou terminado através de um método desconhecido ao seu código. Caso seu worker esteja sendo terminado pelo navegador por algum motivo, então o evento `worker.onerror` irá disparar. Caso esteja fechando o worker manualmente, você terá de fazê-lo de dentro do worker através de `.close()`, então você terá a oportunidade de notificar aos documentos conectados que seu worker está fechando.

Também é útil ser capaz de fuçar o interior de um worker, algo que descobri ser excepcionalmente útil quando se experimenta com JavaScript. Em um ambiente não worker, eu posso abrir meu console de opção (Firebug, Dragonfly e etc.) e de dentro dele, eu conectaria e inspecionaria todas as propriedades no objeto window, no document, e as suas propriedades, apenas para visualizar o que é suportado e com o que posso mexer. Visto que um worker é um ambiente fechado, eu precisaria fazer isto manualmente. Então um dos exemplos online deste livro inclui um console que permite a você inspecionar um Web Worker e testar o código dentro do worker e ver o que ele produz. Você pode ver o console worker em **http://introducinghtml5.com/examples/ch10/echo.html** (**Figura 10.3**).

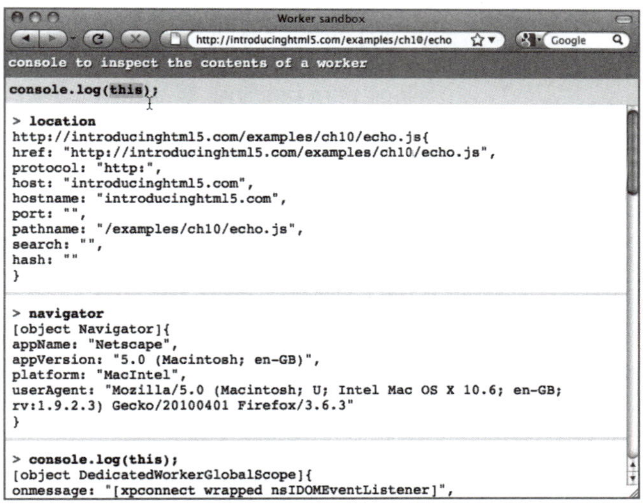

FIGURA 10.3 Um console de demonstração para inspecionar o interior de um Web Worker.

Web Sockers: trabalhando com fluxos de dados

Os Web Sockets são uma das APIs novas mais brilhantes fora do reino do HTML5, mas são realmente importantes para algumas aplicações web baseadas em tempo real que emergiram nos tempos recentes.

Os Web Sockets lhe dão uma conexão *bidirecional* entre seu servidor e o cliente, o navegador. Esta conexão também é em tempo real e está permanentemente aberta até que seja explicitamente fechada. Isto significa que, quando o servidor quer enviar algo para seu cliente, a mensagem é enviada imediatamente para seu navegador.

Era isto que o Comet visava conseguir, e teve sucesso. O Comet é uma maneira de criar uma conexão em tempo real com seu servidor, mas o fazia utilizando uma variedade de artimanhas (em inglês, hacks) diferentes. Definitivamente, caso nenhuma destas artimanhas funcionassem, ele eventualmente retornaria ao uso do Ajax, que constantemente atinge o servidor e não escalona muito bem.

> **NOTA** Caso o navegador não suporte nativamente o Web Sockets, há sempre uma maneira de fazê-lo utilizando o Flash. Hiroshi Ichikawa escreveu uma camada baseada em Flash para o Web Sockets que está disponível aqui: **http://github.com/gimite/web.sockets-js**.

Se você tem um socket aberto, o servidor pode enviar dados para todos os sockets conectados e não precisa responder contantemente às solicitações de entrada do Ajax. Esta é a mudança de polling* para pushing, de reativo para proativo. Isto é o que o Comets conseguiu de hacks, e é o que o Web Sockets atinge no navegador nativo.

O Sockets resolve a latência de aplicações em tempo real

A baixa latência é um enorme benefício do Web Sockets. Visto que seu socket está sempre aberto e ouvindo, tão logo os dados sejam enviados pelo servidor, ele simplesmente tem de fazer seu caminho até o navegador, tornando a latência excepcionalmente baixa em comparação com algo como uma solicitação `XMLHttpRequest` baseada em Ajax.

Em teoria, com o Google Wave, caso você tenha muitas pessoas em um mesmo documento, e estiverem todos digitando, você iria querer enviar toda aquela digitação para todas as pessoas conectadas tão logo elas aconteçam. Entretanto, se você estiver usando o Ajax básico para fazer isto, teria de criar um novo objeto XHR toda vez que uma tecla for digitada, e cada uma destas solicitações conterão todos os cabeçalhos que são enviados com uma solicitação XHR normal, como a string do agente de usuário, a URL

---

* NTR: Polling é uma técnica de fazer consultas/requisições continuamente.

de referência, o tipo de conteúdo aceito, e daí por diante. Todos estes dados para o que essencialmente é apenas a digitação de uma tecla.

Enquanto que, com os sockets, por conta da conexão estar sempre aberta, tudo o que você precisa é enviar a tecla digitada, que então seria disseminada para todos os clientes conectados através do servidor, e *apenas* aquela tecla digitada seria enviada.

Os dados enviados foram do Ajax, que teriam talvez 200 ou 300 bytes de dados, para uma conexão de socket, que teria poucos bytes de dados, talvez em torno de 10 ou 20 bytes, o que seria muito mais capacitativo de resposta e rápido de transferir pelas sessões conectadas.

A simples API Web Socket

A API Web Socket é também excepcionalmente simples de se trabalhar. Atualmente os navegadores suportam apenas o envio de strings (com exceção do Firefox e Web Workers), o que vimos com a API Messaging e Web Workers utilizando `postMessage` e `onmessage`. O Sockets funciona quase da mesma maneira.

Isto significa que você não pode (atualmente) enviar dados binários – mas argumento que no mundo da web estamos acostumados a trabalhar com JSON, e não é um trabalho particularmente grande codificar para JSON na medida em que as mensagens vêm de um socket, visto que já estamos fazendo isto para solicitações Ajax JSON.

A API é limitada a criar a conexão, enviando dados pelo socket, recebendo e fechando o socket. Também há um manipulador de erro e um flag de estado, para "conectando", "aberto", "fechando" e "fechado". Uma vez fechado o socket, está completamente fechado e não pode ser reaberto. Então se precisar reabri-lo, precisará criar um novo socket.

Criar um novo Web Socket é fácil e muito similar a um Web Worker. O protocolo da URL deve ser `ws://`, mas o resto da URL pode ser construída da mesma maneira que seria uma URL normal:

```
var socket = new WebSocket('ws://myserver.com/tweets:8080/');
```

Para este exemplo, estarei ouvindo apenas as mensagens que vêm da URL dos tweets. Cada uma é um novo tweet do Twitter que meu servidor foi configurado para ouvir (**Figura 10.4**).

> **NOTA** No que diz respeito ao protocolo de servidor `ws://` escrever sobre como configurar o lado servidor está além do escopo deste livro, mas já há diversas bibliotecas por aí que podem adicionar o protocolo Web Socket. Utilizando servidores como Node.js, fui capaz de obter um servidor Web Socket funcionando em cerca de 20 minutos e documentei-o online: **http://remysharp.com/slicehost-nodejs-websockets/**.

FIGURA 10.4 Uma conexão de fluxo mostrando os tweets que meu servidor está escutando.

DICA A URL que você utiliza para o Web Socket não precisa ter a mesma origem do documento. Isto significa que você pode conectar servidores de serviços terceiros, o que expande as possibilidades do que pode ser feito.

As mensagens do servidor estão sendo entregues como mensagens JSON, encaminhadas a partir da API Streaming do Twitter. Então quando chegam, converto o JSON para dados e reproduzo os tweets na tela:

```
socket.onmessage = function(event) {
  var tweetNode = renderTweet(JSON.parse(event.data));
  document.getElementById('tweets').appendChild(tweetNode);
};
```

Agora, em apenas quatro linha de JavaScript (excluindo a função `renderTweet`), eu tenho um fluxo de tweets em tempo real na minha página.

Fazendo mais que escutar com um socket

Como eu disse antes, há mais métodos disponíveis em um socket do que apenas escutar. Já que *chat* é o *Olá Mundo* do Comet, eu achei que era justo mostrar um exemplo simples de como um chat ficaria utilizando Web Sockets:

```
var socket = new WebSocket("ws://my-chat-server.com:8080/"),
    me = getUsername();

socket.onmessage = function(event) {
  var data = JSON.parse(event.data);
  if (data.action == 'joined') {
    initiliseChat();
  } else {
    showNewMessage(data.who, data.text);
  }
};

socket.onclose = function () {
  socket.send(JSON.stringify({
    action: 'logoff',
    username: me
  }));
  showDisconnectMsg();
};

socket.onopen = function() {
  socket.send(JSON.stringify({
    action: 'join',
    username: me
  }));
};
```

Este pseudo-código simples mostra como as mesmas técnicas que utilizamos na API Message podem ajudar a contornar as limitações de texto puro. A API Web Sockets é realmente simples assim. Toda a negociação é feita foras das vistas pelo navegador para você; todo o buffering é feito para você (embora você possa verificar o atual `bufferAmount` no socket). De fato, o processo de comunicação é até mesmo mais simples que configurar um objeto XHR!

Resumo

Este capítulo final equipou você com as últimas armas de seu armamento para aplicações web HTML5. Você agora pode criar aplicações de múltiplos processos (em inglês, multi-threaded), múltiplas janelas, entre domínios, com baixa latência e em tempo real utilizando os mais simples métodos de comunicação baseados em strings. Agora, vá construir algo incrível.

E finalmente...

Felizmente, você foi iluminado por nossa breve incursão nas novas estruturas e APIs que você pode utilizar.

Há muito mais coisas bacanas na especificação que não mostramos porque ainda não foram implementadas. Por exemplo, você pode registrar o navegador como um manipulador de conteúdo, de modo que clicar em um documento, foto ou vídeo em seu desktop abra o navegador e direcione para um aplicativo web que possa editar aquele documento, completo com barras de ferramentas do aplicativo, tudo construído em HTML5. Mas isto ainda está esperando implementação.

Esqueça a baboseira do marketing da "Web 2.0". Estamos começando o *Desenvolvimento Web 2.0*: linguagens poderosas como HTML5, SVG e CSS3 revolucionarão a forma como se constrói a Web. Os navegadores suportam cada vez mais aspectos destas linguagens (e você pode estar certo de que mais suporte está sendo adicionado a cada dia).

Brinque com as novas funções. Experimente com as novas estruturas de tag, manipule vídeo em tempo real e construa jogos divertidos e atraentes e aplicações que utilizem `<canvas>`. Lendo este livro, você está demonstrando que é um pioneiro, está na frente da curva, então por favor prepare um bom exemplo para seus colegas; respeite aqueles visitantes de suas novas criações que tenham navegadores antigos ou tecnologias assistivas.

Obrigado por comprar este livro e ficar conosco. Vemos você por aí. Todo o código (e mais) está disponível em www.introducinghtml5.com. Bon Voyage: aproveite a construção de coisas incríveis. kthxbai.

– Bruce Lawson e Remy Sharp

Bali, Birmingham e Brighton, novembro de 2009 – maio de 2010

ÍNDICE REMISSIVO

Impresso na Rotaplan Gráfica e Editora LTDA